陈嘉庚

1949年陈嘉庚和毛泽东于中南海勤政殿合影

1911年与孙中山合影

1949年和全体政协筹备组成员合影

在人大常委会上作报告

1954年元旦和集美中学的学生在一起

陈嘉庚故居

陈嘉庚纪念馆

集美解放纪念碑。下为博物馆与嘉庚墓

集美鳌园

归来堂

胡锦涛同志参观鳌园

鳌园石雕

敬贤公园雕塑

华侨旗帜民族光辉

集美一角

集美龙舟赛

嘉庚公园内尊师重教纪念碑

嘉庚公园大门

集美美景

高职高专“十二五”规划示范教材

面向21世纪德育教育精品课程

嘉庚精神

主审　沈立心

主编　庄敏琦

北京航空航天大学出版社

BEIHANG UNIVERSITY PRESS

内容简介

本教材根据《国家中长期教育改革和发展规划纲要》的要求，结合教育部关于德育工作有关文件精神，按照德育教学规律和青年学生身心发展的规律，遵循德育教育的针对性、实效性原则编写。通过系统叙述爱国侨领陈嘉庚先生的爱国爱乡、兴学育才光辉事迹，帮助青年学子加深理解嘉庚精神的伟大之处，进一步领会"忠、公、诚、毅、闯"嘉庚精神的深刻内涵，为学校德育尤其是集美学村各校的德育教育和教学实现"贴近实际、贴近生活，贴近学生"的目标提供抓手，具有较强的实用性。全书由绪论、陈嘉庚生平和事迹、陈嘉庚的故事、弘扬嘉庚精神和附录共五个单元组成。教材图文并茂，内容充实，语言生动活泼，并按照精品课程的要求配套考试题库、教学光盘和教学参考等。

本书可作为高职高专以及中等职业学校思想品德课程教材。

图书在版编目(CIP)数据

嘉庚精神/庄敏琦主编. --北京：北京航空航天大学出版社，2011.7

ISBN 978-7-5124-0617-9

Ⅰ. ①嘉… Ⅱ. ①庄… Ⅲ. ①陈嘉庚(1874～1961)—生平事迹 Ⅳ. ①K827=7

中国版本图书馆 CIP 数据核字(2011)第 207595 号

嘉庚精神

主审 沈立心

主编 庄敏琦

责任编辑 刘晨

*

北京航空航天大学出版社出版发行

北京市海淀区学院路 37 号(邮编 100191) http://www.buaapress.com.cn

发行部电话：(010)82317024 传真：(010)82328026

读者信箱：bhpress@263.net 邮购电话：(010)82316936

北京艺堂印刷有限公司印装 各地书店经销

*

开本：700×1000 1/16 印张：12 字数：235 千字 彩插：4 页

2011 年 7 月第 1 版 2016 年 8 月第 3 次印刷 印数：6501～8000 册

ISBN 978-7-5124-0617-9 定价：39.00 元

本书编委会

这是一本很好的德育教材(代序)

由沈立心主审、庄敏琦主编的新编《嘉庚精神》,将付梓正式出版。这是在他们编写并已三次修订的集美轻工业学校校本教材的基础上再次组织修订的,而且吸收了林斯丰、洪永宏两位名人的力作的精华,衔华而佩实,是一本很好的德育教材。

读罢新编《嘉庚精神》的大样,深受教育。掩卷细思之余,我又翻阅了李昌彧在《集美校友》杂志发表的《诚毅之光洒满轻校校园》一文,更加强烈地感受到集美轻工业学校的领导班子和老师们具有强烈的"嘉庚意识"。他们懂得"陈嘉庚"这三个字是无价之宝,懂得以嘉庚精神育人的意义,懂得在校园里弘扬嘉庚文化的有效途径。这体现了学校领导班子的眼光、水平和不改其乐的精神。

教育的目的是培养德智体美全面发展的社会主义建设者和接班人。为此,学校要以人为本,全面加强和改进德育、智育、体育、美育;要着力培养学生的职业道德、职业技能、就业创业能力;要引导学生形成正确的世界观、人生观、价值观;要坚定学生对中国共产党领导、社会主义制度的信念和信心;要促进学生养成团结互助、诚实守信、遵纪守法、艰苦奋斗的良好品质和服务国家、服务人民的社会责任感。

要实现上述目标,要依赖学校的教育、教学和学生参加社会实践活动的全过程,以及其后续的教育和实践。在学校里开设《嘉庚精神》这门课,以陈嘉庚和嘉庚精神对学生进行德智体全面发展的教育,按照陈嘉庚倡导的教育理念,在对学生进行正面教育的同时对他们进行严格的管理,无疑是一条经实践证明最具实效的捷径。

陈嘉庚先生"久居南洋,心怀祖国,希图报效,已非一日"。他认识孙中山、参加同盟会后,就以"天下兴亡、匹夫有责"为己任,并以"轻金钱,重义务,诚信果毅,嫉恶好善,爱乡爱国"为立身之道。他经商,信守商誉,开发南洋。他"以办教育为职志",倾资兴学。他不留一分钱给子孙,却为集美学校留下了中国香港集友银行每年数以亿计的股息。抗战时期,他发动八百万华侨全力支援祖国抗战。他率"南侨慰劳团"回国,访问延安,断定"中国的希望在延安","毛主席是中华民族的大救星"。他应毛泽东电邀,以76岁高龄回国参加筹建全国政协,投身新中国建设,当共产党诤友。他以一个老同盟会会员的身份,呼吁海外国民党人回到爱国的行列,共同推动祖国和平统一事业。直到临终,他还特地留下遗嘱,鼓励后人致力于祖国统一大业。陈嘉庚先生的一生是爱国的一生,革命的一生,奉献的一生。他做了许多前无古人，后无来者，影响中外，功垂千秋的伟业。陈嘉庚是一位永远受人崇拜，永远被人信仰的圣人。嘉庚精神无比伟大，有着无穷的影响力。陈嘉庚是古今中外许多政治家和风云人物所不能比拟的。学校能以嘉庚精神指引学生立志成才，爱国报国，是学校领导和老师们对学生的关爱，对学生家长的负责，对社会的贡献。

新编《嘉庚精神》，有"绪论"、"陈嘉庚生平和事迹"、"陈嘉庚的故事"、"弘扬嘉庚精神"和"附录"五个部分，内容丰富，史料翔实，图文并茂，语言通俗，贴近学生，引人入胜。学生若能细读深思，强学力行，定能优化人格，完善自我，成长为对国家对社会有用的人。

写到这里，我记起20世纪50年代陈嘉庚和当时福建省教育厅厅长王于畊一段很有意思的对话。王于畊问："你在外面有那么多钱，怎么想回来办学？"陈嘉庚说："我看到国家落后，为了使祖国强大，才回来办学。后来才知道光靠办学还不能使中国强大，中国需要列宁那样的领袖。到了延安，我终于找到了中国的列宁——毛泽东主席。靠中国共产党的领导，我们打败了日本帝国主义，取得了新民主主义革命的胜利。现在办教育也要靠党的领导。"当时，我作为王于畊的随行人员在场。这段话至今犹在耳边，随手写下，以补充本书相关的部分。

以上所述是我读了新编《嘉庚精神》后的一些感想。我觉得本书编委做了一件功德无量的大好事。作为教育战线的一名老兵、集美的一名老校友，我要向他们致敬。

任镜波

集美校友总会理事长，研究员

二〇一一年六月二十日夜写于集美学村

编写说明

陈嘉庚，是著名的爱国华侨领袖、企业家、教育家、慈善家、社会活动家，一生具有强烈的爱国情怀，历经清末、民国、抗战、解放后几个不同时期，为辛亥革命、民族教育、抗日战争、解放战争、新中国的建设做出了卓越的贡献。生前曾被毛泽东称誉为"华侨旗帜、民族光辉"。厦门大学、集美学村各校师生都尊称其为"校主"。陈嘉庚的高尚品格和道德情操值得世人学习、敬仰、传承，他的爱国主义精神永远激励后人。高举陈嘉庚爱国主义旗帜，大力弘扬陈嘉庚精神，我们责无旁贷、任重道远。经过长期探索和实践，在开设陈嘉庚精神讲座，陈嘉庚精神进课堂的基础上，我们组织编写了《嘉庚精神》教材，教材在设计上遵循教育规律和学生身心发展的规律，力求适合青年学子的知、情、信、行特点，努力做到图文并茂、语言通俗、案例贴近学生学习和生活的实际情况，把嘉庚精神根植于一代代学子的心灵。

本次编写工作得到了许许多多长者和专家的关心和大力帮助，参考并引用了集美学校委员会的网站材料、陈嘉庚纪念馆的文献资料以及集美大学林斯丰老师主编的《陈嘉庚精神读本》、厦门大学洪永宏老师的著作《陈嘉庚的故事》。承蒙集美校友总会理事长任镜波先生厚爱，为本书作序。在此一并致以衷心的感谢。本书所有的编审人员也为能够有机会宣传陈嘉庚先生的事迹，弘扬嘉庚精神做一点事而感到幸福和自豪。

本教材由福建省特级教师、集美轻工业学校校长、党委书记沈立心担任主审，福建省特级教师、集美轻工业学校副校长、党委副书记庄敏琦担任主编，集美轻工业学校高级讲师李昌彧、肖育发、讲师赖海涛担任副主编。参加编写的老师还有方小苹、张艺高、齐勇、林雄腾、吴文辉、陈翀。全书由绪论(第 1 章)、陈嘉庚生平和事迹(第 2 章)、陈嘉庚的故事(第 3 章)、弘扬嘉庚精神(第 4 章、)和附录组成，并按照精品课程的要求配套考试题库、教学光盘和教学参考等。如有教学需要，欢迎来邮件索取：6253903@163.com。

虽然，编者对陈嘉庚先生有着无比崇敬的心，也非常希望本教材能对弘扬"嘉庚精神”，传承“诚毅校训”起到很好的作用，但是由于编者的学识水平所限，在本书编辑、阐述、引用中出现片面、疏漏甚至于错误或均难于避免，谨请各位专家和同仁不吝指教，也请广大读者批评指正，以使本书在不断修订中更趋成熟与完善。

编　者
2011 年 7 月

目录

第1章

绪 论

一、一代伟人陈嘉庚

在陈嘉庚先生生活的近一个世纪里，中国社会风云开阖，沧海桑田，发生了巨大的变化。但不管在什么情况下，他始终把个人命运和祖国的命运紧紧相连，他热爱祖国、热爱社会主义的立场也随着时代巨轮的前进而愈加坚定。他以振兴祖国、服务社会为职志，奋勉不辍，为祖国、为人民、为华侨社会、为中华民族做出了卓越的贡献。毛泽东同志赞誉他是“华侨旗帜，民族光辉”。周恩来同志赞颂他“为民族解放尽最大努力，为团结抗战受无限苦辛，诽言不能伤，威武不能屈”。他的爱国之心、报国之行赢得了福建人民的敬仰、中国人民的敬仰、广大侨胞的敬仰。正如古人所说的，圣贤者“虽死而不朽，逾远而弥存”。

陈嘉庚先生一生追求进步，坚持正义。无论是在旧民主革命时期，还是在新民主革命以至社会主义革命和建设时期，他总是站在人民一边，站在正义事业一边，同阻碍社会前进的反动势力作斗争。特别是在中国历史转折的紧要关头，更是充分体现了他的这一崇高品质。早年，陈嘉庚先生受到孙中山先生民主思想的影响，参加了同盟会，积极支持辛亥革命，为反对封建专制制度进行斗争。五四运动后，他大声疾呼：“民心不死、国脉尚存，以四万万之民族，决无甘居人下之理，今日不达尚有子孙，如精卫之填海、愚公之移山，终有贯彻目的之日。”他积极团结华侨工商界同帝国主义、垄断资本、殖民主义经济进行坚决的斗争。1940年他率领南洋华侨筹赈祖国难民总会慰劳团回国慰劳抗战将士。新中国成立后，陈嘉庚先生为祖国建设事业，为华侨爱国大团结，做了许多有益的工作。他在晚年，看到社会主义祖国的巨大变化，热情洋溢地指出：“只有社会主义才能使国家富强，使人民幸福。”这是他追求进步，支持拥护正义事业思想境界的高度升华。

陈嘉庚先生一生心系国家民族安危，关心祖国繁荣昌盛。论他的产业，是家财万贯；看他的生活，却又淡泊清贫。他坚持真理，不畏权势，实践了自己提出的“轻金钱，重义务，诚信果毅，嫉恶好善，爱乡爱国”的立身之道。为了国家的安危，民族的利益，他鞠躬尽瘁，死而后已，体现了对祖国的赤胆忠心。1932 年，在西方垄断资本主义集团的围攻下，拥有千万巨资的“橡胶大王”陈嘉庚先生陷入了困境，但他不愿做英国垄断资本的附庸，守正不阿，毅然宣告收盘，显示了强烈的爱国心和民族气节。抗战刚开始，他就提出了“组织华侨千百万，复兴民族一条心”的响亮口号，号召海外的华侨在爱国主义旗帜下团结起来，“无地域亲疏之别”，要“抱牺牲若干之精神，努力为抗战救国工作”。他怀着“抗战断无不胜、建国断无不成”的坚定信念，奔走呼号，激励广大海外侨胞的爱国热忱，发动开展抵制日货运动，动员广大华侨回国参加抗战，倡导南洋各地华侨募捐支援祖国，领导海外华侨从各方面援助祖国的抗战大业。抗战胜利后，陈嘉庚先生时刻关心着祖国的政局前途。解放后，他以耄耋高龄，不顾舟车劳顿，驰驱祖国各地，提出许多建议、方略，致力于祖国社会主义建设事业。特别是在推动华侨爱国大团结，鼓励华侨支持祖国和家乡建设方面，更起了积极作用。他深切期望台湾问题早日解决，实现祖国的统一，直到临终还念念不忘“最紧要的是国家前途”，“台湾必须回归祖国”。他这种崇高的爱国主义精神使人高山仰止，景行行止。

陈嘉庚先生一生热心公益事业，倾资办学。他认为，“教育不振，则实业不兴，国民之计日细”，充分显示出重视智力开发的远见卓识。他坚持“以办教育为职志”，寄希望于下一代。在这方面几乎耗尽了毕生精力和全部财产。从 1913 年起，他先后在家乡集美创办了师范、水产、航海、商业等各类学校，设有图书馆、科学馆、体育馆、医院、农林试验等公用机构，经过十多年的艰辛努力，初步形成了一个从幼稚园到大专，包括各种专业，男学、女学兼备的教学体系。1921 年，又创办了厦门大学，还在集美设立教育推广部，资助闽南各地中小学七十多所。他生活十分俭朴，而对兴学办教育却无比慷慨，即使在经济发生困难时，仍断然表示：“即使企业收盘，也不停办学校。”他几十年如一日，竭力兴学，无论是世路多艰的战乱年代，还是新中国成立后的和平建设时期，都时时不忘，垂念之至，直到生命最后一刻还谆谆嘱咐把他在国内的全部存款用于办学等公益事业。陈嘉庚先生不愧为爱国华侨兴办文教福利事业的楷模，是华侨爱国兴学的一面旗帜。他倾资办学、培养人才的远大目光和崇高品德为世人赞誉，后人效仿，其影响远远超出了时空。

陈嘉庚先生不断追求进步的精神，爱国为民的情操，倾资兴学的业绩，将永远激励着千千万万中国人为振兴中华而献身。今天，我们纪念陈嘉庚先生，就是要学习、继承他的爱国主义精神，高举大团结大联合的旗帜，把陈嘉庚先生未竟的事业不断推向前进。

……

（注：该文节选自 2001 年 10 月，中共厦门市委党史研究室编，中央文献出版社

出版《回忆陈嘉庚文选》第1页至第7页：原题目为《弘扬嘉庚先生精神　促进福建改革开放》，作者为贾庆林同志，时任福建省委书记。）

二、我国领导人和著名人士对陈嘉庚高度评价

毛泽东："华侨旗帜，民族光辉。"①

周恩来："嘉庚先生的兴学精神，永远要受到尊重和爱护。""嘉庚先生铁骨铮铮、刚正不阿的高贵品质，同样闪烁着民族的光辉。"

周恩来和王若飞："为民族解放尽最大努力，为团结抗战受无限苦辛，诽言不能伤、威武不能屈。"②

李先念："学习陈嘉庚先生发展祖国教育事业而奋斗的精神。"

叶剑英："欢迎革命的陈嘉庚。"

邓颖超："中国出了个陈嘉庚，足以为自豪，他热爱祖国，胸怀世界，真是华侨旗帜。"

廖承志："发扬陈嘉庚先生爱国兴学为祖国培养人才的精神。"

陈毅："陈嘉庚先生是一个有骨气的中国人……作为一个华侨来说，他是杰出的爱国主义者，追随革命，善始善终，这些是值得后人学习的。"

胡耀邦："对中国人民革命胜利做出重要贡献的著名爱国人士。"

乌兰夫："集中地体现了华侨爱国爱乡的光荣传统，他紧紧地把个人命运和祖国命运结合在一起，为中华民族解放事业和中国人民革命胜利做出了重大贡献，赢得了全国人民和广大侨胞的尊敬。他的历史功绩是不可磨灭的。"

江泽民："弘扬嘉庚爱国精神，振兴中华教育事业。""陈嘉庚先生报效祖国的赤子之心令人敬佩，他热心办教育令人称颂、敬仰。""要弘扬陈嘉庚先生热心办教育的传统，把厦门的教育事业办好，把精神文明建设搞好。"

李瑞环："陈嘉庚先生对中华民族充满了深情挚爱，为中华民族的振兴做出了终身的贡献。""陈嘉庚先生热爱祖国，富有远见，突出表现他对于教育事业的执著追求和卓著贡献。"

乔石："弘扬嘉庚先生伟大的爱国主义精神，促进经济腾飞教育发达和祖国统一大业。"

李岚清："弘扬陈嘉庚办学精神，为进一步振兴教育多做贡献。"

郭沫若："陈先生是诚实公正的人，能为老百姓多说几句诚实公正的话。……

---

① 毛泽东的横幅遗失后，邓小平1984年再次题词"华侨旗帜，民族光辉。"

② 1945年10月6日，周恩来和王若飞代表中央送的条幅不幸遗失，后来，周恩来又亲自题写该条幅内容。

陈嘉庚先生为什么那么伟大呢？因为他所做的是为老百姓，而不是为他自己。”

何香凝：“华侨爱国爱乡、热心教育事业的楷模。”

冯玉祥：“陈先生，即嘉庚，对人好，谋国忠，一言一动皆大功。”

邵力子：“陈先生的一生就是：兴实业，办教育，勤劳国事，言人之所不敢言，为人之所不敢为。”

黄炎培：“发了财的人，而肯全拿出来的，只有陈先生。”

卢嘉锡：“爱祖国、重气节、不图名利、自奉俭朴，一切以国家和民族利益为根据、为依归……是陈嘉庚留给下一代的极可贵的精神财富……在集美学村和厦门大学，人们通常称陈嘉庚为“校主”，称陈敬贤为“二校主”，这种特殊的称呼很能说明陈家兄弟与兴办教育的渊源关系和人们对他们的崇高敬意。”

三、领导人题词

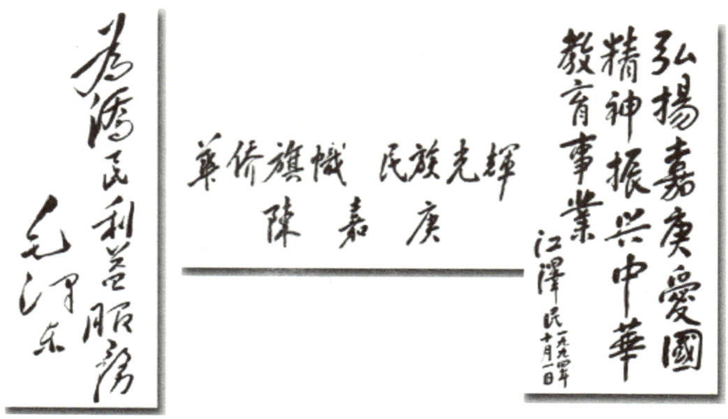

毛泽东、邓小平、江泽民的题词

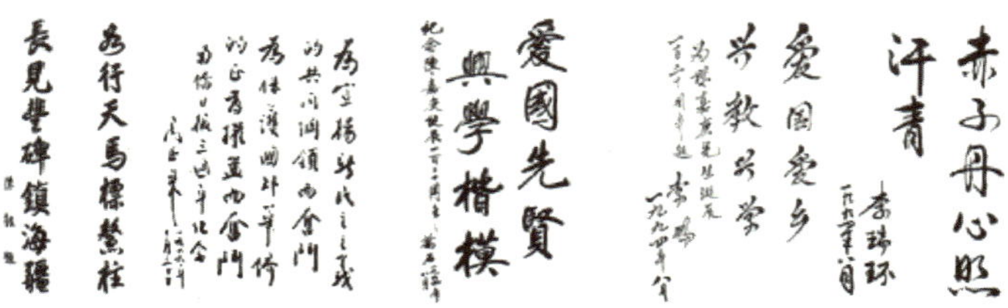

周恩来等领导人的题词

探索与思考

陈嘉庚先生为什么能得到我国领导人和著名人士以及社会各界的高度赞誉？

第2章

陈嘉庚生平和事迹

陈嘉庚先生塑像和“诚毅”校训

第一节　生平简介

陈嘉庚先生是我国近代史上伟大的爱国主义者、教育家、爱国华侨领袖、华侨实业家。他1874年10月21日(清同治十三年九月十二)生于福建同安县集美镇(今属厦门市集美区)。其父陈杞柏(字如松)为南洋新加坡侨商。1890年秋,陈嘉庚随其父去新加坡经商,1892年任顺昌米号经理。1904年起自立门户,开办罐头厂及谦益米店。1906年开始经营橡胶园。第一次世界大战期间,又经营航运业和房地产，到1925年时已成为拥有橡胶园和黄梨园1500英亩、各种工厂30余所、国内外分店100余家的大企业家。1929年爆发的资本主义世界经济危机，沉重地打击了他经营的企业，由于橡胶价格猛跌，企业连年负债，1935年，陈嘉庚因不愿屈服于帝国主义银行团的压力，宣告公司收盘停业。

陈嘉庚先生毕生致力于兴办教育事业。他认为"教育为立国之本，兴学乃国民天职"。1894年（20岁）时，就在家乡出资兴办惕斋学塾。1913年，创办集美两所小学，其后增办、扩充成为包括小学、中学、师范、商业、水产、航海、农林等校、科、部以及幼儿园、医院、科学馆、图书馆的集美学校。并成立教育推广部，前后资助福建省20余县、市70多所中小学的办学经费。1921年4月6日创办厦门大学。在新加坡创办道南、华侨等五所华文中小学和水产航海、南侨师范等学校。他所创办的学校，经费比当时公立学校充裕，又不惜重金礼聘名师，这些学校多数成为中外知名的学校。陈嘉庚兴学，有远大目光和整体规划。建筑校舍，亲自擘画；教学仪器、领先时代；生活设备、力求充实。尤其重视选择校长和培养教师。他重视国内外的华侨子弟教育，为鼓励华侨子弟回祖国升学，倡办集美华侨补习学校。他重视社会教育，赞助各种群众文教活动，晚年还创办了厦门华侨博物馆，同时他还重视女子教育，率先创办女子小学、女子中学、女子师范多所。1980年有专家按同期黄金价格同比换算，陈嘉庚先生毕生用于办学费达1亿美元以上。时至今日，陈嘉庚先生创办的集友银行还在源源不断地为家乡教育事业提供资金。

嘉庚先生一生热爱祖国。1910年在新加坡参加中国同盟会，募集巨款赞助孙中山革命活动。1924年在新加坡创办《南洋商报》，高举反日斗争旗帜。济南惨案发生后，他任新加坡"山东惨祸筹赈会"会长，募捐救济这一惨案的受难家属，并号召华侨反对日本帝国主义的侵略暴行。1931年"九一八"事变前后，积极从事抗日救国活动。1937年抗日战争开始，在新加坡召开侨民大会，筹款支援祖国。1938年倡立"南洋华侨筹赈祖国难民总会"（简称"南侨总会"），任主席，每年募款达1亿6 000多万元，并组织司机和机工3 000多人回国为抗战服务。1940年3月亲率"南洋华侨回国慰劳视察团"回国慰劳、考察，并冲破国民党政府种种障碍，到达延安，对抗日根据地干部廉洁奉公、军民团结抗战，热情称颂，从此断定"中国的希望在延安"。太平洋战争爆发后，组织"新加坡抗敌动员总会"，动员华侨从各方面积极抗敌。曾屡遭敌人迫害。脱险后，各界人士在重庆举行"陈嘉庚安全庆祝大会"，毛泽东主席题"华侨旗帜，民族光辉"以褒赠。抗日战争胜利后，陈嘉庚积极投身反蒋反美的民主运动，支持解放战争。创办《南侨日报》，继续进行爱国民主运动。

1949年9月，陈嘉庚应邀参加中国人民政治协商会议第一届全体会议，被选为全国政协常委。历任中央人民政府委员、中华全国归国华侨联合会主席，并当选为全国人大第一、二届常委与全国政协第二、三届副主席等职，为团结广大侨胞、为祖国建设和统一大业做出了贡献。1950 年回国，定居在厦门集美，继续为祖国社会主义建设事业奔忙。倡议修建厦门海堤、鹰厦铁路、厦门纺织厂、华侨博物院、扩建集美和厦大校舍。

在教育上，他老人家不惜血本，倾其所有支持集美学校和厦门大学办学，但是，在个人生活上，不但自己极其俭朴，教育子女也同样严格。临终仍念念不忘祖国统一和台湾回归。

1961 年 8 月 12 日零时 15 分在北京病逝，享年 88 岁。

探索与思考

1. 简述陈嘉庚先生生平。
2. 陈嘉庚先生一生担任过哪些重要职务？

第二节　开拓实业　诚信果毅

陈嘉庚从一个渔村少年成长为东南亚华侨工商业巨子，虽然有一些客观因素和有利条件，但关键在于他个人的优秀品德、坚毅个性和开拓进取的精神。他自 1890 年南渡经商至 1934 年企业收盘（其主营企业收盘后，仍有一些小规模的工商业经营活动），在商海搏浪 44 年。陈嘉庚充满艰辛的创业历程，大致可分为三个阶段。

一、助父经营 积累经验(1890—1903 年)

陈嘉庚的父亲陈杞柏自 19 世纪 70 年代赴南洋谋生，经过 20 多年奋斗，至 19 世纪 90 年代，他经营的企业已有一定规模。他开设的“安”字号米业已拥有“顺安”等多家米店，经营大米批发和零售业务；他开办的菠萝罐头等工厂，有的产品远销欧美各国；经营一家硕莪粉磨厂，生产硕莪粉外销；同时，还兼营房地产业等。随着工商业的成功和发展，陈杞柏在华侨社会的地位日益提高，成为福建帮的领袖之一。

1890 年秋，陈嘉庚接到父亲的来信，催他前往新加坡佐理商业。陈嘉庚远渡重洋，开始了他随父学商的经历。父亲开设的顺安米店主要向暹罗（今泰国）、安南（今越南）、缅甸等地采购大米，然后卖给新加坡的零售米店及外销的商行。那时陈杞柏并不直接管理米店的业务，而是委托陈嘉庚的族叔经理，兼管财政。陈嘉庚的到来使族叔有了得力的帮手，他一边学习经营，熟悉各项业务，一边兼当记账员，协助族叔管理银钱货账。

两年后，因族叔回国，米业和财项均交给陈嘉庚料理。在他的协助下，其父经营的各业又有了新的发展。1893 年秋，陈嘉庚遵母命回乡完婚，娶板桥乡秀才张建壬之女张宝果为妻。1895 年夏，陈嘉庚第二次出洋到新加坡，仍在顺安号服务。他公忠守职，为父亲增殖财富尽心竭力。至 1897 年，陈杞柏所营各业利路畅通，地皮及屋宅价值日高，逐月可收入屋租 2000 余元。硕莪厂转手卖给别人后，在柔佛加办黄梨罐头厂一所，并经营黄梨园数区，面积数百英亩。顺安米业的规模也比以前更大了。

1900 年冬，陈嘉庚因母亲之灵柩到了正葬之年，因此，又一次将顺安的业务和财款交给族叔管理，带着家眷回集美改葬母亲，并遵循儒家礼俗，为母亲守孝 3 年。

1903 年 7 月，陈嘉庚第四次出国到新加坡。一进顺安店，只见门庭景象和各人神色与往常大不相同，死气沉沉。各事凌乱不堪，似无人照顾。上楼拜见父亲，虽久别相见，却闷闷不乐，毫无欣容快意。族叔身染麻木症，神情沮丧，问起经营情况，均推不知。究其原因，除了父亲疏于管理、族叔身染疾病外，主要原因是被苏氏（陈杞柏在新加坡娶的妾，嗜赌成性）及其螟子（养子）舞弊、侵吞、挥霍 10 余万元，加上资金周转不灵，向印度“齐智”（指东南亚地区的印度高利贷商人）借高利贷付重利之失策，又遭屋地业大降价，可谓祸不单行。他毅然决然地接下父亲留下的“烂摊子”，决心重整旗鼓，“恢复家声”。经清理、对抵，尚负债款 20 余万元。按当时当地法律和习惯，父亲死亡或破产，儿子不必承担债务。但陈嘉庚却召集债权人宣布：“立志不计久暂，力能做到者，决代还清，以免遗憾也。”

陈杞柏惨淡经营数十年的实业虽然宣告失败，但对陈嘉庚事业的影响却是十分深远的。首先，陈嘉庚在顺安学习商务、理财与经营米业共十多年，掌握了商业知识，积累了实践经验，使其后来能在商战中从容不迫，周旋有方。其次，陈嘉庚在顺安的经历，使他有机会和商界人物接触，不少人在后来成为其朋友和社会事业的伙伴。最后，顺安的经验，使陈嘉庚掌握了经营米业的方法与途径，为黄梨业、橡胶业的发达奠定了基础。

二、独立创业 日渐昌盛(1904—1925 年)

陈嘉庚在独自经营期间总结吸取了父亲经营时期的经验教训，善于审时度势，掌握信息，抓住有利机遇，权衡利弊，因时因地制宜地经营企业。他敢于攻克难关，努力借鉴西方先进的企业管理方法，从而调动了职工的积极性，提高了经济效益，增强了企业活力。

1. 重起炉灶，经营黄梨

1904 年春，而立之年的陈嘉庚用仅有的 7000 元资本，开始了他独立创业的阶段。他在新加坡郊外的汫水港山地，因陋就简，利用茅草木料盖起厂房，并购置旧机器，花了两个月时间，就赶在夏初黄梨产季开始时投产，取名“新利川”。没有流动资金，各原料如白铁、糖枋等，都向市面华、洋商赊取。黄梨罐头生产后，卖给洋商就换回现金。

这一年春末，日新公司的合伙人去世，按照英国法律应当取消其股份，全盘归陈嘉庚所有。但陈嘉庚不忍如此，便与合伙人的家属商量，其营业股份照旧，但经理权须归陈嘉庚执掌。合伙人家属不同意，陈嘉庚于是依律通告，并核结一切账目，办完相关手续后将其母利 17000 余元交还，日新罐头厂收回自办。由于经营有方，到了这年夏天，两厂获利近 4 万元，连同旧日新公司母利及收回顺安账尾，共有资本 7 万元。这是陈嘉庚初出茅庐掘得的第一桶金。事业有了良好的开端，于是，他又投资两万元开设谦益米店，为新利川建新厂房，增添新设备。

由于经营得法，陈嘉庚的事业有了不错的收益，到年底"日新"、"新利川"两厂，得净利 2 万余元。谦益米店得利 8 000 余元，加上其他收入，这一年共获利 6 万余元。

1905 年秋，陈嘉庚在交通运输方便的梧槽港口租房子开办"日春"黄梨罐头厂，兼制冰糖。这一年，他的三家黄梨厂和谦益米店共获净利 4.5 万元。

2. 替父还债，赢得信誉

1906 年，宏图初展的陈嘉庚，心中却还压着一块大石头，最念念不忘的就是如何替父亲还清企业收盘时还欠着的 20 余万典押和借款。但统计独立经营两年半，虽然赚了 11 万元，各项支出合计 8 万余元，所剩仅 3 万元。要还清债务，即使债主愿意折减半数，也需 10 余万元，至少也要八九万元。原本希望夏季黄梨厂能再获利四五万元，便可考虑还款事宜，不料市场变化，价格下降，乏利可图，福山园初出产，适逢败市也不见利，三厂仅获利 1 万元。故无力与顺安债主议还旧欠。

这一年初冬，与谦益米店相邻的恒美号米店，因合伙人意见分歧而散伙，其经理准备另招股东。陈嘉庚得悉后，认为该店专营熟米加工（将谷子在水池浸两天，然后加热气蒸熟，在砖庭晒干运入厂磨净壳糠），销往印度，价格比生米每担高出 1 元多，"算来甚有好利"。于是就招一友人一起入股，与原经理合作，资本共 6.5 万元，陈嘉庚出 4 万元，经理及友人各 1.25 万元。仍用"恒美"字号，专营熟米。加入恒美后，熟米价格又上涨，原来的晒谷砖庭不够用，产量受限，便在距米厂不远的大港边（有淡水可用），购买了一块地，铺设砖庭，三四个月后竣工，产量大大提高。每月可获实利 1 万多元，经济状况有了较大好转。陈嘉庚舒了一口大气，毅然找了前顺安号及产业抵押的债主，郑重其事地提出愿代还父债。谈了几个月，因债主回印度等拖延至 1907 年冬才达成协议，这一笔原已无望的呆账，最终以折还 9 万元完结。其中交现款 6 万元，剩下的 3 万元限 4 个月还清，并计一分利息。双方在律师处立约，并登报存案。全部家当才十几万元的陈嘉庚，一下子拿出 9 万元代还父债，这在当时的华侨社会中成为一大新闻，也展露了青年陈嘉庚的诚信品格，使陈嘉庚赢得了很高的信誉。

3. 试种橡胶，开拓米业

1906 年，在马六甲埠，陈齐贤以 200 万元的价格卖出一块 2 000 英亩的树胶园，引起轰动。陈嘉庚了解到陈齐贤处还有剩余的橡胶树籽出售，便向他买了 18 万粒，花了 1 800 元。雇人在福山园菠萝株间每隔 5 米挖洞套种，两个月内完工。这是陈嘉庚经营橡胶业的开端。

1909 年春，陈嘉庚又投入 2.5 万元在福山园附近收购了 500 英亩的套种橡胶树的旧黄梨园。这些旧黄梨园杂草丛生，老园主以为乏利可收，所以廉价出售。陈嘉庚买来后，即组织工人将黄梨和杂草清除，专门培育橡胶树，这样福山园的橡胶树就已经有 1 000 英亩了。

到了第二年（1910 年）春，又与陈齐贤等签订合约，以实收 32 万元的价格将福山园预售给他，约定到年底为止，任他经手转售，不到两个月，陈齐贤便将福山园以 35 万元的价格卖给英国人，三个月内 32 万元如数交清。这笔钱除了还广益银行 7 万元、陈齐贤 8 万元外，还剩 17 万元，陈嘉庚立即又在柔佛地区找地开垦橡胶园。

1911 年春，为了恒美厂的稻谷采购事宜，陈嘉庚专程前往暹罗（泰国）的曼谷，准备在曼谷河边租栈房（仓库），采购稻谷运来新加坡。期间，陈嘉庚捕捉到商机，买地赶建黄梨厂，机器有的从新加坡进，有的就在泰国购置，赶在夏季到来时竣工投产。与此同时，码头和栈房也开工建设，一个多月就建成了，起名为“谦泰”，也取得很好的收益。

在泰国期间，陈嘉庚经朋友介绍认识了一位祖籍福建的“鸣成”号老板，参观了他的米厂，发现了轨道运载十分便利，节省了不少人力，又可受空气助干，减少霉烂损失。陈嘉庚回新加坡后，立即参照“鸣成”厂的做法对恒美米厂进行改造，修建了轻便轨道，新造了砖庭屋盖，费时数月，耗资近 2 万元，大大提升了米厂的效益。

1904—1911 年，是陈嘉庚独立创业的头七年。他在经营中兢兢业业，胆大心细。在此期间，他不仅能重信义偿还父债，同时还因其黄梨罐头产量约占全新加坡产量的一半而赢得“菠萝苏丹”美称，还初步摸索出种植橡胶的经验，且已拥有四家菠萝厂、两家米厂（店）、两处橡胶园。自 1904 年独立经营至 1910 年底，共获利 73 万余元，扣除还清其父遗留债款、厂房设备折旧、家用及义捐等，尚有资产 45 万元。当年在新加坡，能如此赢利，已称得上有一定实力的华侨实业家。1909 年 12 月，他被选为中华总商会第六届委员会协理（福建帮四大协理之一），这是他跨入华侨社会上层的标志。

4. 抓住时机，发展航运

1914 年欧洲爆发第一次世界大战，自欧战爆发以来，船只紧张，运输困难，在安南(越南)和泰国采购稻谷非常不方便,各船运公司都不愿意运稻谷,销往印度的熟米也没有船运。开春后熟米虽然有人要,但稻谷供应不上,巧妇难为无米之炊。在不得已的情况下,陈嘉庚决定自己租船运输。他租赁了两艘船,一艘"万通",载重量 1 300 吨,租期两年;一艘"万达",载重量 2 500 吨,租期一年。经营数月,颇为顺利,既解决了自己的运输问题,也承运其他的货物。陈嘉庚看准机会,再向香港租两艘商船,每艘载重量 2 000 吨,这样一共租了 4 艘船。

这一年(1915 年)陈嘉庚光租船一项就获利 20 余万元。第二年(1916 年),因看好船运,他又出资 30 万元购买了一艘轮船,名"东丰轮",载重量 3 000 吨。所租的 4 艘船中 3 艘租期已到,被船东讨回,只剩下万通轮。这时租金已大幅度提高,就没有再租别的船了。这一年轮船获利 30 多万元。1917 年秋,又投资 42 万元买了一艘轮船,载重量 3 750 吨,原为澳大利亚的客货两用船,时速较快,达 14 海里,改名为"谦泰轮"。这年冬,陈嘉庚把所买的东丰轮和谦泰轮租给法国政府,每月租金 12 万元,扣除用费和维修费,可以剩五六万元,合同期至战事结束再加 6 个月,这一年航运得利 50 余万元。但是好景不长,1918 年春东丰轮在地中海被德国军队击沉,秋间谦泰轮也在地中海被击沉,幸好事先都投了保险,两艘船共获保险公司理赔 120 万元,扣除本金,保险金和租金仍有 60 万元。欧战四年陈嘉庚仅航运一项共收入 160 万元,算是获利甚丰。

5. 主攻橡胶,独树一帜

受战争及市场变化影响,黄梨业获利无多,几位合伙人和经理多无心经营,陈嘉庚担心有危险,就出让给他人承受。原来位于土桥头的黄梨厂拆去机器,只留下锅炉,改造成树胶厂,添置加工橡胶所需机器,并建吊栈,耗费 5 万多元。一开始先代别家作绞工,来料加工,每月能绞五六千担,一年就收回投资。恒美米厂也因泰国一下子增加了许多熟米加工厂,竞争剧烈,新加坡又不产稻谷,更难与之竞争,已现乏利景象,前景很不乐观。陈嘉庚果断决定将恒美米厂改造成树胶厂,晒谷的砖庭改建成平房安装机器,原有栈房改建成四五层的厂房用来吊胶,并添置了加热设备,费款 20 多万元,号曰"谦益"。自己买湿胶片加工成胶布,在当地卖给各洋商。后来刚好有一个美国广告公司的经纪人,来新加坡招登广告,陈嘉庚就托他介绍美国胶商来交易,他回美国时就介绍给胶业协会经理人。1918 年,陈嘉庚又用轮船的保险款在柔佛高踏丁宜路买了 1 000 英亩橡胶园和 2000 英亩空山地,价格 40 万元。他还花了 32 万元在新加坡马珍律港边买了 3.3 万平方米的空地。陈嘉庚还与他人联合在新加坡创办裕源公司、振成丰公司、槟城树胶公司等,这三家公司都经营树胶,陈嘉庚占的股份约 1/3,资本 50 余万元,每年可分得利润 10 余万元。这时,谦益胶厂的资本已增至 200 余万元,且直接与美欧客商交易,每年可获利五六十万元。福山园的 2 000 英亩橡胶已经七八年了,黄梨已除去,专顾橡胶,再两三年便有利可收。新买的空山地雇人栽种橡胶，计划一年多完工。自此，陈嘉庚营业的重点逐步转移到橡胶业上来。当时，新加坡华侨经营橡胶进出口贸易的有四五十家，只有陈嘉庚独树一帜，除不通过洋行而直接与欧美商家交易外，还同时经营橡胶种植、生胶加工和熟胶成品制造，集原料供应、工业生产和对外销售于一体，实存资产总值达 400 万余元，已成为崭露头角的华侨大实业家了。

6. 调整战略，再创辉煌

1922 年初，陈敬贤积劳成疾，患有痢疾，并兼有胃病和咯血疾（即肺痨病），苦不堪言。只好返回集美调养。陈嘉庚不得不第六次出洋，继续执掌公司的各项事务。采取了下列强化橡胶经营的措施：

① 以低价买进马来亚各埠处于停工、半停工状态的胶厂九家，连同原槟城树胶厂共十家，逐厂扩充吊栈热房，改善机器，年内竣工，每月可产胶布 3 万余担，一年得利 100 多万元。

② 扩大橡胶园。在新加坡、柔佛等地大规模开辟新胶园，买进 8000 余英亩，使胶园总面积增至近 1.5 万英亩，成为南洋华侨大橡胶园主之一。

③ 发展胶品制造业。他认为生胶制造厂已扩充到最大限度，橡胶园也达到饱和状态，唯熟品制造厂尚有发展余地，因而不惜投下巨资，扩大经营，大量生产各种轮胎、胶靴胶鞋、医疗用具、日用品等橡胶制品。

④ 为推广推销新产品，在马来亚和荷属东印度各大商埠自设分店，在香港、上海等国内十几个大都市也分设商店，实行自销为主、请人代理为辅的销售策略。

⑤ 注册了“钟”牌商标，闻名遐迩的名牌产品胶鞋打出了“捷足先登”的广告。考虑到每年所用商标、广告等印刷品数额巨大，给人承印不合算，于是自办一家印刷所，接着创办了《南洋商报》。《南洋商报》为陈嘉庚商业活动的宣传、社会地位的巩固及名声的传播，起到了巨大的作用。

上述措施实施后，又逢英国政府限制树胶出产，胶价上涨，公司利润直线上升。1922 年获利 110 余万元，1923 年获利 120 余万元，1924 年获利 170 余万元，1925 年创纪录获利近 800 万元，为一生中登峰造极、得利最多及资产最巨之时。据陈嘉庚本人估计，他当时所有的资产：橡胶园 1.5 万英亩，价值 600 万元；谦益各胶厂厂房、机器 100 万元，活动资本 400 万元，树胶熟品制造厂机器及厂房 150 万元，活动资本 150 万元；火锯厂、黄梨厂及米店共 50 万元；空地及栈房 50 万元；合计 1500 余万元，除欠银行贷款近 300 万元外，实有资产 1200 万元。至此，陈嘉庚不仅在新加坡，而且在整个东南亚地区都算得上是一位实力雄厚的大实业家了。1923 年 2 月，陈嘉庚被推举为新加坡怡和轩俱乐部（1895 年创立，号称“百万富翁俱乐部”）总理。

三、惨淡经营 企业收盘(1926—1935 年)

第一次世界大战结束,西方经济逐步复苏,列强对东方殖民地经济争夺更加剧烈。西方财团看到市场橡胶制品获利丰厚,便竞相投资设厂制造。1926 年胶品供过于求,胶价连连暴跌;加上公司里的好几个骨干自立门户,也经营橡胶业,与陈嘉庚的公司竞争,使陈嘉庚公司进一步陷入困境。而东邻日本大力推行“南进政策”,采取税收优惠和出口津贴等国家手段,制造廉价胶品,在东南亚市场压价倾销。在诸多列强财团联合排挤打击下,陈嘉庚公司深受其害,而又势单力薄,难以抗衡,经营遂一落千丈。1926 年年度总决算,企业不仅无利,而且亏损 30 余万元。

1928 年 5 月 3 日,“济南惨案”发生,激起国人及侨胞公愤。陈嘉庚领头筹款救济受难同胞,他创办的《南洋商报》也极力宣传抵制日货。1930 年 3 月 29 日,日商及奸商怀恨在心,串通一起,放火烧毁陈嘉庚最大的胶品厂,损失近百万元(除保险外损失 50 余万元)。经过接二连三折腾,陈嘉庚资产损失过半,元气大伤。

1929 年,资本主义经济危机爆发,世界市场一片混乱。1931 年,新加坡生胶每担跌至破天荒的七八元,胶鞋每双从二元多跌至二角。面对如此凶猛的经济危机,陈嘉庚企业连年大亏。自 1929 年至 1931 年的三年中,陈嘉庚公司所经营的企业只有火锯、饼干等厂稍有微利,但仅抵义捐及家费,而继续提供集、厦学校经费达 90 万元。企业损失及集美、厦大两校经费,使陈嘉庚公司 1931 年亏损达 320 万元。当时,陈嘉庚公司共欠银行债款近 400 万元,公司资产仅 200 多万元,实际上资不抵债,无力偿还。以英国汇丰银行为首的债权银行要求陈嘉庚停止支持集美、厦大经费,被陈嘉庚断然拒绝,表示:“宁使企业收盘,绝不停办学校。”他多方筹措经费,包括变卖部分校产,举债,甚至出卖大厦,以维持集美、厦大经费。

1931 年 8 月,陈嘉庚被迫接受汇丰银行等 8 家债权银行组成的银行团的条件,将陈嘉康公司改组为有限公司,他个人名下所有动产和不动产全部并入有限公司资产,限他每月只能支取 5000 元给集美、厦大两校。

至此,陈嘉庚大权旁落,失去企业自主权。虽然稍后企业一度似乎又有新转机,但殖民地当局又规定产品只许由一家英商专卖,不许自由经营。陈嘉庚虽竭力反对却无效。英国财团仗势欺人甚至公开狂言:“我英国人之利权不容他国人染指。”陈嘉庚眼看经营前途无望,不愿俯仰由人,于 1934 年 2 月 13 日,召开股东大会,毅然决定将企业收盘。

四、陈嘉庚创业的成功之道

1904 年起,陈嘉庚自主经营,至 1925 年鼎盛时期,前后不过短短 21 年,增值 1700 倍,从一名不起眼的侨商,迅速发展成为赫赫有名的“千万富翁”,从一个普通小业主，一跃成为名震海内外的“橡胶大王”。其成功之道，从客观上讲，20 世纪初，正是第一世界大战前后，西方列强忙于战前备战，战时交战和战后复苏，无暇东顾。因此为陈嘉庚大胆创业，驰骋商场，发财致富，提供了一个千载难逢的大好机会。从主观上讲，主要是陈嘉庚本人敢想敢干，多谋善断，目光远大，胆识过人。他不仅具有非凡的经商才能，强烈的爱国意识，还有在商场上指挥若定的大将风度，对经济决策和经营方法每每有独到之处。

若干年后，有人诚心向陈嘉庚请教企业经营之道，他回答说：“有两条。一是要有祖国做靠山；二是要有经济的眼光，还要有政治的眼光。”陈嘉庚这两条，是他在海外经商几十年的心血结晶。归纳起来，主要有以下几方面具体经验值得借鉴。

1. 诚信果毅，言信行果

陈嘉庚经管企业，首先宣扬一个“诚”字，按他自己解释：“诚”的核心内容是忠诚于祖国、真诚服务于社会。陈嘉庚把“诚”看做支配自己办实业的价值观念，说他办实业不过是为了尽“爱乡爱国”之“义务”，这种义务在他心目中比企业赢利还重，他是“轻金钱，重义务。”陈嘉庚宣扬企业对国家、对社会的“诚”也是为了取得职工和社会对企业的支持。他十分明确地把企业对国家社会的“诚”和职工对企业的“诚”联系起来，力图以爱国、爱社会的价值观启迪、培养职工对企业的忠诚，以激励、增强企业内部的向心力和凝聚力。

在调节、处理企业内外各种关系时，陈嘉庚突出强调一个“信”字。这是他为办实业确立的道德规范。他所说的“信”，包括信用、信誉和信任。从一开始创办企业，陈嘉庚就把“信”作为信守不渝的基本原则。陈嘉庚不仅自身恪守商业信用，而且打破当地法律所规定的信用界限，在创业 4 年后就毅然主动地代其已经去世的父亲还债。陈嘉庚认为，企业对外部的信用，主要是对顾客的信用，取信于顾客，是企业兴旺发达的重要前提。在企业的外部信用方面，他着重抓两个环节：第一，品质优良的商品，是取信于顾客、建立企业信誉的物质基础。第二，开展文明礼貌服务，与顾客相互尊重和相互信任，是取信于顾客的可靠保证。

陈嘉庚办实业，特别强调竞争精神，认为经营企业实际上也是在进行一种战争。竞争不仅要敢于冒风险，还要决策及时，行动迅猛，掌握充分的主动权。“动作迟缓，事事输人，商战中必为败兵。”这就是陈嘉庚一贯提倡的“果”字，它强烈地体现了陈嘉庚在办实业中锐意竞争制胜的气概。

陈嘉庚经营实业并不是一帆风顺的，而是坎坷不平的。可贵的是，面对一个又一个的挫折，他不灰心，不动摇，刚毅不屈，百折不挠，坚持到底。他说：“人能经得起挫折，受得起打击，吃得起苦头，才是好汉”。他“最反对无毅力之人”，认为“世上无难事，唯有毅与责任”，只要矢志不渝、坚定不移地走自己的路，就没有克服不了的艰难险阻。这就是陈嘉庚“毅”的经营风格。

2. 把握商机，开拓进取

陈嘉庚创业初期，为什么一开始先从菠萝和米业入手？这是因为经营这两个行业，一是投资少，资金周转快；二是原料有保证，销售有渠道；三是随父经商时，对两业有接触，情况明，有赢利把握。加上他办事精明果断，说干就干，能因陋就简，不失时机地快速上马投产经营，结果第一仗就打得很漂亮。又如一战期间，海上运输异常危险，一般商家多退避三舍，但陈嘉庚深知“商场如战场，商战如海战”，“不入虎穴，焉得虎子”，大胆涉足航运，开始是“逼上梁山”，继而“自觉上山”，连年得利均丰厚。实践证明，陈嘉庚原来的主观设想符合客观实际，善于捕捉商机，敢于和善于冒大风险，经营作风雷厉风行，经营决策上更是胜人一筹，值得称道。

3. 认准目标，全力以赴

橡胶原产中美洲，属珍贵植物，严禁出口。19 世纪末由英国秘密传入新、马，识者甚寡。1906 年，陈嘉庚经营菠萝遇到困难，在摸索市场行情过程中，意外得到种橡胶可获厚利的宝贵信息。凭着陈嘉庚的商业敏感，深感此业前途广阔：一来橡胶系热带植物，适于新马种植；二来 20 世纪汽车将迅速发展，橡胶轮胎需要量必大增；三来祖国橡胶其时尚属空白，在新加坡发展橡胶，员工多为华侨，日后可为祖国做贡献。陈嘉庚认准目标后便一再加大对橡胶的投资力度，从扩大橡胶园，到扩展橡胶厂和熟品制造厂，所制产品从托人代销到直接经销，销售地区从新马扩展到五大洲，形成供产销一体化，农工贸一把抓，第一、二、三产业同时上的现代化经济格局。规模宏大，利润可观，终于赢得“橡胶大王”美誉。

4. 建章立制，重视管理

陈嘉庚认为：“一种实业的成功，不在初创时拥有雄厚的资金，而在经营得法与否，初创时都是极其渺小，经过长期奋斗，渐渐扩大，终成巨富。”陈嘉庚办事一向认真负责、一丝不苟。其公司规模庞大，人员众多。他身为公司总管，亲自制定章程，做到人人遵守，概不例外。对重点企业每日必到，从早到晚，认真巡视，发现问题，及时解决，发现经验，迅速推广。他处处精打细算，注重修旧利废和成本核算，不图形式而求实效。在生产和经营中，厉行增产节约，反对铺张浪费，促使企业蒸蒸日上，财源不断涌进。

5. 知人善任，任人惟贤

为了使企业不断地发展壮大，陈嘉庚在经营管理中，处处留意发现和培养管理人才，只要忠实可靠又精明能干，一经发现就破格提拔，委以重任。例如，李光前原是一家国货公司英文秘书，但他为人诚实，年轻，能进取，有才华，通晓中英文和涉外业务，深得陈嘉庚赏识。经过培养考察，予以重用。结果使公司橡胶业务迅速发展，其本人才华也得以充分发挥，尔后更成为南洋后起的华人领袖。又如陈六使，原为陈氏橡胶园的普通员工，由于年轻干练，有魄力，工作认真负责，被陈嘉庚发现后，改派他到另一家橡胶厂工作并逐步让他任高级职员，工作出色，管理能力得到迅速提高，后来也成为新加坡著名侨领和大实业家。他们事业有成后仍然念念不忘陈嘉庚当年的栽培与提携，继续忠诚地支持陈嘉庚开创的公益事业，为当地和家乡的建设发展做出重大贡献。

6. 得道多助，侨众拥护

陈嘉庚独立经营以来，艰苦创业，步步高升；才华横溢，智慧超群；倾资兴学，热心公益。他早年参加同盟会，支持孙中山，拥护辛亥革命。1911 年被新加坡闽籍华侨推举为福建保安会会长，1923 年继任新加坡怡和轩俱乐部总理，1929 年被推举为新加坡福建会馆主席，1938 年出任南侨总会主席。他一向忠诚为社会服务，为维护华侨正当权益，为发展当地社会经济，做出了重大贡献。反过来，新、马和南洋各地爱国华侨和华人也衷心地信任、支持和拥护他，为他的事业的迅速发展和承担的社会重任而鼎力相助。这种有形无形地互相凝集的力量所产生的价值，是难以用金钱数字来衡量的。

探索与思考

1. 陈嘉庚先生创办实业成功经验有哪些？你从中得到什么启发？
2. 陈嘉庚先生创办实业受到挫折的原因是什么？

第三节　倾资兴学 百折不挠

辛亥革命推翻了清朝封建帝制，建立了民国政府。身为同盟会成员，陈嘉庚倍受鼓舞，他自问："政治清明有望，而匹夫之责如何？"因此，他一方面积极资助孙中山及其新生政权；另一方面，"思欲尽国民一分子之天职"，"自审除多少资财外，绝无何项才能可以牺牲，而捐资一道窃谓莫善于教育，复以平昔服膺社会主义，欲为公众服务，亦以办学为宜"。因此，他决计回国兴办学校。

一、集美学村　举世无双

1. 创办集美小学

1912 年 9 月，陈嘉庚怀着兴学培养人才的宏愿，从新加坡回归故里，筹办集美小学。当时，集美社人口 2 000 余人，无别姓杂居，分六七房，各房办一私塾，男生一二十人，女子不得入学。为了统一办学，陈嘉庚就在大祠堂召集各房族长商议，反复讲明办学的目的，请求各房停办私塾，得到了各族长的赞同和支持。他出钱修缮祠堂，暂借了集美社大祠堂、房角祠堂和“诰驿”（大祠堂对面）为校舍，聘校长教员7人。当时同安全县师资连简易科毕业者仅有4人，其中1人改从商业，另3人中陈嘉庚选聘了2个。1913年3月4日开学，适龄男童报名入学达135人，分为高等一级、初等四级，定名为乡立集美两等小学，奠定了集美学校的基石。

为了鼓励女孩子上学，陈嘉庚决定给每个女孩每月补助2元，结果招收了65名女生。1917年2月，集美女子小学正式开学，校舍暂借“向西书房”，校长由男小校长兼任，聘请女教师4位。随着学生规模的增加，陈嘉庚后来选择在环境适宜的寨内社（明末郑成功部将筑垒操练水兵的遗址），购地为校址，耗资6万元，建造了一幢三层楼的新式校舍，取名延平楼，于1922年9月落成，集美小学迁入上学。为保留历史遗迹以教育学生，陈嘉庚还嘱人在延平楼前的岩石上题刻“延平故垒”四个大字。

1936年秋季，集美男小、女小合并为一校，称“集美小学”。

2. 创办师范和中学

1912年底陈嘉庚曾亲自到同安考察办学状况，全县人口20余方人，只有县立小学一所，学生100余名，私立4校，学生300余名，可见教育之落后。他发现同安县小学教育不振，师资缺乏是一个主要原因。他获悉福州有所师范学校，便前往考察，发现这所新学优惠学生条件很好，但弊端不少。主要是招生时严重“走后门”，贫苦青年学生入不了校门；入学者毕业后多数不从教职，依靠父兄权势转行改业。所以，八闽大地广大农村小学教师缺乏，初等教育前途堪忧。陈嘉庚当即表态：“等力能办到，当举办师范学校，收闽南贫寒子弟才志相当者，加以训练，以挽救本省教育之颓风。”集美小学的开办，虽然仅仅是个开端，但它很快就引起了一系列的连锁反应。首先是本校的学生不断增加，接着是全县及邻近一些地区也想办学，小学教育开始发展起来。而小学教育要发展，首先需要师资，因此办师范也就迫在眉睫了。而小学生学习几年后也面临升学的问题，中学也必须尽快兴办。

1916年，已经南渡新加坡的陈嘉庚派遣胞弟陈敬贤回到集美，创办师范和中学。随即开始大规模的校舍建设。至1918年初，先后建成了尚勇楼、居仁楼、立功楼、大礼堂等校舍和大操场等，建筑费共20余万元。陈嘉庚针对福州师范招生弊端带来的严重后果，决定改革招生制度，他致函闽南各县勤学所所长，代为选拔有志教职的贫寒青年，大县五六人、小县三四人，共120多人，详填履历，到校加以复试。凡违背定章或不及格者，绝不录取。经过严格选拔，既扩大了生源，又保证了质量。

1918年3月10日，集美师范和中学开学，由于初办招收学生程度参差不一，分别编为三年制师范科讲习班两班、五年制师范预科两班，另设中学一班，学生共196人。陈嘉庚为激励师范学生勤奋好学，特在经济生活上予以许多优惠：即入学费、住宿费、膳费均免，被子、蚊帐、草席和春冬两套制服均由学校无偿供给。既减轻学生家长经济负担，又使学生在校无后顾之忧，集中精神攻读。因此，闽南、闽西和广东东部及南洋侨生，慕名接踵报考集美师范学校。

3. 创办幼稚园

集美幼稚园于1919年2月由陈嘉庚委派陈敬贤创办。这是我国由国人创办的较早的一所独立幼稚园。当时先借用渡头角旧民房开办，聘主任1人、教员4人，设4个班，学生140多人。1919年6月，陈嘉庚回国后发现幼稚园学生多、园舍挤，光线又不足，室内没有活动室，室外缺运动场地，不利于幼儿教育和身心健康，决定另选园址，新建园舍。几经周折，到了1925年秋，才选定在集美学村东北隅的二房山建园舍。1926年夏，巍峨壮观的一群西班牙哥特式园舍落成。前排“养正楼”，寓培养幼儿从小养成好习惯，矫正不良习气，促进身心健康发展之意；中排正中一口圆水池，两侧东是“熙春楼”，西是“群乐楼”；后排“葆真堂”居中，左右是教室，楼堂各为二层，共24间。同年秋季，幼稚园搬入新园舍上课，各地前来参观的人士盛赞是全国幼稚教育之第一建筑物。

4. 创办水产航海教育

陈嘉庚目睹旧中国“门户洞开，强邻环伺”，“船舶川行如织，但航权均操洋人掌握”的可悲状况，痛心疾首。开阔的视野和个人经营航运的实践，使他认识到水产、航海事业对各国经济建设的重要性。他选择在被迫开放为五个通商口岸之一的厦门，在他自己创办的集美学校开办水产、航海教育，以实现他“造就渔业航业中坚人才，以此内利民生，外振国权”的宏愿。

1920年2月，集美学校水产科开办，招收旧制高等小学毕业生45名，学制4年。为了鼓励学生学习水产、航海专业，陈嘉庚特地规定水产、航海学生“待遇同师范生，学膳宿费全免”，还由学校发给统一的制服和被席蚊帐。

为培养学生的实践技能，满足学生出海实习的需要，他于1922年1月向英国购买渔船机器，由本校教师设计，雇请船匠在集美建造了一艘载重31吨的实习船，定名为“集美一号”，还建造端艇4艘，分别定名为“郑和号”、“祖逖号”、“海鸥号”等，供学生操艇练习和海上采集标本用。1926年5月又不惜花巨资从法国买进一艘载重274吨，主机功率420马力，航速可达10节的拖网铁壳渔船，定名为“集美二号”。该船是中国第一艘、也是当时全国最大的拖网渔船。由于坚持严格训练，因此集美学校培养出来的水产、航海专门人才质量较高，在水产、航海界享有声誉。

5. 创办商科

陈嘉庚从亲身涉足南洋商战的30年中，深刻领悟到商业教育的重要性。他经过自身的经营，追溯南洋社会历史的发展，反思我国的经济环境，认为：“侨商若欲求免天演之淘汰，务必急起直追，学习西式簿记知识，银行、贸易、技术本领”，从而诱发了创办商科的构思。

1920 年 8 月，陈嘉庚在集美学校创设商科，旨在培养有学识之才，援助南洋广大华侨经营商业；同时希望通过培养商业人才，改变国内墨守成规的商业经营方式，以谋民生问题的解决，以期建设新国家。商科初办时只有 25 名学生，第一组生源委托菲律宾教育会代为考送，修业年限为 4 年，待遇与中学相同，隶属于中学，主要授以商业必须的知识和技能。

6. 创办女子师范并定总校名

为了进一步打破重男轻女的封建思想的束缚，大力提倡女子上学，陈嘉庚于 1921 年 2 月在集美学校设立了女子师范部，辖女子小学，招收女子师范讲习科和预科，首期共 100 多名学生。

1921 年 2 月 23 日，定“福建私立集美学校”为总校名。内分师范、中实（包括中学、水产科、商科）、女师（女小隶之）、小学、幼稚园 5 个部，全校学生 1409 人。学校还先后设置了一系列为师生学习、工作、生活服务的公共设施，如 1919 年 9 月设立医务处，次年独立设置为集美医院；1920 年设立集美图书馆；1922 年设立科学馆；等等。1924 年 1 月，水产科改为水产部，商科改为商业部。

7. 创办农林部、国学专门部和幼稚师范

陈嘉庚在《南侨回忆录》中指出：“我国素称以农立国，然因科学落后，水利未兴，改良无法，故收获不丰，民生困苦，本省虽临海，农业实占一大部分，尚乏农林学校，以资研究改良，余对农科尤为注意。”1925 年 5 月，他指示集美学校校长与同安仁德里洪塘社乡民签订契约，购买天马山麓附近荒废山地，筹建农林部校舍务本楼，并开辟农林试验场，聘请北京农业大学教授、林学系主任叶道渊为农林部主任。1926 年春，农林部正式开学，招收学生 130 多人。同年秋又开辟畜牧场，添购牲畜甚多，并培育许多树苗，派人到各乡游说植树造林，带树苗下乡教村民种树，力图掀起一场造林运动。1926 年 9 月，集美学校设立了国学专门部。1927 年 2 月，设立幼稚师范，以解决幼稚园师资严重不足的问题。

1919—1926 年，是集美学校校舍建设的黄金时期。陈嘉庚第五次从新加坡回到集美，共住了两年九个月（1919 年 6 月—1922 年 3 月）。在此期间，他亲自主持校舍的扩建工作，含辛茹苦，付出了大量的心血。在这两年多时间里，陈嘉庚主持建设的校舍有医院（1920 年 9 月竣工）、图书馆（博文楼，1920 年 11 月竣工）、科学馆（1922 年 9 月竣工）、立德楼（1920 年 3 月竣工）、立言楼（1920 年 7 月竣工）、约礼楼（1920 年 11 月竣工）、即温楼（1921 年 4 月竣工）、明良楼（1921 年 6 月竣工）、

手工教室(1921 年 2 月竣工)、钟楼(1921 年 10 月竣工)、尚忠楼(1921 年 2 月竣工)、诵诗楼(1921 年 2 月竣工)、延平楼(1922 年 9 月竣工),以及西膳厅、俱乐部、消费公社和操场等。

从 1923 年至 1926 年,是陈嘉庚企业蒸蒸日上,"得利最多和资产最巨之时"。他认为这是发展学校的难得机会,一再函促集美学校负责人加速校舍建设和增添设备,扩大规模,大量招生。往往"钱未到手,就先准备把它用掉。"因此,这几年中,集美学校又建设了允恭楼(1923 年 8 月竣工)、文学楼(1925 年 8 月竣工)、敦书楼(1925 年 8 月竣工)、葆真楼(1926 年 9 月竣工)、音乐室(1925 年 2 月竣工)、务本楼(1925 年 12 月竣工)、崇俭楼(1926 年 2 月竣工)、渝智楼(1926 年 8 月竣工)、肃雍楼、校董住宅、军乐亭、植物园、网球场、浴室、大膳厅、农林建筑办事处、工人住所等。

二、校主办学的四个时期

陈嘉庚先生在他的 88 年人生旅途上,创造了 68 年的"兴学""办学"的人间奇迹,他的办学历程大体上可以分为四个时期,即尝试及准备时期、兴盛时期、维持时期、恢复和发展时期。

在他创办集美学村各校和厦门大学,师生对他有着特别亲切的情感,怀着崇高的敬意习惯称他为"校主"。

1. 尝试及准备时期(1894—1911 年)

这一时期,在兴办学校方面,他做了三次尝试:

第一次是 1894 年办惕斋学塾。这是他捐资兴学的发端。陈嘉庚于 1893 年遵母命归国与夫人张宝果结婚,结婚后不久,他在夫人的支持下出资 2000 银元在集美创建了惕斋学塾。学塾门前有石刻盛联两副,其正联曰:"惕厉其躬,谦冲其度;斋庄有敬,宽裕有容。"其副联为:"春发其华,秋结其实;行先平孝,艺裕乎文"。据考证,两副祖联可能出自陈嘉庚之手,它反映了陈嘉庚早期的办学思想,即兴办学校的目的,一方面为国家为社会培养人才,另一方面提高人们的文化道德修养;学生在学校一方面要广泛学习科学文化知识,一方面要养成良好的道德品质。惕斋学塾的办学模式已与旧私塾大不相同,陈嘉庚在尝试新学的办学方式。至于经费的来源,一是他从商三年所得的薪酬积蓄,二是可能还有他父亲给予的结婚费用节余。这是一个极其重要的开端。陈嘉庚养成了手中有钱即用来办学和为社会服务的良好习惯。他说:从此,"对乡党词堂私塾及社会义务诸事,颇具热心"。

第二次是资助阳翟小学。自 1896 年至 1912 年间,华侨相继在同安县和厦门郊区创办了锦宅、曾营、霞阳、阳翟 4 所小学。陈嘉庚先后捐助同安县阳翟小学建筑费和经常费计银洋 5130 元，占该校全部侨捐资金 21316 元的 1/4。捐助该校的还有越南华侨陈伯坚和旅居马来西来、新加坡、缅甸等地的同安籍华侨。陈嘉庚被推举为阳翟小学永久校董。

第三次是 1906 年在新加坡集资创办道南学堂。这是陈嘉庚兴办华侨教育的开始。关于当时东南亚华侨教育状况，他在《南侨回忆录》中说："民国未光复以前，南洋华侨无所谓教育，其时学校甚少，虽有私塾，亦极有限。若英属虽设有英文校，所读所教只能备英人使役而已，不但无专门或大学，便是相当中等学校亦难得；若荷印荷文学校，则不许从祖国来的华侨子弟入学，追罗则须读简单暹文。由是各处华侨子弟，既乏中国文化，致多被外国及土人所化矣。"正是在这种情况下，新加坡福建会馆（陈嘉庚长期担任该会馆主席）于 1906 年 11 月 8 日，创办道南学堂。1910 年，陈嘉庚被选为道南学校总理（即董事会主席），即积极向间侨募捐 5 万元，建成校舍，并在国内物色校长、教员。

这三次办学实践活动为陈嘉庚积累了经验。

这一时期，陈嘉庚在经济上开始独立经营实业，且事业顺利发展，资本不断增加。在社会地位上，他加入了同盟会，先后被选为新加坡福建会馆主席、中华总商会第六届委员会协理和福建保安捐款委员会主席等，在华侨社会的影响力与日俱增。

可以说，这一时期为陈嘉庚倾巨资办学准备了政治、经济条件和办学经验。

2. 鼎盛时期（1912—1936 年）

1913 年，陈嘉庚在家乡创办了第一所小学——集美小学，以后又陆续办了各类学校，到 1927 年计有男小、女小、男师范、男中、女中、水产、航海、商业、农林、幼师、乡师、国专等十几所学校，统称为集美学校。经过多年的艰难缔造，初步形成了一个较为完整的教育体系，并将一个原来贫穷落后的渔村，建设成为闻名全国的学村。1923 年，经孙中山先生批准，"承认集美为中国和平学村"。"集美学村"由此得名。

陈嘉庚创办集美学校，不仅注重学校和师生数量的发展，更重视教育质量的提高；重视选择校长和教员；重视学生的道德教育；要求学生要有爱国思想，遵守校规，勤俭节约；对男女学生一视同仁；优待奖励侨生、贫苦学生和师范生；重视技术职业教育；支持学校发展体育运动。总之，他要求在校学生德智体美全面发展，这样才能成为对国家有用的人才。

陈嘉庚不仅在家乡办学校，对发展侨居地的教育事业也很热诚。他在新加坡长期资助和倡办许多华侨学校。如道南小学、爱同小学、崇福小学、南侨师范、新加坡水产学校和南洋华侨中学等，这些华侨学校对传播中华文化、加强华侨团结、增强华侨民族意识和发扬爱国爱乡精神起了重要作用。

1919 年，提倡民主与科学的五四爱国运动在北京爆发，并波及全国。“五四运动”使陈嘉庚看到了新的希望。这时，他在新加坡经营的实业正蒸蒸日上，在集美创办的各类学校也初具规模。为实现救国宏愿，他决心在此基础上，倾资创办大学。

陈嘉庚认为，在家乡闽南创办一所大学非常必要。他说：“国家之富强，全在乎国民，国民之发展全在乎教育。”“尝观欧美各国教育之所以发达，国家之所以富强，非由于政府，乃由于全体人民。中国欲富强，欲教育之发达，何独不然。”又说：“民心不死，国脉当存，以四万万之民族，决无甘居人下之理。今日不达尚有来日，及身不达尚有子孙，如精卫之填海，愚公之移山，终有贯彻目的之日。”他还说：“何谓根本，科学是也。今日之世界，一科学全盛之世界也。科学之发展，乃在专门大学。有专门大学之设立，则实业、教育、政治三者人才，乃能辈出。”

以上是指祖国大范围而言，从当时福建省一个局部看，陈嘉庚也认为兴办大学非常必要。他说：“民国八年(1919)夏余回梓，念邻省如广东江浙公私立大学林立，医学校亦不少，闽省千余万人，公私立大学未有一所，不但专门人才短少，而中等教师亦无处可造就。”

无论从全国或从全省看，陈嘉庚认为创办大学都是非常必要的。而从办学财力衡量，他认为也是可能的。当时，他的资产总额已达四百万元。他愿意以身作则，带头示范，并公开表示：“自己先认捐开办费一百万元，作两年开销；再捐经常费三百万元作十二年支出，每年二十五万元。”并拟于开办两年后，学校略有规模时，即向南洋富侨募捐。他深感自己财力有限，因此“诚恳希望内地诸君及海外侨胞，负起国民责任，同舟共济，见义勇为，则数千万元之基金，不难立集。”

至于这所大学应设在何处？陈嘉庚认为：校址问题为创办之首要，校址当以厦门为宜。厦门居闽省南方，与南洋关系密切，而南洋侨胞子弟多住厦门附近，因此设在厦门最适中。他还认为：在厦门尤以演武场附近山麓最佳，背山面海，坐北向南，风景秀美，地场广大。第一步规划占地 2 百亩，第二步可扩至附近，占地 2 千亩。将来学生众多，大学地址必须广大，以备今后扩充。

创办大学虽说是件大事、难事，而陈嘉庚却说到做到。他一面向政府申请演武场校址用地，着手筹建第一批校舍；一面聘请国内外教育界名流蔡元培、黄炎培等九人为筹备委员，拟定办学大纲，并多方物色校长，由校长选聘教师；着手在上海、福州、厦门、新加坡等地招生，先设商学和师范两部，经过严格入学考试，共录取新生一百多人。1921 年 4 月 6 日，在陈嘉庚亲临出席指导下，厦门大学假集美学校举行隆重的开学式，国内外许多教育名流也应邀前来参加。从此，中国第一所闻名海内外、由华侨领袖陈嘉庚独资兴建的大学，在风景秀丽的海港城市——厦门创办起来了。

厦门大学的创办，使得陈嘉庚的办学层次上有了一个质的飞跃，厦门大学成为了中国一所著名的大学，影响力遍及世界。

3. 勉力维持时期(1937—1949 年)

陈嘉庚办学从鼎盛时期转入维持时期，有四个显著的标志：一是集美师范停止招生；二是厦门大学改为国立；三是集美各校和厦门大学内迁办学；四是集美学校教育推广部已无力资助更多的学校。

集美师范学校自 1927 年独立建制后，教育事业发展较快，培养了许多优秀教师。至 1933 年，集美试验乡村师范学校和集美幼稚师范学校先后并入师范学校，集美师范学校的体制更加完善，学校规模更大。然而 1936 年 6 月 29 日，福建省政府教育厅以“统制”(私立学校一律不许开办师范教育)为名责令集美师范停止招生，“至原有学生毕业时停办”。虽经陈嘉庚多方争取并电呈福建省主席陈仪要求继办师范，仍未获准。这样，陈嘉庚苦心经营的师范教育，不得已于 1936 年停止招生，并于 1940 年最后一届学生毕业后被迫停办。师范学校的停止招生，对集美学校的学科结构、办学规模和社会效益都造成巨大影响。

陈嘉庚的企业于 1934 年收盘后，再同时维持厦门大学和集美各学校的经费已极度困难。为了集中财力续办集美学校，也为了厦大不致停办；1936 年起，陈嘉庚数次致函南京国民政府，表示愿将厦大无偿献给国家，由政府接办。1937 年 7 月 2 日，国民政府同意陈嘉庚所请，决定将私立厦门大学改为国办。7 月 6 日，著名物理学家萨本栋博士受聘为国立厦门大学校长。至此，陈嘉庚办学的层次、规模都明显收缩。

1937 年 9 月起，日本帝国主义的飞机、军舰不断袭击厦门，情况十分危急。集美各学校于当月起陆续内迁安溪县办学。至 1946 年夏，集美各学校及其教学设备、图书资料始全部迁回集美。在整个抗日战争期间及学校复员之后，陈嘉庚始终主张集美学校规模不宜过大，“只可维持，免停顿已足。生额宜少不宜多”。厦门大学于 1337 年底内迁闽西山区，1938 年 1 月 17 日在长汀县复课，直至 1946 年迁回厦门上课。这期间，厦门大学的办学规模也大幅度缩小。

继 1940 年集美师范学校停办后，1947 年，集美农林学校并入省立福州高级农业职业学校。至 1948 年秋，集美学村仅余八所学校：集美高级水产航海职业学校、集美高级商业职业学校（集美轻工业学校前身）集美高级中学、集美初级中学、集美小学和集美幼稚园。

这一时期，陈嘉庚主持的新加坡福建会馆曾于1939年在新拍田创办南洋华侨水产航海学校，1941年8月创办南洋华侨师范学校，但皆因太平洋战争爆发，新加坡失陷而停办。

陈嘉庚办学进入维持时期的主要原因有：其一，由于世界经济危机等因素，陈嘉庚的企业于1934年收盘，他的个人资产已严重缩水。其二，自日本入侵中国以来，至1937年"卢沟桥事变"的发生，全国军民奋起抵抗日本侵略者，陈嘉庚已全身心投入到领导华侨抗日救国的运动中。民族危机当前，办学自应退居其次。其三，如果说厦门大学改为国立大学是陈嘉庚因经费困难而自愿、主动无偿献给国家的话，那么集美师范的停办则是缘于当局的限制和强迫命令。其四，陈嘉庚经营实业、创办学校的得力助手陈敬贤因病于1936年2月去世。陈敬贤自1900年随胞兄至新加坡经商后，一直是陈嘉庚各项事业的得力助手。他受兄长委托，于1916—1919年间在家乡创办集美各学校；又于1923年回国协理集美、厦大校务，因之两校师生皆称他为"二校主"、他的去世，对陈嘉庚办学无疑是一个沉重打击。

4. 恢复与发展时期（1950—1961年）

中华人民共和国成立后，政府接管了中国境内的公立和私立学校，接管和裁并了外国津贴的教会学校。1949年12月，第一次全国教育工作会议召开，确定了教育必须为国家建设服务，学校必须为工农大众开门的总方针。1950年6月，教育部召开的首届高等教育会议，确定了高等教育的方针和任务。这一系列方针政策深刻影响着私立的集美学校和从私立改为公办的厦门大学，促进了两校的恢复、改造和发展。陈嘉庚于1950年回国定居后，对新中国的一系列教育方针政策衷心拥护。尽管他已届高龄，又担任许多重要职务，但仍以最大的努力给予两校最大的支持和帮助。

新中国成立初期，陈嘉庚即通过陈村牧充分表达了将集美学校献给政府办理的意愿。人民政府考虑到集美学校的悠久历史和在海内外的声誉，希望陈嘉庚先生维持私立名义，而由政府给予部分补助。陈嘉庚为减轻国家的教育经费负担，慨然接受。为此，他呕心沥血，向海外亲友筹措经费，并尽力办好集美学校的校产集友银行。

1950年9月，集美高级中学与初级中学合并为集美中学。此后，该校发展迅速，很快成为全国著名的一所规模较大的完全中学。

1951年7月，省立高级水产职业学校（校址在惠安县）并入集美高级水产航海职业学校(简称"高水");10 月,省立航海机械商船学校(校址在福州马尾)的航海科并入"高水";1952 年 10 月,省立福州高级航海技术学校(校址在福州市)再并入"高水"。1952 年 12 月,"高水"更名为福建私立集美水产航海学校。1958 年 3 月 18 日,该校一分为二,分别成立福建省厦门市私立集美航海学校和福建省厦门市私立集美水产学校。两校分别归交通部和水产部领导。

1952 年 12 月,集美高级商业职业学校(简称"高商")更名为福建私立集美财经学校,1950 年秋,该校划归省工业厅领导。1959 年 3 月,厦门纺织工业学校、泉州食品工业学校并入财经学校,改校名为福建集美轻工业学校。1964 年,该校一分为二,分别成立福建财经学校(后恢复集美财经学校名称)和福建轻工业学校(后改名为集美轻工业学校)。

1958 年,以原集美师范学校为基础创办了厦门师范专科学校,1960 年更名为厦门师范学院。1953 年,中央人民政府采纳陈嘉庚的建议,委托他筹建集美华侨学生补习学校,当年 12 月即开学上课。1957 年 8 月,陈嘉庚又倡办侨属子女补习学校,隶属于华侨学生补习学校。至 1959 年,侨校共建成楼房 26 幢,建筑面积达 47 万平方米,据统计,自 1954 年至 1966 年,侨校共招收侨生 1、8 万余名,其中考上大专院校的计 1、3 万多名。这些侨生来自十多个国家。

至 1955 年秋,集美各校学生总数达 5 217 人,其中集美中学 2 094 人(其中侨生 1 128 人),水产航海学校 496 人,财经学校 540 人,小学 744 人,幼儿园 335 人,侨校 1008 人。1950—1955 年,陈嘉庚主持集美学村建设,除修复被战争毁坏的校舍外,还进行了大规模的建设,扩建校舍面积达 15 万平方米,相当于解放前校舍面积 45 万平方米的 3 倍多,费用计达 1025 万元。

新中国成立后,陈嘉庚庆幸厦大获得新生,他认为厦门大学迎来了发展的大好时机。虽然这时厦大已为国立,但他不仅没有放弃为实现自己办学初衷的努力,而是加倍关心厦大的恢复和建设。他同意把同安天马山与与美人山之间的四百多亩地拨给厦大,作为未来农学院的实习场地。继续筹集巨资扩建校舍,不辞劳苦地请人设计绘图,亲临工地监督。1951—1954 年,由他筹款监督主要由其女婿李光前捐巨资建成的校舍 24 幢,计 5.9 万多平方米,建筑面积超过解放前 28 年建筑面积的总和。

陈嘉庚认为厦门大学应办成面向东南亚、闻名海内外的重点大学,要着力培养华侨学生。厦门大学十分尊重并采纳陈嘉庚的意见,一方面积极招收侨生入学,使当时集美华侨补习学校的许多毕业生进入厦大深造;另一方面,厦门大学于 1956 年创办了华侨函授部(后发展为海外函授部,海外函授学院,海外教育学院)仅 1956 至 1960 年间,就培养了海外函授学生 1 万多名,既有力推动了世界各地的华侨教育，也提高了厦大在海外的声誉。

1963年9月，厦大被定为全国重点综合性大学，直属国家教育部。至1965学年度，在校生达到2 977人，教职11 213人。

可见，20世纪50年代是陈嘉庚办学的又一黄金时期，其标志主要有：集美各校和厦大迅速修复战争损坏的校舍，并大规模扩建新校舍；集美各校和厦大经过院校学科调整，体制更加完善，办学规模不断扩大，教学质量大幅度提高；厦门大学逐渐成长为全国重点大学；恢复了师范教育；创办了集美侨校等。究其原因，首先是新中国成立后确定的一系列方针、政策，其中包括教育方针、政策，华侨政策等，有力地推动了教育事业的改革与发展，鼓励、保护了华侨在祖国兴办教育及其他公益事业的积极性。其次，各级政府热情支持并帮助陈嘉庚继续办好各类学校。最后，这时候，陈嘉庚的政治地位和社会影响力已登上顶峰，赢得了全国人民和广大华侨华人的敬仰和爱戴。

特别是李光前、陈六使等华侨工商业巨子出于对祖国对家乡的热爱和对陈嘉庚的崇敬，再次捐巨资支持陈嘉庚修复、扩建集美各校和厦门大学，促进了陈嘉庚办学事业再上高峰。

三、陈嘉庚办学的贡献与成就

长期大规模的办学活动耗尽了陈嘉庚的巨额资财，也耗尽了他的心血，却因此铸就了一座倾资办学的历史丰碑。

1. 倾巨额资金办学

我国著名爱国民主人士黄炎培先生早年说过："发了财的人，而肯全拿出来的，只有陈先生。"陈嘉庚一生办学支出个人经费，以1980年国际汇市比率计算，相当于1亿多美元；其中1913年至1931年的18年间，在家乡办学支出840余万元，占他总支出的63%；加上办学而付出的利息380万元，共占总支出的92%。加上他创办的集友银行的红利和经他筹募的办学经费，则数字更加惊人，超过他当年办学的数倍之多。据统计，到2005年，集友银行付给集美学校的红利与股息达11.4亿元港币。

在承担集美、厦大两校庞大开支的同时，陈嘉庚还于民国十年联络新加坡华侨，组织同安教育会，支持同安县创办40多所小学。民国13年，陈嘉庚把同安教育会改为集美学校教育推广部，至民国24年，先后补助本省20个县市的73所中小学，补助总额达193 227银元，全部由陈嘉庚承担。在侨居地，陈嘉庚竭力倡办华文学校，曾任新加坡道南学校总理。民国4年在新加坡捐资创办崇福女校，民国

8年又捐资3万元创建南洋华侨中学，后来又捐40多万元作为该校基金。

2. 创办并资助了大量学校

陈嘉庚一生创办及资助的学校多达100多所，除厦门、集美外，还包括了福建省其他20余个县市的100余所学校，新加坡10所（道南、华侨等五所华文中小学和水产航海、南侨师范等学校）。这些学校覆盖面广，从国内到国外，从厦门到福建各地以及新加坡；层次多，从幼儿园、小学、中学到大学；种类齐全，有基础教育、普通教育、职业教育和专门教育，形成完整的教育体系。

3. 培养了一大批栋梁之才

陈嘉庚创办和资助的学校，培养了以10万计的各种人才。据统计，仅1913—1949年，集美学校的毕业生达8 094人。厦门大学素以培养高质量人才闻名。两校大量的毕业生中，涌现出一大批政治家、社会活动家、科学家、企业家、艺术家等。陈嘉庚在新加坡创办和资助的学校所培养的侨生，许多人成为东南亚工商界、教育界、文艺界的精英人物。

4. 推动了国内特别是福建教育事业的发展

陈嘉庚办学，在国内教育界影响很大。教育界著名人物蔡元培、黄炎培、陶行知等都交口称颂陈嘉庚的办学精神。陈嘉庚从不以倾资兴学而沽名钓誉，也反对别人为自己歌功颂德。当厦大新校舍落成时，有人建议把主楼用陈嘉庚或其胞弟陈敬贤的名字命名，他都极表反对。他一生为集美学校和厦大建造了数百幢高楼大厦，却没有一幢以他的名字命名。1923年陈嘉庚五十寿辰，集美学校师生和校友自动捐款拟建造“介眉亭”，想为他祝寿和表彰其兴学业绩，他知道后，亦予坚决拒绝。身为华侨而捐巨资在国内兴学，不为名、不为利，这种精神是一种强大的力量，促进了全国教育事业的发展。

集美学校和厦门大学特别注意吸收闽南一带贫寒子弟入学，并鼓励学生毕业后回原籍从教，因而有力地促进了福建省尤其是闽南地区教育事业的发展。

5. 开创了华侨在家乡办学的风气

华侨回乡捐资办学，陈嘉庚不是第一人。但大规模办学，倾资办学，他是第一人。在他的精神和事迹的感召下，许多华侨纷纷回乡捐资办学，蔚然成风，影响极为深远。他的女婿李光前和曾就读于集美学校的陈六使，成为陈嘉庚事业的忠实追随者。

集美学校校友李陆大、李尚大昆仲花2亿在安溪创办慈山学园。后来，香港同胞李嘉诚创办汕头大学，包玉刚创办宁波大学，他们都是受到陈嘉庚爱国兴学精神的影响。

6. 促进了海外华侨教育事业的发展

陈嘉庚之前，华侨在侨居地办学是零星的，且仅限于小学或私塾。在陈嘉庚的倡导和影响下，东南亚各地侨办学校如雨后春笋般发展起来，而且办学层次不断提升，涵盖了小学、中学、中专以至大学。集美学校和厦门大学的毕业生中，许多人应聘为南洋各地学校教师，也有力推动了华侨教育事业的发展。陈嘉庚在总结创办南洋华侨中学的影响时说："自是之后，南洋各处不但中等学校继起设立，而小学校亦更形发展，几如雨后春笋……"海外华侨教育事业发展所带来的影响和效益是广泛而且深远的。

7. 为厦门大学和集美各校的发展打下了坚实基础

陈嘉庚生前为厦门大学和集美各校投入巨资所建设的数十万平方米的校舍和较为完善的附属设施，为厦门大学和集美各校的大规模、高质量发展奠定了坚实的物质基础。而先进科学的校园规划和"陈嘉庚建筑风格"的楼群构成了一道道靓丽的风景线，使得厦大和集美学村都成为著名的旅游风景区。另一方面，陈嘉庚确定的厦门大学校训"自强不息，止于至善"和集美学校校训"诚毅"，至今仍在激励广大师生以诚毅精神自强自立，追求完美。陈嘉庚长期办学形成的优良校风和良好的育人环境，则使一代又一代莘莘学子受益无穷。

8. 形成了富有特色的陈嘉庚教育思想

陈嘉庚在长期的办学实践中，始终贯彻了他的兴学动机、目的，教育方针、培养目标，办学指导思想等一系列主张，从而形成了科学、先进的，具有鲜明特色的陈嘉庚教育思想。他关于教育的许多精辟见解，至今仍闪烁着真知灼见的光芒。如提倡女子教育，反对重男轻女；强调优待贫寒子弟，奖励师范生；讲究教学质量，注意全面发展；主张"没有好教师，就没有好学校"；为了振兴实业，倡办职业技术教育等。因此，陈嘉庚既是一位伟大的教育事业家，又是一位出色的教育思想家。《集美学校校歌》歌词高度凝集了陈嘉庚的办学理念。如果说"英才乐育，蔚为国光"是其理想和目标，那么"春风吹和煦，桃李尽成行"则是其辉煌成就的写照。

探索与思考

1. 陈嘉庚先生为什么想倾资办学？
2. 陈嘉庚先生创办的学校主要有哪些？分布在哪里？
3. 试比较陈嘉庚先生办学思想与孔子教育思想。
4. 陈嘉庚先生办学的成就与经验是什么？
5. 陈嘉庚先生办学经历了哪些主要时期？

第四节　华侨旗帜　人人景仰

陈嘉庚一生侨居新加坡六十年(1890—1950),与海外华侨华人朝夕相处,同呼吸,共命运;同创基业,共赴国难;受尽殖民地政府的苛待,历经“海外孤儿”寄人篱下的种种辛酸。由于他有一颗海外赤子的善良的心,因此不论他身处异国他乡,或定居国内;也不论在创业拼搏时期抑或被拥戴为南洋华侨领袖之后,他的心总是和我们伟大的祖国,与海外千百万侨胞连在一起。他身体力行,时时处处竭力维护华侨正当权益,是我国现代史上爱侨护侨的楷模。

集美学村内的归来堂

一、大兴实业　为华侨就业造就机会

陈嘉庚在南洋独立经营实业,历时三十年(1904—1934)。他经营过的行业,有工业、商业、种植业、海运业和报业。鼎盛时期拥有橡胶园一万五千英亩,工厂三十余家,销售网点一百多处,遍及世界五大洲,总资产达一千二百万元(坡币),所经营产品以橡胶及胶制品为大宗,行销海内外,获“橡胶大王”美称。

鼎盛时期拥有橡胶园一万五千英亩,工厂三十余家,销售网点一百多处,遍及世界五大洲,总资产达一千二百万元(坡币),所经营产品以橡胶及胶制品为大宗,行销海内外,获“橡胶大王”当年的马来亚是英国殖民地,实施严酷的殖民统治。华侨要在那儿生存已经很不容易,要发展就更难。然而为什么陈嘉庚不仅能在那儿站稳脚跟,而且在短短二十年内,使自己的经济实力迅速发展壮大?其奥秘是一靠新加坡的天时地利，二靠陈嘉庚的经营才华和魄力。1904—1925年，正值第一次世界大战前后，西方列强正忙于在欧洲争夺霸权，无暇东顾，在客观上为国际大都会的新加坡提供了一个千载难逢的商机。加上而立之年的陈嘉庚，已经历多年在海外经商实践磨练，目光远，市场熟；人缘好，渠道通；信息灵，胆子大。在海外市场经济大潮的剧烈竞争中，当机立断，处处胜人一筹，因而迅速登上经营高峰。

20世纪60年代，新加坡著名侨领高德根，对陈嘉庚的成功经营高度评价说："陈嘉庚先生壮岁南来，到古稀之龄才离开本邦，他一生中最有为的时期都在本邦度过。他在本邦建立他的事业，种植树胶、黄梨，开办工厂，成为本邦历史上第一位大实业家，及最早与最伟大的工业开拓者与先驱。当他事业全盛时期，他的各种企业机构所雇佣的职工超过万人，其规模之庞大，直到现在还没有第二人能和他比拟，他是东南亚千百万华人中最富传奇性的一位伟大人物……陈先生创业的魄力与眼光，不但使他个人事业成功，得以发挥其博爱人群的伟大怀抱，而且更大大地促进了本邦的经济发展与社会繁荣。"

俗话说，民以食为天。物质生活从来就是人类生存的第一需要。海外赤子亦不例外。世代华侨远离祖国和家乡，长期飘泊海外，只有当生存(温饱和立足)问题解决之后，才能论及其他。陈嘉庚所办实业，行业繁多，规模庞大，所需劳力甚众，最多时达三万人左右，所聘用员工多系华侨，这就为广大华侨造就了许多就业机会。华侨就业后，既积极为陈嘉庚公司生产和销售商品，创造财富，创造剩余价值，也为自己挣了一份工资收入，借以维持个人生活及补贴家用，因而使众多华侨深受其益。

此外，华侨在陈嘉庚公司就业后，还可学到一门以上生产技术或营销业务，特别是种胶和炼胶。当年，这类工种属高新技术范畴，熟练掌握它，不仅有利于现有岗位操作，而且有助于今后再就业。和许多有成就的华侨华人实业家一样，陈嘉庚在海外经营的成功，既促进了当地民族经济的繁荣，又为广大华侨的生存与发展开辟了广阔的天地。

二、积极兴学　成绩显著

陈嘉庚在着力经营实业的同时，为了使华侨不忘祖国和家乡，在新加坡集资创办或支持赞助各类华文小学、中学及专业学校。他办事一向认真负责，不办则已，办就办好。兴办侨校更是如此。如新加坡道南学校，原名为道南学堂，创办于1906年，1910年起，陈嘉庚任该校总理(董事长)，任职期间即对校务实行改革刷新，注重选聘优秀中文教师，坚持以普通话代替方言教学。由于陈嘉庚办学有方，华侨热心支持，教师认真执教，加上学校经费充足，办学成绩显著，学风优良，校誉日隆。后来虽受日寇南侵破坏的严重影响，但战后迅速复课，秩序井然，师生人数激增，学校规模不断扩大，学校由初创时师生仅百余人，到20世纪60年代初，扩至一千三百余人，实行二部制(分上下午教学)。该校历史悠久，毕业生众多，社会影响深远，是新加坡华文学校中的佼佼者。

又如新加坡南洋华侨中学。该校经陈嘉庚多年筹备，于1919年创办。学校最初只有70多名学生，十名教师。到20世纪70年代，已拥有学生二千多名，教师一百多名。校园宽阔，校舍富丽堂皇，各种教学设备齐全。不仅在新加坡，而且在东南亚华侨学校中，均堪称一流。

新加坡南洋华侨中学钟楼

可以这样说：凡是由陈嘉庚创办或赞助支持过的华侨中小学校，虽各具特色，其共同点是这些学校的毕业生，或升学，或服务于社会，很多都成了社会骨干和中坚人物，对侨居国经济文化的发展和华侨社会的进步，都起了重要的推动作用。

陈嘉庚在新加坡兴办侨校，完全摒弃不合时宜的传统的地域或帮派观念，主张"有教无类"、"五湖四海皆兄弟"。对贫苦生、师范生、专业生及女学生，更多方鼓励或优待。由于陈嘉庚的热心提倡和广大华侨的觉醒，南洋各地华侨办学蔚然成风，华侨学校有如雨后春笋，普遍设立。截至1937年抗战前夕，南洋侨校已多达三千多所，学生达四十余万人。各地侨校经费概由华侨自筹自决，教师或从国内聘请或从当地师范毕业生吸收，教材普遍采用或参考国内课本，教学语言以普通话为主。由于华侨教育在南洋各地的普及和发展，对广泛传播中华悠久文化，提高华侨科学文化水平，促进华侨社会团结和当地民族友好相处，增强民族意识和爱国精神，都起到了重要作用。

陈嘉庚在新加坡，既热心办学，又热心办报。1923 年，他创办了一份影响很大的《南洋商报》，1946 年又相继创办了战斗性极强的《南侨日报》。这两份华文报纸，对提高华侨文化素养和政治认识，以及维护华侨正当权益，发挥舆论导向作用等方面，是其他华文报纸难以比拟的。

如同在国内办学受到异口同声的赞誉一样，陈嘉庚在海外办学，也美名远扬。正如新加坡著名侨领黄奕欢所形容的："在全部华人教育史上，嘉庚先生是前无古人。而南洋华人博得热心教育的美誉更起因于有了嘉庚先生。换言之，即起因嘉庚先生所造成的兴学风气。嘉庚先生以前没有陈嘉庚，嘉庚先生以后已有不止一个继起的陈嘉庚，我们希望将有更多敢向人类愚蠢挑战，以引导世界走向更文明更高度文化的陈嘉庚出现！"

三、不畏权势　主张禁毒和支持华侨种稻

在中国近代史上，民族英雄林则徐，为了国家民族前途和命运，不畏强暴，严令禁烟，在广州虎门一举烧毁英商输入我国的鸦片两万余箱，开创了世界禁毒先河，至今人们尚记忆犹新。实际上，英政府在其国内亦严禁吸毒，但当年其在国外（包括在中国、印度、马来亚等地）却反其道而行之。这种情形正如陈嘉庚在《南侨回忆录》中提到的："南洋殖民地马来亚，对禁绝鸦片事无意实行，仍旧公卖，每年获利千余万元，概系我华侨之脂膏。""民国十七年（1928 年）欧洲国际联盟会，特派与鸦片利益无关三国，每国一位计三位代表，来马来亚调查究竟是英政府贪此利权，抑是华侨必需品。"新加坡殖民政府居心不良，妄图歪曲真相，混淆视听，向烟民散布吸烟有益无害谬论。政府官员甚至事先派人告知陈嘉庚，请其在欢迎国际联盟宴会上"切勿提起鸦片事"。陈嘉庚认为在马来亚禁与不禁鸦片，关系华侨利益甚大，在欢迎宴会上，他旗帜鲜明地阐明自己看法。他说："南洋华侨受鸦片惨害，而尤以马来亚为甚。"他"阐明指证"后即代表广大华侨强烈"要求国际联盟会诸代表以人道主义劝英政府早日实行禁绝，则无异美国林肯总统解放黑奴之功德云云"。事后，鸦片流毒虽没有禁绝，但政府公卖已逐年缩减。陈嘉庚在公开场合不畏权势，言辞中肯有力，为维护华侨切身利益积下功德。

20 世纪 30 年代，世界经济危机发生，马来亚亦深受其害。当时情况正如陈嘉庚所言："民国二十几年不景气流行，男女失业日众，尤以华侨劳动界为最。当地政府为土人设想，改良水利，资助种稻，提倡粮食自足，竭力劝勉鼓励。然土人性怠志短，无甚效果。"当时，新加坡政府机构中设有"华人政务司"，下设"华人参事局"，陈嘉庚亦曾被选委为参事局员数年。他即以参事局员身份仗义执言，为华侨利益据

理力争。他说:“当不景气之秋,土人既获水田权利,而华人则不能。然华人在马来亚占一半人口,欲图马来亚粮食自足,非华侨共同努力难达目的,余故提议请一视同仁。”但后来虽“蒙赞成通过,由华民政务司向上官要求,结果无效,余即辞退该局职务”。不搞种族歧视,这是国际公认的行为准则。当年,马来亚殖民政府歧视排斥华侨,致使陈嘉庚的正确主张未被采纳实施,影响华侨生计甚大,令人遗憾。但陈嘉庚坚持正义,大胆直言,其爱侨护侨之诚心,已为侨众所明察。

四、挺身而出　为华侨利益仗义执言

太平洋战争胜利结束,日寇无条件投降。战后华侨怎么办?陈嘉庚从南洋实际情况和华侨根本利益出发,认为华侨唯一出路是与当地人民友好相处,共同发展当地民族经济。1945 年 9 月末,陈嘉庚从印尼返新加坡前夕,几十位侨居印尼厦集校友聚会欢送。陈嘉庚语重心长地对他们说:“日本投降了,明天我就要回新加坡,有很多事还没有完成,今后当尽我有生之年,为社会为国家效力。你们要为华侨教育事业努力,并帮助印尼争取独立,这是有深远意义的工作。这回我能够安全,多亏你们不顾危险,极力维护,感谢!感谢!玛琅是个好地方,日后有机会我还要再来看你们。”

陈嘉庚回到新加坡后,又立即写信给印尼民族领袖苏加诺,对自己从印尼返新途中,一路上受到印尼人民的安全护卫表示感谢,并说:“目前苏门答腊有若干地方中华与印尼民族感情尚未臻融洽”,他已通知该地华人务必与当地印度尼西亚人保持最密切的友好关系,希望苏加诺“对各地印度尼西亚人亦作同样通知,以期中华、印度尼西亚两民族间之睦谊愈益增进”。

华侨要做到与当地人民友好相处,首先华侨本身要同心协力加强团结,否则怎能形成集体力量?为此,陈嘉庚以南侨总会名义发出战后的第一个通告,劝告广大侨胞要“亲爱互助,协力同志,婢于两三年内克复前业,效力建国,实践侨民天职”!通告还明确指出:“对战时华侨生命财产损失,应由各处侨领从速组织调查委员会,呈请中外政府,要求追回原物,赔偿损失,严惩凶手,务期达到目的。”南侨总会的通告对战后华侨社会的安定团结起了促进作用。

维护华侨社会声誉一向为陈嘉庚所关注。1948 年 3 月,在伦敦发表了前马来亚英军总司令白思华关于马来亚战役的报告书。人们都记得,1942 年 2 月,当六万日军进犯新加坡,广大华侨及华侨义勇队对日寇浴血奋战之际,就是这个白思华却在敌人进攻面前吓破了胆,举着白旗向日寇投降,使八万拥有现代装备的英军全部当了俘虏。为了掩盖其无耻投降劣迹,白思华竟然在报告书中夸大敌情,歪曲事实,嫁祸于人,从而激起华侨华人极大愤慨。为了澄清历史事实,陈嘉庚于当月公开发表《致英国陆军部备忘录》,列举七项当年史实痛斥白思华的错误言论,“要求做出忠实修正与道歉，否则华侨为说明马来亚战争真相，将另作报告书，以正视听”。

在陈嘉庚严正抗议和华侨舆论强大压力下，白思华被迫发表书面谈话，一方面说：“关于华侨领袖所提抗议，毫无疑问好多地方是正确的。”另一方面又推卸说：“其报告是属于军事性质，陈所提属民政，故未提及。”陈嘉庚对白思华狡辩极为不满，再写信给新加坡英文《海峡时报》，公开质问三点：“1941 年 12 月中旬奉总督命令，每日代雇工二三千人到机场、军港和前线阵地建筑防空壕及其他工事，屡遭敌机轰炸，仍冒险工作不停；1942 年 1 月 30 日，白思华命令华侨义勇军守卫最前线，伤亡超过 60%。2 月 1 日，英军以步枪一千支发给华侨青年，令其防守林厝港海岸，死伤亦过半。英军投降前，华侨即在吉隆坡组织游击队，参加者成千成万人，后为人民抗日军，冒千辛万苦，不屈不挠，三年余如一日，至敌战败始止”，以上均属军事范围，报告书为何只字不提？报告书还说“亚洲人站在强有力方面”，“彼等帮助敌人更多帮助我军”，请问亚洲人何处助敌？人数多少？属何种族？有何事实根据？白思华应明白说出，不能含混其词。日军攻占新加坡时，华侨青年和华侨义勇军在头两天战斗中就伤亡近千，英军投降后又有万人左右惨遭日军集体屠杀。如白思华认为这种牺牲还不算大，则请宣布英军在战斗中和被俘虏后伤亡及被杀人数，以供比较。白思华理屈词穷，不敢再辩，只好哑口无言。

陈嘉庚在海外处处强调华侨应与当地人民友好相处，华侨内部更要加强团结，以利于在当地长期生存与发展。在大是大非问题面前，他敢于挺身而出，仗义执言，为华侨讲公道话，维护华侨根本利益和集体声誉，体现了华侨领袖的高贵品质，受到各方人士的衷心拥戴。

五、回国参政　为爱侨护侨贡献余热

1950 年，陈嘉庚结束在新加坡的业务，回国定居。由于他德高望重，先后被选为中华人民共和国中央人民政府委员、中央华侨事务委员会委员、全国人大常委、华东军政委员会副主席、全国政协副主席、全国侨联主席等。他不负国人和侨胞重托，在新的领导岗位上，积极参政议政，大胆直言，旗帜鲜明，对维护华侨正当权益更不遗余力。

1950 年 5 月，全国政协会议在北京召开。他在会上发言说：“华侨在各地有一千万人，或受殖民地政府苛待，或被当地民族排斥，损失惨况，不可胜计，海外孤儿告诉无门。自我中央人民政府成立，惟望早日建立外交关系，派出使领，以正常外交手续，予以切实保护。”翌年 10 月，他在全国政协会议上又说：“华侨一向期望祖国独立、自由、民主、强盛，现在这个希望完全成为事实了。就是因为如此，华侨已经不是所谓‘海外孤儿’，而已经有了一个伟大的慈母，这就是伟大的中华人民共和国。被迫害归国的侨胞受到了祖国人民政府的关心照顾，这是以前所没有的。只有毛主席和中国共产党领导的中华人民共和国政府，才能够如此。”

新中国第一部国家大法——《中华人民共和国宪法》草案于1954年6月公布后，陈嘉庚在全国政协和政府委员会上热情洋溢地表达自己的观点。他说：“这个宪法是全国人民的宪法，是全国人民多年的愿望，是海外华侨多年热切殷望的宪法。宪法草案第九十八条规定‘中华人民共和国保护华侨的正当权利和利益’，我看有这一条就很好，就够了，再多了不是做不到，就是不必要。宪法草案有这么一条，对于国外华侨就是很大的鼓舞。”后来，他又在《光明日报》发表重要谈话说：“宪法草案明白规定，华侨同国内全体人民一样是国家的主人，华侨同国内人民一样都选出代表参加全国人民代表大会，行使人民拥有的国家最高权力。由此可见，祖国是何等重视、何等热爱她在国外的儿女。宪法草案对华侨的关怀和照顾用立法手续固定下来，这就更加巩固国外华侨的自信心，使他们更加团结，热爱祖国。”

厦门华侨博物馆是在陈嘉庚先生提议下我国兴建的第一个以华侨为主题的博物馆，馆藏丰富，建筑宏伟气派、特色鲜明。

厦门华侨博物馆

经过友好协商谈判，我国与印度尼西亚共和国关于华侨双重国籍问题的条约，于1955年5月正式签订，陈嘉庚表示高兴和庆贺。同年5月5日，他在《厦门日报》发表文章说：“华侨是沟通我国人民与住在国人民团结友谊的桥梁。双重国籍问题合理解决了，在印度尼西亚的华侨，根据自愿，无论选择哪个国籍，我相信都会进一步加强彼此的友谊关系；同时，我也相信，任何国际问题只要双方赤诚相见，循着和平协商的途径，都会达到相互谅解和顺利解决。”

在全国归侨的热切盼望下，中华全国侨联于1956年10月在北京成立。陈嘉庚被选为该会首届主席。他在开幕词中号召华侨积极参加祖国社会主义建设：“华侨一向爱国爱乡，很愿意对祖国和家乡有所贡献，可是旧时代的中国，在国际上处于被压迫的地位，内政又非常腐败。那时候，华侨要在家乡安居也有困难，更谈不到建设祖国和家乡。到了新中国成立以后，情形就完全不同了。长期以来，华侨期望祖国强盛，现在这个愿望已经实现了。在这个伟大的祖国，华侨可以和全国人民一道，贡献自己的力量，参加建设事业，实现建设家乡的理想了。”他还说：“当前归国华侨联合会应该更广泛地团结和组织归侨、侨眷和华侨，加强社会主义教育，进一步鼓励并帮助他们参加祖国建设事业。爱国侨胞对推动和平解放台湾的事业，应该和祖国人民一道，担负起应负的责任。归国华侨联合会应该经常向有关部门反映侨情，积极提出建议，使以后的工作做得更好。”

像对第一故乡的祖国怀有深厚感情一样，陈嘉庚对第二故乡新加坡也一往情深，回国定居后，仍密切注视和关心着那里发生的各种事态。1956 年，新加坡人民（主要是广大华侨华人）正热烈开展争取公民权运动。陈嘉庚极表赞同。他对来华访问的新加坡工贸考察团说：“现在你们新加坡即将自治独立，你们说已把新加坡作为永久居留的家乡，就要争取成为新加坡的公民，效忠新加坡；并要比过去在殖民主义统治下的我们一辈，更加努力为你们新的国家效力。”考察团团长高德根认为陈嘉庚讲得非常通情达理，盛赞陈先生是“走在时代前列的人，实在不愧为一个伟大的先知先觉者”。

在 20 世纪 40 年代末至 60 年代，以美国为首的帝国主义，敌视新中国，在世界各地掀起反共反华浪潮。1959 年，在印尼也发生大规模排华暴行，华侨生命财产损失惨重。陈嘉庚对此表示极大的愤慨和痛心。他在全国侨联一届四次会议上，首先回顾了华侨和印尼人民友好相处的悠久历史，以及华侨对印尼做出过不可磨灭的贡献后说：“但是，现在印度尼西亚的一些别有用心的势力，却以怨报德，公然把华侨当做敌对国家的侨民看待，对他们进行惨无人道的迫害，这完全是一种忘恩负义的行为。我们伟大的祖国是海外华侨最有力的靠山。我国政府和人民对于在印度尼西亚遭到非人道待遇的侨胞特别关切。我们热烈欢迎一切要求回国的侨胞重返祖国的怀抱。”在祖国政府和人民有力声援下，许多印尼华侨相继回到祖国并得到妥善安置，在各地安居乐业，这也是对反华逆流的有力反击。

20 世纪 50 年代，陈嘉庚年事已高。但他精神矍铄，老当益壮，对涉及华侨合法权益的大事仍时刻记挂在心。在厦门，他为创办全国首家华侨博物院，为扩建厦门大学和集美学校，为鼓励华侨子弟回国升学，使华侨勿忘自己的根和加强内外交流共同发展而呕心沥血。

陈嘉庚对海外华侨华人的后代——侨生一向寄以厚望。1956 年中秋节，这天下午陈嘉庚约厦门市副市长张楚琨、厦大党委书记陆维特、集美学校负责人陈村牧等人一起游海。在“鹭江号”游艇上一边欣赏优美的乐曲——南音，一边随意漫谈。谈话中陈嘉庚说：“今年招收了很多侨生，不少是初回国的，（他们）每逢佳节都会想念家里人和第二故乡（侨居国），厦门大学怎样让他们过好中秋节？”陆维特说：“今天中午我已和学校领导人、教师同侨生会餐，欢欢喜喜，像一家人一样过了团圆节。今晚我们将在大操场东边柳树下，香蕉树丛里，布置一个像海外侨居国那样风光的会场……侨生们都将穿戴国外的服装首饰，还准备了印尼、马来亚、泰国、缅甸的舞蹈、南洋的歌曲。我还准备今天提早回学校，同侨生们一起过欢乐的中秋节。”陈嘉庚意味深长地说：“你们办学校的人就要像家长和兄姐一样对待侨生。”

探索与思考

1. 陈嘉庚先生为华侨和华侨事业做了哪些贡献？
2. 陈嘉庚先生如何关心侨生？

第五节 抗日英雄 民族光辉

抗日战争是我国有史以来最伟大的一场民族解放战争，是世界反法西斯战争的重要组成部分。中国人民坚持长期抗战，做出了巨大的民族牺牲和历史贡献，并与世界人民一道，终于将罪恶滔天的日本法西斯彻底打败。海外千万华侨是世界反法西斯战争的雄师劲旅。著名爱国华侨领袖陈嘉庚对祖国抗战的杰出贡献大致可以概括为四个主要方面。

一、领导华侨捐款捐物 支援祖国长期抗战

1937 年“七七事变”，祖国掀起全面抗战。南洋华侨纷纷成立各种不同名义、以支援祖国抗战为目的的群众组织，在新马成立华侨筹赈祖国伤兵难民委员会，推举陈嘉庚为主席。南洋各地也相继成立类似组织，举当地侨领为负责人，积极发动华侨捐款捐物，多寄侨汇，抵制日货，惩办奸商，支援祖国抗战。

随着抗战形势进一步发展，南洋各地华侨团体认为必须成立一个联合组织，以便统一领导，相互协作，并要求德高望重的陈嘉庚出面召集，以促其成。1938 年 10 月，来自南洋各埠的 168 名代表，一致同意成立南洋华侨筹赈祖国难民总会（简称南侨总会），会址设在新加坡，选陈嘉庚为主席，庄西言（印尼）、李清泉（菲律宾）为副主席。大会通过一项庄严《宣言》，历数近代以来日寇侵华种种罪行，揭露日寇不仅企图吞并中国，还妄想征服世界。现在中华民族已到了生死存亡的危急关头，号召我南洋八百万华侨精诚团结，誓为祖国政府后盾，出钱出力，多寄汇款支援抗战，则抗战必胜，建国必成。南侨总会的成立，标志着南洋华侨在抗日救亡大前提下，实现了空前爱国大团结，标志着陈嘉庚是南洋华侨众望所归的领袖。在南侨总会领导下，南洋各地筹赈会进一步扩大和发展，支援祖国抗战各项实际行动高潮迭起，效果也极为明显。

1. 财力上的支持

向华侨募捐、支援抗战，是南侨总会的首要任务。总会通过各地分会，采取种

种有效方式开展爱国募捐：特别捐、常月捐、纪念日捐、货物舟车助赈捐、游艺义卖捐、迎神拜香演剧捐等等。当时，华侨捐献情形正如陈嘉庚生动、形象地描绘的那样："对祖国战区的筹赈工作，风起云涌，海啸山呼，热烈情形，得曾未有；富商巨贾既不吝啬，小贩劳工也尽倾血汗。"陈嘉庚在所属企业已经收盘情况下，自己仍带头认常月捐每月二千元，直到抗战胜利。为了加强南侨总会领导，他索性住进怡和轩俱乐部，不分昼夜地领导抗日救亡工作，同时一再勉励各地分会同仁："不因环境险阻而惊心，不以筹募艰难而馁气，领导华侨奋斗到底。"由于陈嘉庚领导有方，助手得力，华侨拥护，捐款所得数额甚巨。据南京政府财政部统计，华侨自1937年至1945年，八年中捐款共达13亿多元（国币），平均每年一亿六千多万元。以财力支援抗战的另一项是侨汇，是华侨寄回祖国赡养亲属汇款，数额比捐款更大。仅从1937—1943年通过银行途径的侨汇，据统计共达55亿元（国币），平均每年约8亿元。

2. 物力上的支持

海外华侨在物力方面对祖国抗战贡献也甚为可观。据不完全统计，截至1940年10月，共捐献飞机217架，坦克27辆，救护车1000辆，大米一万包，以及大量药品、雨衣、胶鞋等用品，自1937年至1940年总数达三千批以上，每月平均一百批。

3. 人力上的支持

1938年底，抗日战争进入相持阶段，我东南沿海交通口岸均被日军占领，滇缅公路成了盟国援助中国最重要的运输通道。由于前方反击作战日益猛烈，作战物资消耗逐日增加，大批援华物资囤积于缅甸仰光等地。因此，国家不仅需要大批军用汽车，而且急需大批熟练而勇敢的汽车司机和修理技工。一时要训练出这么多的人才，根本不可能。西南运输处主任宋子良致电陈嘉庚，向他求助，派遣机工回国，以解燃眉之急。陈嘉庚慨然应允，迅即于1939年2月7日发出了《征募汽车修理、驶机人员回国服务》的通告，并还亲自到各地演说动员。1939—1940年间，通过南侨总会从新马等地招募"经验丰富、技术精良、胆量亦大"的机工10批共3200人，并捐赠汽车310辆及其他物资。这些华侨机工，满怀爱国热情，离别南洋亲友，回到祖国大西南，在异常崎岖艰险的千里运输线上，克服种种难以想象的困难，运送各种国内急需的战略物资，平均每天300吨以上。1940年，陈嘉庚回国，还不辞劳苦亲自到滇缅公路沿线慰劳视察，尽力帮助解决实际困难，勉励华侨机工继续为祖国抗战做贡献，至今仍使人们难以忘怀。

在回国的3200名南侨机工中，有1100余人因战火、车祸和病患而为国捐躯。他们以自己的生命、鲜血和汗水，在中国人民抗日战争史和世界人民反法西斯战争史中建立了不可磨灭的功勋，在华侨爱国史上谱写出可歌可泣的壮丽篇章。

南侨机工回国参加抗战的壮举，是华侨一次最直接、最集中、最有组织，影响极为深远的爱国主义行动。陈嘉庚在招募南桥机工回国抗战的过程中，表现了一个爱国华侨对祖国抗战事业的不遗余力的支持。

二、反对和谈主张抗战　挺身而出声讨逆贼

抗战期间，陈嘉庚领导华侨在经济上对祖国做出巨大贡献，在政治上对祖国抗战的有力支持，更是惊天地、泣鬼神。华侨领袖陈嘉庚，政治敏锐，目光远大，爱国心强烈，处处从国家民族利益出发，“敢言人之不敢言，敢为人之不敢为”，特别是在揭露汪精卫之流投降卖国方面干得更加出色。陈嘉庚爱国壮举必将流芳百世，汪精卫投降卖国定当遗臭万年。

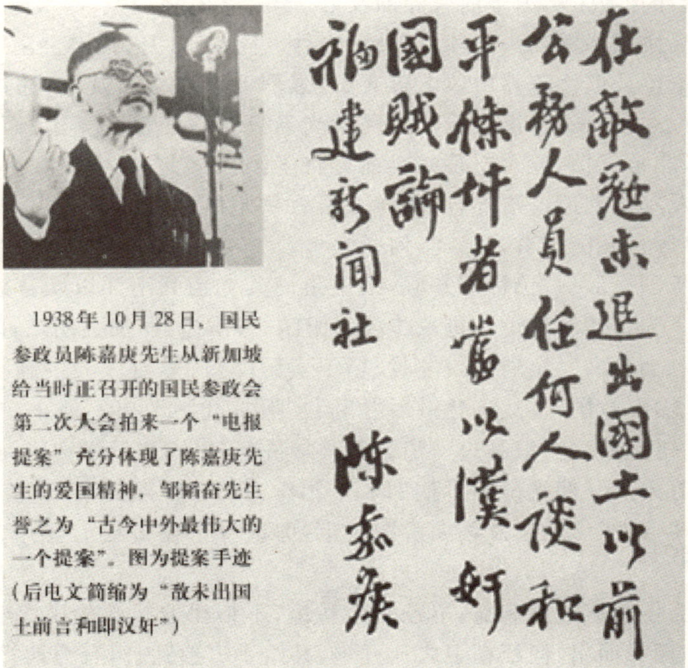

1938年10月28日，国民参政员陈嘉庚先生从新加坡给当时正召开的国民参政会第二次大会拍来一个“电报提案”充分体现了陈嘉庚先生的爱国精神，邹韬奋先生誉之为“古今中外最伟大的一个提案”。图为提案手迹（后电文简缩为“敌未出国土前言和即汉奸”）

陈嘉庚国民参政会提案

辛亥革命前后，汪精卫曾追随孙中山，后任国民党副总裁。陈嘉庚早年侨居南洋时曾与其相识，创办厦大时，陈拟聘汪为首任校长，彼此私谊甚好。抗战后，特别是南京失守后，陈嘉庚风闻汪主张对日和谈，起初不信，认为汪身为“党国要人”，怎会这样无耻。1938年10月武汉、广州相继失守，外电报道汪已公开发表和平谈话，才引起陈嘉庚警觉，认为这是坚持抗战的最大危险。遂以南侨总会主席名义直

接电汪，询外电所传是否属实。并说明日本占我大片领土，对日和平绝不可能。次日汪复电，大意说两国战争终需和平，以我国积弱，非和平即亡国，所以和平为救亡图存上策。为此，陈嘉庚再去二电，大意说我武力虽弱，但敌寡我众，民气旺盛，长期全面抗战，侨汇外汇源源增加，敌人决不能亡我，英、美、苏也决不会坐视。若与日寇言和，国内各省必起来反对，由此造成分裂。但汪来电仍坚持其和谈反动立场，不思悔改。至此，陈嘉庚认为汪已不可救药，便一面致电蒋介石："汪先生谬谈和平，公必被误，万乞实践庐山宣言，贯彻焦土、全面、长期抗战三大策略，宁为玉碎，不为瓦全，以博最后胜利……若中途妥协，即等自杀。秦桧张昭无世不有，幸公明察"。一面将与汪来往电文交南洋及重庆各报刊登，过后南洋报纸照登，重庆无动静。当时（1938 年 10 月 28 日），重庆参政会将开幕，陈嘉庚以华侨参政员身份提出经修改后的"敌未出国土前言和即汉奸"十一字电报提案，经大会多数通过生效。此举给妥协投降派当头一棒，震动海内外。同年 12 月，汪潜逃出境叛国投敌，激起国人及华侨公愤。陈嘉庚致电蒋介石，强烈要求："宣布其罪，通缉归案，以正国法，而定人心。"后来，陈嘉庚看到国民党当局只开除汪精卫党籍，而未通缉归案和绳之以法，非常气愤，遂再电蒋："今前方将士浴血挥戈，后方民众卧薪尝胆……今独容汪贼及其党羽逍遥法外，实南洋八百万侨胞所莫解。"此电实质上是严词质问蒋介石：纵容包庇国贼者，又该当何罪？

汪精卫叛国投敌后，仍恬不知耻，暗中指使其党羽到南洋以妖言惑众，妄图破坏抗战大业。为了使海外侨胞进一步擦亮眼睛，善辨忠奸，加强团结，以利抗敌，陈嘉庚以南侨总会名义发出通告，详列汪精卫卖国罪行，号召广大侨胞辨奸讨逆，继续捐资救难、输财救国，抗战不达最后胜利，支援抗战活动决不停止。各地华侨积极响应号召，讨逆活动一浪高过一浪。新马华侨普遍举行"反汪宣传周"，参加讨逆人数达 170 万人次。仰光侨胞筹款 100 万元作为缉拿汪贼经费；欧美华侨与南洋华侨并肩战斗，讨汪活动遍及各大侨居城市，舆论界也在报纸上公开表示"誓与汪贼不共戴天"。

陈嘉庚为了国家民族利益，不顾个人私谊，不怕得罪执政的国民党当局，在抗战关键时刻，挺身而出，向汪精卫之流开炮，并给予穷追猛打，有力地打击了妥协投降派的嚣张气焰，进一步鼓舞了全国军民斗志，在政治上为祖国坚持抗战做出了宝贵的贡献。

三、回国视察慰劳将士　敦促国共一致对外

1940 年抗战进入相持阶段。海外侨胞对祖国抗战和亲人安危异常挂念。陈嘉庚肩负华侨重托，组织南洋华侨回国慰劳视察团。一则慰劳前方抗日将士，鼓励他们继续英勇杀敌，二则实地视察国内状况，以便向侨胞通报并增强其爱国心，继

续以强大财力物力支援祖国抗战。

陈嘉庚侨居新加坡几十年，深知日寇所以敢于明目张胆侵略中国，重要原因之一是因为祖国太穷太弱。何况国内长期陷入内战，焉能对外？为此，他想趁回国之机，实地了解国共纷争和摩擦真相，敦促双方以大局为重，大敌当前务必一致对外。

同年3月26日，陈嘉庚组织好慰劳团起程后，经仰光直飞重庆。在重庆机场欢迎茶会上，陈嘉庚激动地向重庆各界人士说，我离开祖国已经十八九年了，对于国内情形，很欠明悉。但是，我有一颗心，这颗心随时随地都惦念着祖国。这次我们回来，带来的是一颗心，一颗赤裸裸而又热诚的心。讲话中他还把祖国比做华侨的父母，华侨援助祖国，是子女对父母应尽的责任。华侨希望大家精诚团结，战胜日寇。陈嘉庚一踏进国门，就向国人显示出海外赤子的一片忠诚。

陈嘉庚在重庆期间，利用各种大小欢迎会、个别交谈、参观访问等机会，表达海外华侨对祖国军民慰问之情，视察国内实施抗战状况，劝说国共两党要团结抗战，不要分裂，不要让华侨失望。

例如，在国民党要人白崇禧做东的招待会上，听说白崇禧将出面调解国共纠纷，陈嘉庚感到欣慰。说在南洋风闻国共摩擦严重，以为是汉奸造谣，到这里之后才知道情势确实危急。如不幸分裂，则无异自杀，心中忧虑无穷。今闻将军有排解之策，深望极力斡旋，若得化险为夷，一致对外，实国家民族无穷之福也。

又如，在八路军驻渝办事处举行的茶话会上，我党叶剑英、林伯渠、邓颖超等人在座。陈嘉庚在会上也着重阐明国共两党要团结抗战。他说，今日国共两党名义上虽不一样，而为国家民族奋斗的心则一样，可以说是兄弟党、姐妹党。万望两党关系人，以救亡为前提，勿添油助火，国家幸甚，民族幸甚。若国共两派意见日深，发生内战，海外华侨必痛心失望。叶剑英对陈嘉庚的讲话表示欢迎，并希望他到国民党处亦作如此表示。接着，陈嘉庚还询问了到延安的路线和交通，叶剑英一一作答。几天后，毛泽东拍来电报，盛情邀请陈嘉庚访问延安。

陈嘉庚在重庆考察一个多月，耳闻目睹，深感失望，更加强了他必须到延安去看个究竟的决心。随后他路经成都，蒋介石设宴款待，饭后与陈交谈。当问及陈到成都后欲往何处，陈答："兰州、西安，延安如有车可通也要去。"蒋一听陈说要去延

陈嘉庚先生在演讲

安，便情不自禁地破口大骂共产党"无民族思想"，"口是心非、背义无信"。陈嘉庚感到事态确实严重，但仍耐心解释说，余代表华侨回国考察，凡交通无阻地区，都要前往考察，以便回南洋后向华侨报告真实情况。蒋介石见劝阻无效，只好勉强说："要去也可以，但不要受人欺骗。"

陈嘉庚在延安期间，边慰劳考察，边与各界人士交谈，还多次与八路军总司令朱德促膝谈心。当谈及国共关系时，朱总司令列举几项对方违约的事实，如严重歧视八路军，擅自停发抗日军政费用及武器弹药等，讲得有据有理，给陈嘉庚留下深刻印象。

与中共领导人毛泽东会晤，是陈嘉庚此行重要目的之一。两位伟人从未见面，今日幸会，十分难得，互相间开诚布公，有啥说啥，其中心议题仍是团结抗战大事。陈嘉庚恳切地说，一是希望坚持抗战，把日寇赶出中国去；二是希望国共合作，兄弟间一切摩擦都等打败了日寇再解决。毛泽东说，陈先生说出了我们的心里话，共产党是主张国共合作团结抗战的。我们现在的立场，从我们对蒋委员长的态度上就可以看出来。过去十多年，我们被他打得遍体鳞伤，还悬赏要我的首级。但我还是想请陈先生见到他的时候转告他，我对他并无恶意，只要他坚持抗日，我便拥护他的领导。交谈中，毛泽东还对陈嘉庚的爱国主义精神表示赞赏。他说，我们大批中国人在海外，他们都是我们的同胞，要好好宣传爱国主义精神，大家团结起来，联合起来救国。

陈嘉庚通过对重庆和延安两地的深入考察对比，终于弄清了涉及抗战前途与祖国命运的两大关键问题：一是中国的希望究竟在哪里，二是国共两党摩擦真相究竟何在。他认为，重庆虚浮乏实黑暗腐败，国难当头仍灯红酒绿纸醉金迷，行政机构不负责任，抗战气氛淡薄，营私舞弊严重……总之，"绝无一项令人稍感满意"。到了延安，始知那里别有天地，人民安居乐业，上下打成一片，军民同仇敌忾，处处团结抗战，令人"喜慰莫可言喻，如拨云雾见青天"。此外，陈嘉庚一路上，特别是从西安到延安来往途中，"亲见两党不洽者五次，皆由国民党构造"。"如，在西安阻止慰劳团赴朱德之宴，唆使洛川少数人投递反共信函，宜君县（蒋管区）发生抢劫却嫁祸共产党，陈立夫到西安寓所专讲共产党的"罪恶"，西安铁路局何主任设宴咒骂共产党。两党摩擦，其是非曲直，已有客观依据，事实胜于雄辩。

陈嘉庚从西北归来后，冒着已被国民党当局视为眼中钉的风险，仍风尘仆仆到南方各省区慰劳视察，继续为抗战呼号，为民众请命。并于同年 12 月底回到新加坡，受到当地华侨的盛大迎接。

四、身处险境　以笔当枪歌颂华侨爱国贡献

日本帝国主义野心勃勃，继侵占我大片领土之后，又于 1941 年 12 月 8 日悍然

发动太平洋战争，向东南亚大举进犯。出于新加坡总督及当地华侨请求，陈嘉庚出任新加坡华侨抗敌后援会会长，领导新加坡华侨开展英勇的抗日斗争，时间虽短，成效明显。

1942 年 1 月，马来亚全境陷落，新加坡危急。陈嘉庚当机立断，将华侨义捐等项银行存款八百多万元，悉数汇回祖国，继续支持对日抗战。

由于英政府无意坚守，新加坡于 2 月中旬沦陷。在友人一再催促下，陈嘉庚于 2 月 3 日凌晨乘小船离开新加坡，就近避难于爪哇。不久，爪哇群岛全部沦陷。在当地华侨及集美、厦大校友掩护下，陈嘉庚历经数月辗转颠簸，于同年 8 月改名换姓隐居玛琅。住地几度转移，仍身陷重围。日寇对陈嘉庚早就恨之入骨，认定他是“南洋抗日之巨头”。过去只是慑于华侨势力及其崇高威望，难于下手。如今南洋均为所占，日寇宪兵队日夜出动搜捕，到处风声鹤唳。

陈嘉庚处境确实危险。负责保护他的校友们虽千方百计细心照料，仍险象环生，难保万无一失，心里难免忧虑万分。而陈嘉庚却心胸坦然，若无其事。但他也理解校友们的心情，安慰他们说，人生自古谁无死，我这么一大把年纪了，死了也不算夭寿。万一我不幸被捕，敌人必强迫我做傀儡，有什么了不得，你们千万不要为我着急。为此，陈嘉庚身上一直暗藏着一小包“氰化钾”，就是专为防备“万一”。

陈嘉庚避难爪哇期间，虽身处逆境，却胸怀祖国、放眼世界。他生活简朴，健身操照常。不吸烟，不饮酒，不喝咖啡，粗茶淡饭足矣。校友们挂念其年迈体弱，想给他加点营养，总被婉言谢绝。他说，现在是战时，物力艰难，何苦浪费？前方抗日战士，后方受难灾民，过得是什么生活？我们何忍独享美食，与其吃了不安，不如不吃为好。陈嘉庚说的句句在理，校友们只好依他。

海外华侨支持祖国抗战贡献巨大。陈嘉庚早就想把这桩大事如实记下，由于种种原因未能如愿。避难期间，漫长岁月，正是落笔时机。只可惜自己少年辍学，学历较浅，一无参考资料，二又无处查询，困难甚大。况且撰写回忆录，更是冒险。一旦暴露，大祸难免。但陈嘉庚早把生死置之度外，其他困难更不在话下。他神不知鬼不觉，居然在敌人眼皮底下，从 1943 年 3 月动笔至 1944 年 6 月，硬是一字一句坚持不懈地将一部三十多万字的长篇巨著《南侨回忆录》写完。

陈嘉庚在危难中坚持创作，目的是为纪念华侨参加抗敌。他认为：这次国难是我国有史以来前所未有，南洋千万华侨，对祖国贡献巨大，他们辛苦募捐，同仇敌忾，抵制敌货，严惩奸商，不惜牺牲，数年如一日。自己作为南侨总会主席，情况最清楚，因此有责任将这段历史和回国视察见闻写出来，公之于众，传之后世，免得为后人遗忘或误解。

日寇无条件投降后，陈嘉庚重返新加坡，对《南侨回忆录》做了若干补辑，并于 1946 年初在新加坡首次发行。经一版再版，广泛流传于海内外，成为第二次世界大战后一部难得的畅销书，并引起强烈反响。

《南侨回忆录》风格独特，气势磅礴，史料价值大，权威性高，是一部珍贵的宣传爱国主义的教材。陈嘉庚身处危难，犹以笔当枪，歌颂华侨爱国贡献，口诛笔伐日寇罪行，在异常险恶的环境中，又从精神文明方面对祖国抗战做出特殊贡献。

探索与思考

1. 陈嘉庚先生在抗日时期主要贡献是什么？
2. 陈嘉庚通过对重庆和延安两地的深入考察对比，得出什么结论？
3. 阅读《南侨回忆录》。

第六节 追求真理 回国参政

一、正确估量时局

抗战胜利，人心思定。10 月初，刚刚安全脱险的陈嘉庚，在重返新加坡途中路过雅加达。这时，国共正在重庆和谈，有人劝说陈嘉庚战后继续领导华侨襄助祖国建设，陈嘉庚不仅理解侨胞们的心意，而且在他心中对战后如何民主建国已经有了一套设想。他认为："对外取消不平等条约，收回百年来所丧失之国土与各租界，及没收敌人在国内所有业产，至于以前所负不平等外债，亦可脱卸；对内则改革政体，实行民主政治，兴办交通，振兴工业，改善农村，提高文化，注意卫生……"但这一切都要以国家政治好为前提。因此，他直率回答说："华侨果欲帮助建国，必先分清是非。如果政治上是非不分，则建国无从谈起。""若此次国共会谈能真诚合作，实际推行三民主义，诚我国家无穷幸福。设或不幸分裂，最低限度，亦必有一方面能真实行三民主义者。战时虽黑白难分，若在战后，无难水清鱼现矣。"

不久，国共和谈结束，双方代表在会谈纪要即《双十协定》上庄严签字。此时，国人对国共再次合作多抱乐观态度，认为和谈成功政局有望；若重庆方面能还政于民，则建国有望。而陈嘉庚对此却有不同见解。他认为，这次和谈，"若真得到民主和平，那比赚什么大钱都高兴，因为这是全国人民的大福气。不过看起来，蒋介石没有诚意。"。这时，香港《经济导报》为庆祝《双十协定》的签订请他题词，他断然写道："还政于民，谋皮于虎，蜀道崎岖，忧心如捣。"陈嘉庚的题词，并非无的放矢。抗战期间，他历尽艰辛，回国慰劳视察，深切感到国共两党对团结抗战态度截然不同。共产党坚持团结，奋力抗日；国民党则消极抗战，积极反共。当年，蒋介石在成都曾当面对陈嘉庚说过："若不先消灭共产党，抗战决难胜利。"如今《双十协定》虽已签订，而重庆政府对人民军队和边区政权却拒绝承认。更有甚者，蒋介石一面邀请毛泽东到重庆谈判，一面又大量翻印《剿匪手册》，令其将领“督励部属，努力进剿”，以致《双十协定》墨迹未干，国民党军队又在频频挑起事端。事态的发展，正如陈嘉庚所说：“看起来蒋介石没有诚意。”如果有“诚意”，就不会阳一套、阴一套。

陳嘉庚電美總統停止援助國民黨進行內戰

南洋華僑籌賑祖國難民總會主席陳嘉庚

陈嘉庚抗议美国干涉中国内政电文

面对如此严峻形势，美国从其自身利益出发，于同年 12 月末派出特使马歇尔来华“调停”，建议国共双方停止敌对行动，在《双十协定》基础上，召开政治协商会议，并着手整编军队，建立联合政府。从 1946 年初开始，经各方一个多月紧张磋商，达成了“和平建国”“政府组织”及“军事问题”等五项议案的共识。此时，国内政局似乎又出现转机，国人拥护，侨胞高兴，中外舆论也着力渲染。而陈嘉庚却认为时局仍然不容乐观。其时菲律宾《华侨导报》成立五周年，他在为该报题词中，再次写道：“还政于民，谋皮于虎，蜀道崎岖，忧心如捣。”

局势的发展，果然不出陈嘉庚所料。政协会后不出一个月，武装冲突有增无减，“努力进剿”与“自卫反击”枪炮声此起彼伏，华夏上空，乌云翻滚。与《双十协定》相类似，政协决议的签订对国民党当局来说，不过是缓兵之计，是假和谈真备战。对共产党人来说，是明知山有虎，偏向虎山行，只有运用革命的两手才能对付反革命的两手。对这两次和谈，周恩来基本赞同陈嘉庚的判断，他说：“过去与蒋介石谈判，正如陈嘉庚先生 1946 年打给我的电报所说，是‘无异与虎谋皮’，但是又不能不谈，因为人民切望和平，而当时像陈嘉庚、张奚若二先生这样的人还不多，广大人民还不了解蒋介石的和平骗局。”

抗战刚结束，蒋介石集团为了抢夺胜利果实，为了换取美援和维护独裁统治，便加紧投靠美帝国主义，不惜出卖国家主权，签订一系列丧权辱国条约，而且公然允许大批美军驻华，并将其大量精锐部队，日夜兼程，从中国大西南空运或海运至东北、华北、华东和华南等大中城市及战略要地。经过将近一年充分准备，蒋介石认为时机已到，便悍然撕毁上述两个协定，于 1946 年 6 月 26 日，出动二百多万海陆空军队，气势汹汹地向解放区全面进犯，妄图在短时间内消灭共产党，消灭人民军队，居心极其险恶。对这场内战的实质，正如毛泽东指出的：“它是一场由美国出钱出枪，蒋介石出人，替美国打仗杀中国人……借以变中国为美国殖民地的战争。”陈嘉庚对这场内战的来龙去脉也很清楚，深知其罪魁祸首就是美蒋。而要结束内战，关键在于排除一切外来干涉，让中国人自己解决自己的问题。

为了国家和民族的最高利益，陈嘉庚无私无畏敢想敢干。同年 9 月 7 日，他毅然以南侨总会主席名义，代表南洋千百万华侨致电美国总统杜鲁门、美国参众两院及马歇尔和司徒雷登等人，采取说理斗争方式，敦促美国政府撤退驻华美军，停止对蒋介石的一切援助。

这份义正词严的电文，通过路透社和合众社等外电向全世界传播，震动了海内外，震动了全世界。前苏联大元帅斯大林在接见英国记者时，强调驻华美军必须迅速撤出；美国商务部长华莱士也发表演说赞同撤退驻华美军；欧洲方面也有不少知名人士主张美军不宜再驻中国。中国民主同盟等民主党派和团体纷纷致函陈嘉庚，表示坚决支持他的主张，新加坡、马来亚等地华侨还分别开展“美军退出中国周”活动，有几十万人公开签名反对美军驻华。海内外有识之士普遍认为：陈电发表得很及时，符合民意，切中要害。陈电产生的强劲威力和冲击波，着实从一个侧面给美蒋反动派狠狠一击。

然而，海外华侨社会也很复杂，虽则爱国者居多，但其政治倾向左中右都有。围绕对陈电的态度，在南侨社会中引发了一场拥陈与反陈（其实质是反蒋与拥蒋）的严重斗争。例如，南京政府驻吉隆坡总领事馆就首先发难，暗中授意受其控制的一些华侨会馆、商会、社团和新闻机构，连续发出通电、声明、文章，对陈电大肆指责和攻击，甚至不惜颠倒是非、混淆黑白和歪曲事实真相，其手段及措词之恶劣达到令人难以容忍的程度。

但是真理是攻不倒的，是非是愈辩愈明的。面对这股妄图阻挡历史前进的逆流，新加坡厦集两校校友会，首先拍案而起，严正通电拥陈，指出：“陈电代表了现阶段中国人民的心意”，号召海外侨胞一致拥护陈嘉庚先生提出的正确而伟大的主张。拥有雄厚实力和群众基础的新加坡中华总商会和福建会馆，迅速联合全坡工、农、商、学、青、妇及文化各界 216 个团体，召开声势浩大的拥陈大会。会上，各界代表热烈发言，一致拥护陈先生的正确主张，反对美国干涉中国内政，反对美军驻华。

继新加坡之后，吡叻、雪兰莪、柔佛、森美兰和马六甲等地也相继召开拥陈通电大会，曼谷、中国香港、菲律宾、爪哇、苏门答腊等地以及海内外许多知名人士沈钧儒、黄炎培等纷纷打电报向陈嘉庚先生致敬，有的直接打电报给杜鲁门或由当地美国使馆转交，要求美军立即撤离中国，要求美国政府停止干涉中国内政，停止援助腐朽的蒋政权。经过这场拥陈与反陈斗争的反复较量，拥陈呼声占了压倒优势，甚至连起初因受蒙蔽而反陈的一些社团，也转而发表声明，表示拥护陈嘉庚。历史再次证明，真理终将代替谬误，正义必将战胜强权。

二、创办《南侨日报》

通过这场针锋相对的拥陈与反陈的斗争，证实了在南侨社会中，主张和平与民主的力量是强大的。但在南洋各地也还有很大部分社团和舆论工具，仍然掌握在国民党及其代理人手里。他们还经常不断地挑拨离间，制造事端，歪曲真相，扰乱视听，甚至不择手段地对陈嘉庚进行造谣污蔑和人身攻击。加上国内战局仍在急速发展，在一些中间人士看来，战争胜负还有待分晓。有鉴及此，新加坡华侨文化界中一些著名的民主进步人士胡愈之、洪丝丝、李铁民、张楚琨、黄适安等人，经过认真磋商和酝酿，认为急需筹办一份大型华文报纸，并以它为阵地，团结海外广大华侨，为坚持民主进步和反对专制独裁，为促进祖国新生和维护华侨利益，而发挥舆论威力。

主张办报的同事们深切感到，在海外要办好一份大型报纸，已非易事；要办成质量高、影响大、能吸引广大华侨的报纸更是艰巨。但为了祖国前途和华侨利益，他们心甘情愿做出牺牲，不计报酬，不计时间。

他们行动的第一步是将办报意图和设想作为建议向爱国侨领陈嘉庚报告。如果他也赞成和支持，事情就成功了一半，否则就难办。陈嘉庚目光远大而又通情达理。他深知南洋社会之复杂，在南洋办事之艰辛，但他也理解同事们为和平民主而奋斗的志向和决心，经过共同分析和商讨，陈嘉庚终于赞同地说："那就动手办吧！"

办报需要大笔资金，资金哪里来？陈嘉庚在南洋庞大的企业公司在战前已收盘，战时又倾尽全力支援抗战，战后手头更加拮据。为了支持办报，他仍想方设法带头拿出11万（占全部股金的1/4）作为示范。张楚琨和高云览也相继拿出9万元，其他如李光前、王源兴、刘玉水、陈济民、陈共存等各帮侨领，也和衷共济，积极投资认股，办报资金便迎刃而解。

办报必须有合适地点和设备。经筹划，终于在新加坡闹市区觅得一座三层楼房（原是一家报社旧址，里面还附设有印刷厂），接着又购得一架新式卷筒机，至此，办报所需基本硬件齐备了。

要办好报纸，关键还要有一批有真才实学、有办报经验的骨干。胡愈之是陈嘉庚的挚友，又是众所周知的出版界权威，由他出面组阁办报，尽可让陈老放心，报人心服，读者满意。报纸出版前夕，双方还商定：陈领导报社董事会，胡主管言论方针和编辑事务。如此分工，既科学明确，又合情合理。

办报还须高度重视发行，因为读者愈多，影响愈大。为此，张楚琨、李铁民、柯朝阳、黄适安自告奋勇，不失时机地组织了一个短小精悍的远征队，开上陈嘉庚提供的小车，奔赴新马城乡，向各地爱国侨领及社团组织、各界人士，开展有声有色的宣传，目的是寻找发行代理，推销报纸，聘请通讯员，建立通讯与发行网络。工作中还及时提出"多增一个《南侨日报》读者，就是增加一份民主和平力量"的响亮口号。由于工作深入细致，广交朋友，此行收获甚丰，达到了预期目的，为报纸的广泛发行打下了良好的基础。

经过整整两个月紧张的筹备，一份高举民主和平旗帜的大型华文报纸——《南侨日报》于 1946 年 11 月 21 日正式与广大华侨读者见面。陈嘉庚任该报董事会主席，胡愈之任社长，张楚混任总理，李铁民任督印。陈嘉庚在创刊号上明确阐明办报宗旨："我爱国华侨本爱国真诚，求和平建设，兹故与各帮侨领，创立《南侨日报》，其目的在团结华侨，促进祖国之和平民主，俾内战早日停止，政治早日修明，国民幸福早日实现，以达到孙国父建国之主旨。"

陈嘉庚及胡愈之等人创办的《南侨日报》，一开始就以崭新的内容和版面呈现在广大读者面前。它从祖国、马来亚和华侨社会的现实出发，努力宣传华侨华人中的好人好事，并针对新马华侨共同关心的问题发表意见，为广大侨民的利益服务，以深入浅出的笔调论述国内战局和国际形势，报道人民解放军胜利进军与国民党军队节节败退的消息，同时还积极宣传解放区的新气象和国统区的苦难与腐败，以及民主运动在海内外的蓬勃发展进程。此外，报纸还发表许多短小精悍、体裁多样的文章，受到广大读者的欢迎和信任。

中共中央对陈嘉庚创办的《南侨日报》十分关注和支持。1947 年，周恩来特派夏衍到新加坡，协助胡愈之主持笔政，进一步加强《南侨日报》的战斗力。后来，该报又扩大业务范围，创办《南侨晚报》。南侨印刷厂还承印新华社在新加坡发行的新闻稿以及毛泽东、陈嘉庚等人的部分著作，承印《风下》周刊和《新妇女》，显示出《南侨日报》在激烈的战斗中大踏步前进的兴旺景象。

陈嘉庚搞实业是行家，办教育是专家，写文章是作家，其署名的评论文章，皆亲自动手，未劳驾他人。在三年多时间里，他为《南侨日报》撰写的一系列政论性文章，不仅战斗性强，而且风格独特，具有下列与众不同的鲜明特点：

一是开门见山，直截了当。例如在《论美国救蒋必败》一文中，指出"弄枪者毙于枪，玩火者毙于火"，美国大量援蒋，既不能"挽救蒋政权之崩溃"，也达不到"贯彻美国侵略之目的”。接着，列举七点理由逐一论证。在1949年初撰写的《蒋介石表示不要做总统》一文写道：“蒋介石表示不做总统无他，军事崩溃，人心离散，败局已成，无可挽救。美国既不能派兵助战，而第三次世界大战更属遥遥无期”，蒋氏在到处碰壁、走投无路之际，为自身打算，“惟有牺牲总统职位，以作日后之退步”。

二是针锋相对，寸土不让。在《蒋介石的最大错误》一文中，针对蒋介石曾自称在抗战那几年，“其最大错误，就是容忍共产党”。陈嘉庚反驳说：“蒋介石处心积虑，谋消灭共产党，实较消灭日寇更为迫切。在抗战之前、初期、中期，以至抗战之后，蒋氏因无时无刻不作消灭共产党之想。然中共不但未见消灭，转且日益强大，以造成今日之局势，此非蒋氏不欲消灭中共，实则其力断不能消灭中共也。其所谓容忍中共，非出不得已，即属虚伪狡诈。则所谓错误更从何而来？”又如在《辩匪论》一文中，他运用对比法，说蒋政府口口声声“指中共为匪，共军为匪军，共党为匪党，内战为剿匪”。他反驳说：“匪字解释为寇盗，强暴抢劫谓之寇，偷窃假冒谓之盗。”据他在延安所见所闻，中共自中央首长到一般干部，“生活均简单朴素，与乡村平民无殊，公务员生活费用按定例供给，绝对不能别营私业，故无奢侈浪费，更无积蓄财产之可言”。反观国民党政府“十余年间，除浪费国内资产外，复寄存美国黄金若干万万元，此种巨富若非剥削民脂民膏，则系盗窃国库，否则从何而来？”“以上各情，均为中共所无，独为蒋政府所有，乃反指中共为匪，国民党人若稍具天良，扪心自问，必能明白谁方是匪也。”

三是充分说理，以理服人。1948年8月国共大决战前夕，他的一篇《再论中国内战前途》的文章就明确指出：“欲知国共将来谁胜谁败，在政治方面须视民众之背向；在军事方面，当视有生力量之消长。”“至军事力量之消长，国军由400余万人减至210万人，共军130万人增至300余万人，今后两方有生力量，如照以前之速率消长，则内战胜败决定之时期，可以想见矣。”

由于陈嘉庚与全体报社同仁的艰苦奋斗，广大爱国华侨的支持和爱护，《南侨日报》这块舆论阵地，旗帜鲜明，硕果累累。它从海外一方与国内进步力量遥相呼应，与人民解放战争进程紧密配合，为打倒蒋介石解放全中国，为加速人民革命战争的胜利做出了舆论上的特殊贡献。对此，中共中央给予很高赞誉。

三、应邀回国参政

著名的辽沈、淮海、平津三大战役之后，国民党败局已定，中国人民胜利在望。胜利的喜悦在海内外进步人士心中激荡，陈嘉庚更是喜上眉梢。因为他始终认为，只要“我国政治能办好，华侨人人心理上之愉快，比之霎时获资数十万元，当更狂喜”。何以言之？他说：“国家政治不良，回国投资无路，故资本家不论其如何辛苦，积血汗资千百万元，仍与祖国无丝毫利益关系，而在南洋将资本遗子孙，亦每每不逾一世而亡。”他又说：“假如国家政治优良，儿女可受高尚教育，而己身投资祖国，机会尽多，中南航路畅通，故乡侨地，两可为家，随意而适，生前事业开拓，身后子孙贤能，令誉可以永保。”陈嘉庚的想法代表性强，言之亦合情合理。

1949年，捷报频传。新年刚过，毛泽东电邀陈嘉庚回国共商国是。为了郑重其事，中共中央特派新加坡侨领庄希泉（陈嘉庚好友）专程从中国香港到新加坡迎接。陈嘉庚接过毛泽东电报，仔细阅读着：

“嘉庚先生：中国人民解放斗争，日益接近全国胜利。召开新的政治协商会议，建立民主联合政府，团结全国人民及海外侨胞力量，完成中国人民独立解放事业，亟待各民主党派及各界领袖共同商讨。先生南侨领望，众望所归，谨请命驾北来，参加会议。肃电欢印，并祈赐复。毛泽东一月二十日”

陈嘉庚深知这封电报的特殊分量。他格外高兴，但又十分自谦，经仔细斟酌，复电如下：

“毛主席钧鉴：革命大功将告完成，曷胜兴奋，严寒后决回国敬贺。蒙电邀参加新政治协商会议，敢不如命。唯庚于政治为门外汉，国语又不通，冒名尸位，殊非素志，千祈原谅。陈嘉庚”

同年5月，神州大地，严寒过去，百花盛开，陈嘉庚启程回国。行前抓紧办了两件事：一是将自己三年多来发表的文章及演讲词汇集成册，题为《陈嘉庚言论集》，全书约九万字，这是他继《南侨回忆录》之后又一部传世佳作和心血结晶；二是将《南侨日报》董事长一职和侨团工作托交王源兴（新加坡侨领之一），嘱咐说：“凡事只要以国家和人民利益为依归，个人成败应在所不计。”他针对英国殖民政府迫害《南侨日报》，钳制民主舆论，指示说：“本报宁可关门，而不能改变一贯立场。”由此可见陈嘉庚的立场观点十分明确。

5月5日，陈嘉庚与庄明理、张殊明、王雨亭等人乘船回国。途经香港，稍事停留，于6月3日抵华北新解放区大沽口。上岸后，目睹检查人员工作认真，态度和蔼，烟茶不受，搬运工人小心装卸，操作有序，与国民党时代对比大不相同，陈嘉庚心中甚喜。翌日乘专车赴京，董必武、李济深等党内外资深人士和华侨学生等一百多人到车站迎接。

年近八旬的陈嘉庚，经海上长途风浪颠簸，仍精神矍铄，数日后，由周恩来陪同，前往西山会见毛泽东。这是他生平与毛泽东主席第二次幸会，机遇难得，意义重大。

“嘉庚先生，欢迎你啊！我们一别就是十年。”

“毛主席，十年前在延安临别时，我答应你做的两件事全都做了。头一件，我回到重庆就跟蒋介石说，共产党一心抗日，对国民党绝无恶意，劝他和共产党真诚合作，团结抗日，可他就是听不进去，良药苦口呀！第二件，我不待回到南洋，在全国各地就把延安所见所闻如实介绍，因此，蒋对我产生恶感，我也不顾，凭着良心与人格，不能指鹿为马呀！”

毛主席对陈先生如此重信义，表示钦佩和感谢，同时将抗战胜利后与国民党谈判，蒋介石撕毁协定，人民军队被迫自卫还击等情况，做了简要介绍。他还说："解放战争已经取得了决定性胜利，但是我们还要继续肃清残敌，召开新的政治协商会议，成立民主联合政府，过几天就要召开筹备会，嘉庚先生你可一定要参加啊！"

"毛主席的心意我明白，只是我对政治素为门外汉，国语又不通，恐怕会辜负主席的美意。"陈嘉庚很自谦，说的全是心里话。

这时，周恩来从中插话："国语不通好解决，全世界没有一个人能懂所有语言，但国际上交往天天都在进行……"

老朋友久别重逢，畅谈天下大事，无拘无束，气氛融洽，直至深夜，陈嘉庚才起身告辞。

次日，陈嘉庚的知心朋友周恩来、林伯渠、沈钧儒、马寅初、黄炎培、郭沫若等人，又先后到北京饭店看望陈嘉庚，互相间继续友好交谈。言谈中充满了真诚、友谊和厚望。林伯渠说："新政协一定要有华侨代表，华侨代表中必须有一位首席代表，这位首席代表只能由陈嘉庚先生来担任，这也是全体海外华侨的一致希望。"黄炎培说："新政协关系到今后新中国的前途，作为知心朋友，我请求嘉庚先生一定要参加。"马寅初也说："嘉庚先生对抗战和人民解放事业的贡献，海内外有口皆碑，现在既来到北京，新政协筹备会就非参加不可啰。"郭沫若谈得很坦率："心通胜于言通，我和蒋介石语言大通而特通，可是心则完全不通。前个月我到欧洲参加世界和平会议，会上的代表语言多不相通，但心却紧紧连在一起。嘉庚先生即使语言不通，要靠翻译，但绝不妨碍参与国家政事。"周恩来说得更加恳切："自辛亥革命以来，华侨对祖国革命做出了不可磨灭的贡献。现在革命即将成功，新的人民共和国即将成立，嘉庚先生作为海外华侨的杰出代表，应该一起来共商建国大计。"

精诚所至，金石为开。处处以国家、民族利益为重的陈嘉庚，为人们的真诚和善意所感动，决心参加新政协筹备会，与众人一起共商建国大计。

6 月 15 日晚，新政协筹备会在中南海勤政殿开幕。当晚，陈嘉庚与司徒美堂、蚁美厚、庄明理等世界各地侨领准时前来赴会。勤政殿古朴典雅，金碧辉煌。昔日的帝皇宫殿，今朝成为政协会堂。开幕式上，陈嘉庚代表华侨发言。他盛赞新政协筹备会的召开是中国历史上一件大喜事，祖国大革命的胜利对世界影响极大，海外华侨地位也将大大提高。他代表海外爱国华侨拥护共产党和毛主席的领导，拥护成立民主联合政府。

新政协筹备会圆满结束后，陈嘉庚由庄明理等人陪同，于 6 月下旬至 8 月末前往东北各地考察观光，所到之处，备受欢迎，所见所闻，印象深刻，心情舒畅。他认为："从东北看全中国，国家建设的前途是一片光明。"

作为华侨首席代表和侨界召集人，陈嘉庚回京后即全力投入新政协筹备工作，并如期完成筹委会委托讨论的各项任务。9 月 21 日，全国政协第一届全体会议在中南海怀仁堂隆重开幕。毛泽东在开幕词中庄严宣告:“占人类 1/4 的中国人民从此站起来了!此时,全场振奋,掌声雷动。陈嘉庚以华侨首席代表身份在会上发言。他代表海外千百万华侨表示拥护毛主席的开幕词,拥护《共同纲领》、《政协组织法》和《人民政府组织法》等三大议案,“愿无保留地予以接受”并“努力促其实现”。会议期间,陈嘉庚被选为中央人民政府委员和华侨事务委员会委员。

在京期间,陈嘉庚与社会各界各流多有接触,与国民党起义将领傅作义亦常见面。在一次会议上,傅慷慨陈辞,言及过去拥蒋,罪列战犯,北平受围,开始省悟,表示今后要痛改前非,将功补过。陈嘉庚听后感动地说:“人谁无过,知过而改,善莫大焉!傅先生坦言认过,义勇高风,无任敬佩!人民政府维新方始,似万里长征第一步,前国民党人误入迷途者尚多,当学习博先生之智勇,庶有无限前途也!”

10 月 1 日下午 3 时整,中华人民共和国开国大典在首都北京隆重举行。陈嘉庚随同党和国家领导人健步登上天安门城楼。城楼上,庄严壮丽,视野开阔。他亲眼看到新中国第一面鲜艳的五星红旗在隆隆礼炮和庄严的国歌声中冉冉升起,亲耳听到毛泽东主席在城楼上向全世界庄严宣告:“中华人民共和国中央人民政府成立了!”他亲眼目睹中国人民解放军雄壮的阅兵式以及首都各界群众的游行队伍,心中激起阵阵浪花,激起作为一个堂堂中国人的无比自豪感。

参加开国盛典后,陈嘉庚又兴致勃勃地到华东、华中和华南各省、区及家乡福建、厦门、集美等处巡回视察,风尘仆仆,行程万里,历时数月,不辞辛苦。他耳闻目睹了祖国南方各省虽属新解放区,新的社会和生产秩序已逐步建立,新人新事大量涌现,心中颇感欣慰,认为能亲眼看到伟大祖国从此站立起来,并能亲自参加新中国的建设,确是人生一大乐事。翌年开春,陈嘉庚途经中国香港,重返新加坡。海外华侨对陈嘉庚此行十分关注。他针对华侨中部分人对“一边倒”政策和人民政府是否保护私人商业有疑虑,通过答《南侨日报》记者问方式做了详尽解释。他说:“所谓一边倒,是倒在和平、民主、进步、建设的这一方面,并不是倒在苏联身上,更不是要做苏联附庸。”他还说:“以我国土地之大,人民之众,民气之烈,若有良好的政府领导,定可与列强并驾。就毛主席而言,文武才干,英明智慧,不但为我国历史前所未有,亦为世界各国所仅见。将来新中国建设成功,其光荣芬芳,前古后今殆无出其右,为公为私,安肯自屈卑下,附庸于人!”他还指出,在《共同纲领》中提到的团结小资产阶级和民族资产阶级,就已经包括正当商人在内,而且《共同纲领》第 37 条还规定“保护一切合法的公私贸易”,因此,私人合法经商属保护之列,疑虑应当消除。

春风送暖,其乐融融。新加坡中华总商会、福建会馆等许多社团相继联合举行盛大集会,热烈欢迎陈嘉庚回国参政议政载誉归来。会上,陈嘉庚畅谈回国观感和国内外形势。他说:“中国、苏联、美国为世界大国,人众地广,富有物产。中国民众在三国中居首位，国家与苏联毗邻，举足极其轻重。过去政府腐败、独裁、贪污，无恶不作。”现在，“全国解放，成立人民政府，在英明领袖毛主席领导下，兴利除弊，百政维新，将见三大国中原属落后的中国，勃兴发展，独立自强，美国虽野心未死，百计破坏，已惨败涂地。近中苏亲善，结为盟友，力量伟大，对于维护世界和平，贡献甚大。至美国当局借词共产主义与之抵触，然独立国家，政权属人民，实行共产政治与否，当由各国人民自决，与美国何干？”谈到回国观感时，他就自己亲眼看到的新中国政治、军事、经济以及人民生活等方面，做了详细报告，结论是“新中国前途无限光明”。总之，陈嘉庚的精辟演讲，使南洋华侨受到极大鼓舞，对新中国的前途充满希望和信心，同时也使他自己的一颗赤诚的爱国之心与伟大的祖国连得更加紧密。

探索与思考

1. 陈嘉庚先生为中国人民解放事业做了哪些杰出贡献？
2. 陈嘉庚及胡愈之等人创办的《南侨日报》有什么特色和作用？
3. 陈嘉庚先生为什么用极大的热情参加新政协筹备工作？

第七节　参政议政　伟业长存

一、拥护共产党　支持新中国

1949 年 6 月 15 日，新政协筹备会在北京怀仁堂隆重召开。从此，拉开了筹组民主联合政府和建立新中国的序幕，意义重大而深远。陈嘉庚应邀在会上演讲。他说，这次筹备会的胜利召开，是关系我们子孙后代幸福的大事，是中国共产党领导中国人民长期艰苦奋斗的结果，也是中国共产党虚怀若谷，广邀各民主党派、各人民团体及各界民主人士共商建国大计，遇事和群众商量的结果。他还说：“这次祖国大革命的胜利，对全世界极有影响，对海外华侨也有很大影响。不久全国解放，民主政府成立，华侨在海外地位也可提高，海外华侨听到新政协筹备会成立的消息，一定非常高兴。本人相信联合政府成立后，海外华侨的绝大多数都会拥护民主联合政府，拥护中国共产党和毛泽东主席。”

第一届全国政协会议于筹备会后的 9 月 21 日召开。经过全体与会代表认真讨论，一致通过《中国人民政治协商会议组织法》、《中华人民共和国中央人民政府组织法》和《中国人民政治协商会议共同纲领》。华侨首席代表陈嘉庚在大会上致词，表示热烈拥护这三大法案，认为这三大法案的制定，符合广大人民包括海外华侨的基本利益、要求和愿望，通过这三大法案的实施，使华侨拥有充分的代表权和发言权，华侨在祖国政治中的地位空前提高。就《共同纲领》草案来说，它的内容不只反帝、反封建和反官僚资本主义，而且积极地提出为中国独立、民主、和平、统一和富强而奋斗的具体方针，又恰当、又切实，在各方面都能够满足爱国侨胞的要求。特别是外交政策一章，既保障国家的独立、自由和领土主权完整，又大大改善华侨在海外的地位。新政府一定会尽力保护海外华侨的正当权益。为此，"本席代表海外华侨对这三个法案愿无保留地予以接受"，并"努力促其实现"。

陈嘉庚与中侨委领导人廖承志共同商量侨校办学方向

中国人民牢记战争与和平的历史教训。新中国刚成立，即1949年10月2日，中国人民保卫世界和平大会，就在北京隆重召开，它进一步向全世界表明中国人民热爱世界和平和反对侵略战争的坚强决心。陈嘉庚应邀在大会上讲话。他指出："世界自有历史以来，不是大民族吞并小民族，就是强国吞并弱国，致各国屡起战争，无一世纪和平，民生惨苦，人命财产损失重大。20世纪以来，帝国主义者利用科学上种种杀人的利器，如各种大炮、战车、战舰、飞机、炸弹，发动世界战争。他们只知自己发财，不顾人民死伤。自反法西斯的第二次世界大战以后……美帝国主义者，以军火金钱援助蒋介石，发动内战，致使我国人命财产损失惨重，为历史所未有。他们还扶助日本帝国主义者，企图作为侵略中国的工具。"他还说："争取世界持久和平，反对新战争威胁，已成为全世界劳工及民主人士的强大运动。我相信，只要全世界人民团结起来，美帝国主义者挑拨战争的阴谋，一定会被粉碎的。"

陈嘉庚圆满结束了回国共商建国大计和考察任务之后，于1950年2月途经中国香港回洋。在香港答合众社记者问时，提及对当时时局的几点看法。他说："1.中国现在不要求香港归还。2.中国不向国外扩展，尤其不向东南亚扩展。3.若美国放弃支持台湾之蒋介石政府，以平等立场表示真诚友谊，则北京政府愿与美国建立友好关系。中国政府的态度是维持世界和平，即任何国家不得驻扎军队在外国领土。”

帝国主义本性难移，其本质是对内压榨，对外扩张。在美帝国主义阴谋策划和挑动下，1950年6月25日，朝鲜战争爆发，战火烧至鸭绿江边，同时美国还派兵侵占我国的台湾。中国人民忍无可忍，举国上下掀起了抗美援朝、保家卫国热潮。刚回国不久的陈嘉庚与全国同胞一道，坚决拥护抗美援朝。他认为，“国际援助都是相互的，我们与朝鲜，如同‘两人穿一条裤’，我们援助它，也保护了自身的安全。”同年10月15日，陈嘉庚从集友 银行开出一张500万元人民币支票，作为寒衣捐，赠给在前方英勇抗击美帝侵略的志愿军战士御寒。1951年10月，全国政协一届三次会议在北京召开，陈嘉庚在发言中再次谴责美国对外侵略行径，阐明抗美援朝的重大意义。他说：“美帝国主义看到中国人民站起来了，害怕我们强大，仇视我们强大，因而侵占我们的台湾，进攻我们的邻邦朝鲜，轰炸我们的东北，严重威胁我们国家的安全，因此激起我们全国人民的义愤，踊跃地抗美援朝、保家卫国。”“美帝国主义这次进攻朝鲜是走着日本帝国主义的旧路，主要目的在于进攻中国，所以我们抗美援朝意义重大，不亚于当年的抗日战争。”

新中国成立初期，人民政府励精图治，肃清残敌，开展土改、镇反和抗美援朝三大运动，迅速恢复工农业生产和社会正常秩序，取得令人瞩目的成就。陈嘉庚对此深感欣慰。他在1953年2月全国政协一届四次会议上，发言赞扬祖国三年经济恢复时期的伟大成就，“如统一财政，稳定物价，土地改革，镇压反革命，抗美援朝等，为国家建设铺下了平稳的道路”。会上，他还谴责美国支持蒋帮军队骚扰我沿海地方，说“充其量也不过是土匪式的骚扰而已”，而美国这样做，将像在朝鲜战场一样，“会受到更大的打击，招致更多的失败”。

1955年5月，中国政府与印尼政府签订关于双重国籍问题条约。陈嘉庚著文表示庆贺，认为它完全符合广大华侨的愿望和两国人民的利益。他说：“华侨是沟通我国人民与驻在国人民团结友谊的桥梁。双重国籍问题合理解决了，在印度尼西亚的华侨根据自愿，无论选择哪个国籍，我相信都会进一步加强彼此的友谊关系；同时我也相信，任何国际问题只要双方赤诚相见，循着和平协商的途径，都会达到相互谅解求得顺利解决的。”

我国“一五”计划期间，全国掀起社会主义建设和改造的新高潮，成效显著，陈嘉庚也受到鼓舞。在1956年2月全国政协二届二次会议上，他说：“在不到十天内，北京、上海、天津、沈阳、武汉、重庆、西安和广州等大城市的资本主义工商业全部公私合营了，资本家和他们的家属都表示‘听毛主席的话，走社会主义的路’，欢欣鼓舞地参加了庆祝社会主义改造胜利大会的队伍。这有力地告诉国外华侨：国内的资本家是同全国工人、农民、手工业者一起这样高高兴兴走进社会主义社会的，同时也生动地告诉世界上所有资本家们：中国的资本家们所走的道路是幸福愉快的道路，这条道路也就是他们应该走的光明大道。”在提到社会主义建设成就时，他说：“我去年8月至11月访问了东北、华北、西北、新疆维吾尔自治区、西南和中南十六省三十余名城，……工厂栉比、街道宽直、高楼大厦耸立、交通畅达、清洁美丽，大大改变了往昔的面貌。工农业生产更是突飞猛进，文化教育和卫生事业亦有相应发展，人民生活普遍提高。这一切标志着我国社会主义建设的辉煌成就，证明社会主义使中国富强、人民幸福，社会主义是适合中国国情的。”

陈嘉庚侨居新加坡大半辈子，其感情不言而喻。晚年回国定居后，对新加坡的社会动向仍异常关注。1956年，新加坡社会正热烈开展争取公民权运动，陈嘉庚对此极表赞同。同年10月，他在北京同来访的新加坡中华总商会会长高德根会见时说：“过去在殖民地政府统治下的新加坡人民，除了英籍民外，其余都被当做外国人看待，即使已在新加坡居住数十年，也享受不到丝毫的公民权利。虽然如此，但他们仍然热心公益慈善福利事业，对当地社会尽其应尽的责任。”“现在你们新加坡即将自治独立，你们既已把新加坡当做永久居住的家乡，就要争取成为新加坡的公民，效忠新加坡，并要比过去在殖民地统治下的我们一辈，更加努力为你们的新国家效力。”陈嘉庚的这番最新见解给高德根留下深刻印象，1961年他回忆说：“那时，陈先生离开新加坡已多年，年纪已八十多岁，我真意料不到他仍然走在时代的最前头，认识得比我们当时一般人更彻底更清楚，实在不愧为一个伟大的先知先觉者。”1959年6月，新加坡人民行动党在竞选中获胜，并宣布新加坡自治独立，李光耀任总理。陈嘉庚闻讯，即向李光耀致信祝贺。贺信末尾写道：“敬祝贵党成功，新加坡国万岁。”

1959年4月，陈嘉庚分别出席在北京召开的全国政协三届一次会议和全国人大二届一次会议。在人代会上，他表示赞成毛主席不当国家主席的主张。他说，十年前的旧中国是处在帝国主义、封建主义和官僚资本主义三重压迫和剥削下，国弱民困，不堪言状。幸有中国共产党和毛主席，“命世才德，领导革命”，推翻三座大山，并经过几十年努力，将过去的破碎山河改造成独立自由、富强康乐的新中国，海外华侨无不感兴。他赞成毛主席不当国家主席，专搞党的领导工作，相信党一定能够选出贤能顶替斯任，为毛主席分劳。陈嘉庚在发言中还谴责帝国主义制造所谓“西藏独立”的阴谋。他说：“西藏是中国领土不可分割的一部分。中国人民包括国外华侨，过去不容许日本帝国主义制造所谓‘满洲国’，今天同样也不会容许任何帝国主义和一切反动派制造所谓‘西藏独立’。”正如印度华侨说出了广大爱国华侨心里的话，他们说：“汉满蒙回藏五个字一向说明着西藏是中国不可分割的领土，任何人想把它加以破坏，中国人民不会答应，华侨也决不会答应。”“同年9月，中印边界发生冲突，印度军队不断越过边界侵犯我国领土主权，中国人民解放军迫不得已，实行自卫还击。为此,陈嘉庚对新华社记者发表谈话说:"我代表广大华侨完全拥护(我国)政府对中印边界问题的立场、态度和方针,决不容许任何国家侵犯中国的领土和主权。"他还说:"华侨在东南亚以及南非等地同印度侨民长期友好相处,我相信只要根据五项原则,通过和平协商,中印边界问题,一定能够得到合理的圆满解决。"

"我们伟大的祖国是海外华侨最有力的靠山。"这是包括陈嘉庚在内的广大华侨的共同心声。在 1959 年 12 月召开的全国侨联一届四次会议上陈嘉庚致开幕词说:"新中国的成立,使海外华侨的地位发生了根本变化。我国政府和人民对海外侨胞,一向抱着无限的关怀,尽一切可能保护他们正当的权利和利益。这一点对于我们曾经在国外长期居留过的归侨来说,是感受得特别深刻的。回想过去旧中国的时代,由于内忧外患,经济破产,很多华侨为生计所迫,不得不离乡背井,漂泊海外,受尽了帝国主义和侨居国反动势力的歧视、迫害和压榨,真是有苦难诉,有国难归,陷于寄人篱下、无依无靠的悲惨境地。"他接着说:"但是这种情况现在一去不复返了。我们伟大的祖国正在变得一天比一天强大,一天比一天繁荣,我国政府和人民决不能坐视海外侨胞被人家任意迫害和凌辱。……我们伟大的祖国是海外侨胞最有力的靠山。"在会议上,他严厉谴责了印度尼西亚一些别有用心的势力,以怨报德,对长期居住在印尼的华侨华人进行惨无人道的迫害。"这完全是一种忘恩负义,以友为敌,使亲者痛仇者快的行为。"陈嘉庚以全国侨联主席身份在侨联大会上的讲话,是对海外华侨华人的有力支持和对国外敌对势力的严厉警告。

二、积极提出各项参政提案　为祖国建设做重大贡献

陈嘉庚热爱新中国,拥护中国共产党和毛主席。1949 年 6 月 3 日,从他重新踏上祖国土地的第一天起,特别是在政府机构中任职后,就格外注重调查研究,留心视察周围事物,根据知无不言、言无不尽的原则,将自己所见所闻,运用各种参政议政场合和舆论工具,实事求是地提出许多有利于国家和人民的提案和建议,恳切陈词,阐明利害,希望政府能扬善弃恶、兴利除弊,使国家早日兴旺发达、繁荣富强。

1949 年 9 月,陈嘉庚出席第一届全国政协期间,即向会议提出七项富有建设性的提案:① 在全国各中学普设科学馆案;② 在沿海各重要地区设立水产航海学校案;③ 增加纸烟税率并停止公务人员之配给案;④ 今后人民新建住宅,应注意卫生之设计案;⑤ 设立各地华侨教育机构案;⑥ 救济华侨失学儿童案;⑦ 引导华侨回国投资案。上述七项提案均被大会接受并交中央人民政府处理。

吸烟对人民健康有害无益,但这是历史遗留的社会难题。陈嘉庚根据回国后耳闻目见,在政协会上补充提出如下限制吸烟意见:① 限制种烟,规定某省区准种若干亩,出产归政府专卖;② 增加烟支税;③ 通令禁止未成年者吸烟,劝成年者自动节制,勿以作应酬品。他的这些有益建议,后来均为政府采纳并逐步实施。

陈嘉庚手迹

作为爱国侨领，陈嘉庚在新中国成立后，对如何吸引华侨投资，帮助祖国建设一事，异常关注。早在1949年9月，他在送交首届政协大会提案中就提出“引导华侨回国投资”一案，办法是：由国家经济部门指定投资方向，组织大众的股份有限公司，向华侨广泛招股。为坚定华侨信心，政府保证在投资初期若干年内，如经营不利，负责保本收回。此为权宜办法，在若干年后，如卓有成效，便可取消。”

1950年元月，陈嘉庚回到久别的家乡厦门。向来访记者谈及关于鼓励华侨投资问题时，他说，过去国民党反动派残酷剥削，使得华侨心灰意冷，现在一定要先让华侨知道人民政府政治好，打消顾虑，才会回国投资建设。关于侨汇问题，他说，我已拟好了一个办法给福建省政府，省政府认为很好，已转交华东局斟酌，华东局也同意这个建议，并转报中央人民政府斟酌，不久将公布实行。

同年3月17日，陈嘉庚在新加坡福建会馆作报告时又提及华侨回国投资问题，他说：“华侨投资，鄙意按有两种：一为资本家私人个别投资；一为创立各种事业，组织股份有限公司，招侨众投资。”“过去华侨投资，甚多为空雷无雨，欺人自欺，此后则不可复尔。鄙意新政府兴办某种事业，如需华侨投资，可由政府负责组织股份有限公司，政府得若干股，余则向华侨招募，并担保每年有若干本息，及该公司不致蚀本。如不幸蚀本，不干华侨之事，订若干年原本交回。此种鼓励华侨投资比公债券更为有利。”

陈嘉庚办事，往往是号召别人与自己带头相结合，而且先从自己做起。1950年8月，陈嘉庚参加全国政协一届二次会议之后途经上海曾向其好友、上海集友银行经理邱方坤说：“我这次在北京开会，曾向周总理表示，我不懂政治，不会做政府的工作，不能有所贡献。总理说，今后我们国家要进行社会主义建设，需要外汇资金。他希望我号召华侨多寄侨汇，帮助祖国社会主义建设，这就是最好的贡献。”陈老接着说，我一定按照总理的指示去做，号召华侨多寄侨汇是我应该做的，也是我能够尽力做到的，但要别人多寄侨汇，先要从自己做起。我正好打算修复集美学校的校舍和扩建厦门大学的规模，需要很多资金，这主要靠向海外亲友筹集。争取侨汇既有利于学校建设，又有利于社会主义建设，一举两得。他说着，就从口袋里摸出一张预先写好的电报稿，交给邱方坤即日拍发香港陈厥祥，告汇港币××万元到厦门。他还说，我看人民币是最为稳定可靠的，外面的钱应该尽早汇回来。

在1956年10月5日全国侨联成立大会上，陈嘉庚在开幕词中再次鼓励华侨回国投资。他说：“华侨一向爱国爱乡，很愿意对祖国和家乡有所贡献。可是旧时代的中国，在国际上处于被压迫的地位，内政又非常腐败，所以经济、文化，以及其他各项事业，都很难发展。那时候，华侨要在家乡安居也有困难，更谈不到建设祖国和家乡。到了新中国成立以后，情况就完全不同了。”“几年来，也有一部分华侨，在祖国的建设事业上投资，这也是爱国爱乡的表现。他们的投资，得到国家的辅导和优待，对于国家有利，对于自己也有利。”

福建是陈嘉庚的第一故乡，他对桑梓建设自然格外关注。1950年3月27日，他在新加坡福建会馆会员大会上，首次提出建设福建铁路的建议：“本省山多田少，崎岖险峻，交通不便，面积十二万多平方公里，人民一千二百万人，未有一寸铁路，此殆为世界所无，各项事业之不振，民生之困苦，与此当不无关系。”同年6月全国政协一届二次会议上，陈嘉庚正式向大会提出在福建修铁路和中文书写应统一由左而右横写的正式建议。

陈嘉庚办事历来十分讲究效率。他认为福建交通如此落后，铁路早建早好，不宜拖延。1952年5月，他索性直接上书毛主席，恳切陈述建设福建铁路的重要性和必要性。信中写道：“福建乏铁路交通，如人身血脉麻痹，关系民生至重大，困苦难以言喻，尤以闽西为甚。五反后国基更巩固，万祈主席迅令开办，不但造福闽民，亦适应海外数百万闽侨之企盼。”毛主席接信后，即批给其他中央领导同志阅研。陈嘉庚后来得知，福建铁路计划分两步，一步先从鹰潭到闽北，第二步才到厦门。为此，陈嘉庚于同年12月5日再次上书毛主席，说：“闽西南铁路，前年滕代远部长曾告庚，政府已有计划开办，兹闻五年内大建设，仅有筹及闽北，而闽北地广人稀，与台湾、南洋亦乏关系。现人民生活最惨苦者，即为闽南。庚非无病呻吟，实出于万不得已，敬为闽西南人民请命，如何乞示。”“因此，中央决定福建铁路从鹰潭入闽后直达厦门，一步到位。陈嘉庚认定尽早修筑福建铁路，是利国利省利民的大事。为此，他诚心诚意锲而不舍地一再提出倡议，经人民政府采纳、研究和实施，鹰厦铁路连同厦门海堤于1956年12月建成通车，有力地促进了福建沿海和内地经济建设的发展。

除铁路外，陈嘉庚对家乡还提出许多建设性意见。例如：福州自来水问题。陈嘉庚1949年回国参政后，得知堂堂省会城市福州，仍然没有自来水设施，几十万市民只好长期饮用井水或河水，而且还影响防火。为此他曾做过实地调查，提出在福州建设自来水工程设施案。此案很快被福建省政府采纳实施，一举解决了福州市民长期饮用自来水难及消防用水的大问题。

又如重建福州民宅事。1955年元月21日，福州市区遭蒋机轰炸，烧毁民宅店屋四千多间，群情激愤。陈嘉庚闻讯即于22日致电周总理说：“（福州）因自来建屋概用木板，街巷密狭，横直无序，卫生不讲，每遇大患，多以千数，急功克复，仍用木板，危险长存，请电示省长，严令市民勿蹈旧习，须归市政重新计划，建合卫生砖屋，可转祸为福也。”。人民政府重视和采纳了陈嘉庚意见，几十年来通过旧城改造，福州市正在向建成一座现代化大城市而迈进。

1954年9月，陈嘉庚在全国人大一届一次会议上，除赞扬我国第一部国家大法——《中华人民共和国宪法》即将诞生外，还提出几项重要提案，大意是：① 请政府在福建多设工厂，以增加出口，争取外汇；② 闽南人稠田少，村民多占良田建屋，请政府调查、限制和改革。民宅建在山地，既合卫生又保良田；③ 加重烟税，则吸者减少，让出烟田改种粮食，于国计民生，大有裨益；④ 请政府派员调查沿海袋形海滩，组织民工围滩造田。

1955年7月，在全国人大一届二次会议上，陈嘉庚在发言中除表示赞同关于根治黄河水害和开发黄河水利的综合规划外，还进一步提出：① 降低房屋建筑造价；② 发展对南洋贸易和营造厦门港；③ 加速我国工业化，在福建建立纺织厂等具体意见。

1955年8月，陈嘉庚第三次到祖国各地考察，陪同者有庄明理、张楚琨、张其华、叶祖彬。他看到祖国建设发展迅速，十分高兴，沿途不断给毛主席、周总理和有关领导机关写信，反映情况，提出建议，总共提了十五项。据张其华回忆，这些建议都很有份量。如看到大连等东北城市十字路口都设置街心花园，既美观，行车又安全，值得推广。又如对中华民族祖先黄帝陵、轩辕氏庙，因缺乏专门机构管理，庙宇破损无人修理、古柏或朽或斜，任其自生自灭，建议设立专责机构，拨款维修善善保护。再如看到新疆独山子石油矿区职工宿舍结构虽简，但设备齐全，既实用又省钱，胜过京沪职工宿舍。建议各地仿效推广。

城乡环境卫生关系人民身体健康，关系全民族的人均寿命，陈嘉庚一向对此十分重视，认为人人处处讲究卫生，才能增进健康，减少疾病。早年他曾著有《住屋与卫生》一文，介绍欧美及新加坡住屋和人民注重卫生经验，连同其他著作，印成小册子，在国内各地免费赠阅。1950年，他应邀向集美学校师生演讲时，得知同学们即将下乡宣传，他便向同学们说，下乡宣传，除阐明庆祝国庆意义外，必须劝告乡人除去旧社会三种陋习。大意是：① 乡村露天厕所极不卫生，应引起各方重视，加以改造；② 不要迷信鬼神和铺张浪费；③ 婚礼从简，不要破费排场。但是事情是复杂的，光靠宣传如无行政措施，难以收效。若干年后，陈嘉庚直接打电报给福建省长叶飞："闽南最害乡村厕所林立，请严令乡政府合作，废私厕立公厕。"其间他自己带头示范，动员集美全镇居民填平房前屋后路头巷尾粪蛆成团、蚊蝇满坑的私厕，砌起七十六座卫生清洁公厕，集美环境卫生大为改善。"

陈嘉庚在南洋长期经营橡胶，行情熟悉，经验丰富。1950年10月23日，他在《厦门日报》发表《南洋橡胶史话及生产市场状况》一文，对国内应采购什么胶品来做工业原料提出宝贵意见。他呼吁国内厂商对此必须多加警惕，以免国家外汇受损。1957年2月在最高国务会议和政协会议上，他再次建议采用廉价绉胶生产橡胶制品，以节省外汇。并表示：如政府同意，愿自备外汇三万元，向新加坡购厚薄绉胶制造最通销用品。

1956年9月，国务院中侨委筹备成立中华全国归国华侨联合会，酝酿由陈嘉庚出任主席，他不肯，说："我回国的主要目的不是来做官的！在新加坡的告别会上，我就再三声明，我回国的主要目的是帮助建设。"后经多方劝进，请"以国为重，以华侨的爱国热情为重"，他才答应下来。10月5日，他在全国侨联成立大会上致开幕词说："几年来，已有不少华侨回到祖国，当前，归国华侨联合会应该更广泛团结和组织归侨、侨眷和华侨，加强社会主义教育，进一步鼓励并帮助他们参加祖国建设事业。爱国的侨胞对于推动和平解放台湾的事业，应该和祖国人民一道，担负起应负的责任。""祖国政府很重视华侨，但是有一些地区，由于部分干部和有关部门不了解侨情，没有照顾到归侨、侨眷和华侨的特点，所以工作上曾发生一些缺点和偏差。"他希望侨联组织成立后经常向有关部门反映侨情，积极提出建议，使以后的工作做得更好。

全国人大一届四次会议于1957年6月在北京召开。陈嘉庚在会上表示响应毛主席关于鸣放、帮助中国共产党整风的号召。他在这次大会上所提提案有两项被采纳：① 鹰厦铁路已通，其终点厦门站临海有三处码头（嵩屿、厦门、集美），请政府及早计划分别筹建案；② 为节约米粮、提高人民健康，请政府贯彻执行九二米方案及推行熟谷米案。大会将前者交铁道部研究，将后者交粮食部办理。

1958年，陈嘉庚患上癌症，仍坚持参政议政，同时为集美、厦大办学和华侨博物院建院事宜日夜操劳，费尽心机。1960 年 2 月病情发展，转往北京治疗。病重期间，心中仍惦记厦门人民吃水供水问题，由自己口述，叶祖彬笔录整理，写成《厦门供水问题》一文。文中说："不久，台湾必定解放，我国将取得五强合法地位，我国与亚洲、拉美等各国贸易的发展也是必然的。因此，厦门市区范围扩大，将来人口可达数百万，各种企业工厂，甫在萌芽，未来用水甚形广大，不但居民饮食洗用，而工厂需水用量更多，轮船出口每日百只，尤须充分供应。现在坂头水库恐不及十分之二，未知当局有无长远计划，如有者，水库拟建闽南何处？我意，若乏他处，则九龙江最为适宜。"

与此同时，他又完成另一篇题为《中外华侨永存爱国世界博物观》的文章。他认为，国内归侨和海外侨胞应当保持和发扬赤诚爱国的精神。"爱国的表现，贵在实质，不在于形式。"南洋华侨爱国的表现，是在第一次世界大战之后，捐钱在南洋各地或在国内办学校，教育子弟，"以救当时政治腐败、教育不振的缺失"。第二次世界大战后，特别是新中国成立后，国内国外情况发生了变化，侨汇少了，华侨怎样为祖国做贡献？他认为，我国"出口物资既多，不能不依靠侨商代为推销。因此代销国货，正是华侨责无旁贷的任务。其所得佣金，数必可观。若以半数在国内按照汇率划拨，存入国家银行，则今后侨资内流尽可能为此方式所代替"。

在十年动乱期间，陈嘉庚的这些建议虽好，却难以组织实施。改革开放年代，政治环境大大改善，上述建议已为政府分别采纳实施，情况比原来设想的还要好，思路和措施更加广泛有力。然而，陈嘉庚在 60 年代病重期间，仍惦记和提出厦门人民供水吃水，以及继续发挥华侨作用问题，其难能可贵和远见卓识不言而喻。更令人敬佩的是老先生在临终弥留之际，又留下"台湾必须归中国"的重要遗言，其爱国主义精神之崇高，对台湾同胞怀念之深切，为后人留下了光辉的榜样。

探索与思考

1. 陈嘉庚先生如何参加新中国建设？
2. 陈嘉庚先生当时对香港问题独特见解是什么？
3. 陈嘉庚先生对新时期华侨作用有什么建议？

第3章

陈嘉庚的故事

第一节 诚毅立身 信义无价

一、诺言重如泰山

1903年7月，回乡三年的陈嘉庚再次奉召出洋，来到新加坡。当他一踏进顺安店门，但见店里一个顾客都没有，店员们几乎全在柜台内打瞌睡，满店上下则凌乱不堪，而掌管店务的族叔却不在店中。

他正要发问，忽听到楼梯声响。早他一年来到父亲身边的弟弟敬贤边喊着哥哥边从楼上跑下。

陈嘉庚迎上去，把陈敬贤紧紧抱住，亲热地唤道："敬贤……"

陈敬贤仰起脸，眼含泪水："哥哥……"

陈嘉庚："阿爸呢？"。

陈敬贤："在楼上，印度债主又来逼债了。"

"啊！"陈嘉庚大吃一惊，急忙奔上楼去。

顺安号二楼客厅里。

陈嘉庚的父亲陈杞柏面容憔悴，两眼无光，垂着双手站在桌旁。

债主、印度人哈利坐在椅上，盛气凌人地说："不能再延期了。"

陈杞柏恳求："请哈利先生高抬贵手。"

哈利沉下脸："你到底还不还？"

急步上楼的陈嘉庚，听到哈利恶声恶语，停下脚步，呆立在厅外。

在厅内的陈杞柏被迫无奈，咬着牙说："好，我还，我把产业房屋全抵给你。"

哈利逼进一步："那就交出来。"

陈杞柏跌跌撞撞走进房中，取出一叠房契地契，交给哈利。

哈利翻看契卷，掐指计算，摇了摇头说："不够啊，现在房产跌价了。"

陈杞柏声音发颤："那你要我怎么样？"说着连声咳嗽。

站在厅外的陈嘉庚再也忍不住了，他猛然推门而入，奔到父亲跟前："阿爸！"

陈杞柏见陈嘉庚到来，悲喜交集，老泪纵横："嘉庚……"

哈利见陈嘉庚突然闯入，恶声问道："这是谁？"

陈杞柏收住泪，自豪地答说："这是我儿子。"

哈利盯着陈嘉庚，蔑视地笑道："哦，你还有这么个儿子。可是儿子有什么用，又不能卖钱还债。"

陈嘉庚强忍心中的气愤，昂起头问："哈利先生，我父亲到底欠你多少债？"

哈利抖了抖手中的契卷："把这些业产全抵给我还差十万元。"

陈嘉庚毅然地："还差十万元我来偿还。"

哈利感到有点奇怪，他站起身，朝着陈嘉庚看了再看，问道："你父亲欠的债和你并无关系，你来替他还？"

陈嘉庚郑重地说："对。"

当年新加坡使用的货币称"叻币"，币值很高，一元叻币可以买到八百平方米的空置山地。哈利冷冷一笑："你有钱还？"

陈嘉庚诚挚而又坚决地："我现在没钱，但我会赚到钱的。今生今世我一定把我父亲欠下的债款还清。"

"啊！"哈利感到十分惊奇。

二、商海初游

对哈利许下了诺言的陈嘉庚，虽然已届三十的"而立"之年，但却几乎是双手空空，而且不得不搬出顺安米行，住进棚屋，过着艰难困苦的生活。

他父亲感到无限欣慰，授他全权处理，重整旗鼓。

一个企业收束的计划提出来了，并付诸实施。店、厂和屋地产，有的承顶出去，有的招商合股，有的托人转卖，有的暂告停业。剩下的借款三十万元，则以尚余的屋地产业抵还三分之一。这样收束下来，市面上的中西商人，大都以为是顺安因乏利不愿滥作，结果既保住父亲声誉，又避免破败加剧。最后亏欠的二十万元，依法只好挂在父亲陈杞柏的名下。

陈杞柏破败企业的妥善收束，宣告了陈嘉庚依靠父亲的历史的结束，也使他摆脱了中国旧家庭那种根深蒂固的父子隶属关系，使他成为一个可以创立自己家业的"自由人"。

经过一年的思索和斟酌，隔年一开春，陈嘉庚立即以龙腾虎跃之势，投身于新加坡的实业界，展开他那艰辛的、充满传奇色彩的创业活动。

首先，他告借了七千元，在距新加坡城区十英里的讲水港山地，着手建造一所黄梨罐头厂。

一切省了再省，省了再省，借来的七千元用在建厂总算勉强够了。制作黄梨罐头所需的白铁、糖枋，都可向市面华、洋商人赊取。开工后制成黄梨罐头，又可卖得现金。现在工厂既然如期盖好，开工也就没有问题。四月黄梨一上市，"新利川"就开始生产了，到六月底止，三个月时间，日拼夜搏，制成了上万箱黄梨罐头。

核算结果，获净利九千余元。不仅收回全部建厂投资，而且还有盈余，经济效益之大，着实惊人。

从绝境中拼杀出来的陈嘉庚初战获胜，就以"新利川"为立足点，兼营父亲企业收束时招人合伙的月新黄梨厂，接着又开设了谦益米号。经过一冬的思索和筹划，隔年一开春，血液里注满中华民族锐意进取精神的陈嘉庚，即以龙腾虎跃之势，投身于新加坡的实业界，展开他那艰辛的、充满传奇色彩的创业活动。

一切都在顺利地进行着，可以用"心想事成"的俗语来描述陈嘉庚此时的事业和心情。

但宏图初展的陈嘉庚，心中却还压着一块大石头，一块十分沉重的大石头，这就是他向哈利许下的诺言：替父亲偿还十万元债款。

十万元，这在当年是一笔多么大的款项啊！虽然是这么大的一笔债款，但在英帝国，不论在法律上或道义上，都和陈嘉庚没有关系。也就是说，无须父债子还。

然而，陈嘉庚却认为，既然自己许下诺言，就一定要做到。这个"父债"，子是一定要代为偿还的。陈嘉庚坚持这样一条准则：中国人要取信于世界，决不能把脸丢在外国人面前！

因此，从独立创业开始，他就月月积蓄代还父债的能力，年年为早日清还父亲欠下的债款而努力。

第一年旗开得胜，"然创业伊始，尚难清还旧债也。"

第二年日夜拼搏，"获实利四万五千余元，然大多垫作资本，仍无力清还父债也。"

第三年艰辛奋战，"但实利仅三万余元：故尚无力偿还……"

到了第四年，收益是一月胜过一月。年终结账那一天，陈嘉庚一边翻着账本，一边嘀嘀嗒嗒地打着算盘，最后把指头一收，高兴地拍起桌子："今年又获净利五万元。"

"啊，五万元！"站在他身旁的陈敬贤激动万分："这样，咱们总共已经有十五万家财了！"

多年跟随他们的陈友德也欣喜若狂："是啊，十五万还多上几千呢。"

三、替父还债

陈嘉庚长长地舒了口气，大声说道："钱终于够了，钱终于够了！"

陈敬贤看他那样子，疑惑地问说："哥哥，人家是百万富翁，千万富翁，咱们才十五万就够了？"

"我不是说那个，我是说阿爸生前欠哈利先生的十万元，现在够还了。"陈嘉庚答道。

陈敬贤、陈友德同时从椅上跳起来："你说什么？"

"我说阿爸生前欠哈利先生的十万债款，现在够还了。"陈嘉庚认真严肃地说。族侄友德不解地问道："哎呀呀，嘉庚叔，杞柏叔公去世三年了，这笔账早就勾销了，你还想它干什么呀？"

陈嘉庚心平气和地解释道："不，家父欠哈利先生的钱，属于正常借贷，本应偿还。当时他无力清偿，拖欠下来，现在我们既然有这能力，自当将债款还清。"

陈友德万分焦灼："嘉庚叔，新加坡法律规定，父子债不相及，父亲欠人的债，儿子不负任何责任啊！"

陈嘉庚诚恳地强调："英国法律确是这样规定的，可是我们中华乃礼义之邦，家父一生恪守信义，当年我又向哈利先生许下诺言……"

陈友德又气又急："嘉庚叔，目前这十五万家财，小贤叔也有份，你可不能一个人独断专行啊。"

陈敬贤听陈友德这一说，心绪如麻，几番欲言又止，最终对着陈嘉庚，毅然决然地说："哥哥，这十万元我们一起来还。"

商海浮沉往往突如其来，不以人的意志为转移；机遇就在不慎之隙滑过而酿成终生遗憾。

曾几何时，以放债为业的印度富商哈利，却因投资失策和迷醉赌博，就在他向陈杞柏逼债三年后也倾家荡产。哈利卖掉豪宅，和妻子搬到新加坡芋叶塘边一间矮屋里。

这一天黄昏，整日躲在屋里的哈利走出矮屋，和妻子悄悄来到门前，他是多么想呼吸新鲜的空气啊！忽然听到脚步声，他们抬头一看，只见一位衣冠整洁的华人正朝着这里走过来。

哈利急忙闪进矮屋。

来人是陈嘉庚，他几经周折才探知哈利住在这一带。当他边走边探来到屋前时，哈利的妻子故意转过身，想躲过这位华人。

陈嘉庚向她鞠了个躬，问道："哈利先生住在这里吗？"

"没有，没有。"哈利的妻子紧张地应道。

陈嘉庚:“我探问过了,哈利先生是住在这里。”

哈妻更加紧张:“不是,不是。”

陈嘉庚:“我刚看到一位印度老人进到屋里去,好像就是哈利先生。”说着,迈起步要进屋。

哈利的妻子伸开双手拦住:“你不要进去,你不要进去。”

陈嘉庚恳切地:“太太,如果哈利先生在屋里,你就让我进去见见他吧!”

哈利妻无可奈何地放下双手,朝着屋里骂道:“死老头子,叫你不要出来,你偏要出来,现在可躲不了了。”

陈嘉庚看她那样子,不禁叹了口气,随即弓身进屋。哈利妻子也跟着他进来。

棚屋十分低矮。

哈利耷拉着脑袋,一声不吭地坐在竹凳上。

陈嘉庚语气谦和地问道:“你就是哈利先生吧?”

哈利心有余悸,头也不抬,瓮声瓮气地:“我没钱,我没钱。”

陈嘉庚:“哈利先生,我不是来讨债的。”

哈利喃喃地:“不是讨债来干什么?我只剩下这把老骨头了。”

陈嘉庚:“哈利先生,你还记得一位名叫陈杞柏的华人吗?”

哈利想了想,抬起头说:“记得,记得。”

陈嘉庚:“我就是他的大儿子陈嘉庚。”

哈利仔细端详着陈嘉庚:“啊,记起来了,记起来了,是在顺安米行二楼见过你。”

陈嘉庚:“对。先父五年前欠过你一笔债款……”

哈利满面羞惭,摆了摆手:“别再提了。”

陈嘉庚:“当年先父除了把全部业产抵还给你之外,尚差十万元……”

哈利感慨万千:“是啊,整整十万元啊!”

陈嘉庚:“现在我把这十万元还给你。”

哈利勃然大怒:“你敢取笑我……”

陈嘉庚诚挚地:“哈利先生,请不要误会,我确实是来替先父还债的。”

哈利惊疑地大摇双手:“不可能,不可能……”

陈嘉庚:“哈利先生,请相信我……”

哈利依然不信:“按照法律规定,父子债不相及,何况你父亲已经去世,债务早就勾销了。”

陈嘉庚:“不,当年我答应过你,一定要替父亲还清债款。”

哈利:“十万元啊,你还得起?”

陈嘉庚郑重地:“我们华人一向言必信,行必果,这几年我和弟弟经营实业,有了赢利，已经有能力清还这十万元。”说着，从手提包里取出一个皮袋和一张银票。

哈利惊喜交集：“你……你……”

陈嘉庚从皮袋里倒出数百枚金币，说：“这些金币共值二万元。”然后递给银票，“这是八万元的银票。”

哈利接过银票，看着金币，热泪滚滚而下……

四、信义无价

20世纪初年，新加坡的叨币币制很高，陈嘉庚用七千元就开设一家黄梨罐头厂。因此，当他信守诺言，拿出十万巨款代还与己无关的父债时，许多亲友都感到不可理解，认为他白吃了大亏。

但他这种行为，在新加坡和马来亚社会中，却被认为是一桩了不起的义举；陈嘉庚由此获得了出乎他意料之外的信誉。

从那时开始，不论是华商还是洋商，都乐意同他交往；就连一般的居民，也都喜欢光顾他的店家。陈嘉庚经营的黄梨业和米业，生意一派兴隆。

可是他毕竟根浅底薄，拿出这么一大笔钱之后，想要有大的发展就受到许多限制。这时，一项刚刚开拓但还没有引起人们重视的行业——橡胶业，给他带来了新的希望。原是生长在南美洲巴西的一种野生植物，树干上滴下来的胶汁凝固后，具有极佳的弹性、可塑性、防水性和耐磨性。最初，当地土著人只是用这种胶汁来制作胶鞋、胶绳、胶球和胶袋。随着欧洲工业的发展，一些到过巴西的欧洲人感到它在日用物品、机械传动和车辆轮胎方面用途极大，橡胶因之引起世人的瞩目。但是，当时巴西政府将橡胶视为国宝，采取严厉措施，禁止树种外流。1876年，英国人威克姆以研究热带植物为名，深入巴西亚马孙河流域，采集种子7万枚，藏在船底，偷运出境。他将这批橡胶种子种在伦敦植物园，成苗2800株，然后再移植到锡兰（今斯里兰卡）、印度、马来亚等地；其中有22株被种于新加坡植物园，成活9株，供人观赏。

而把橡胶树在新、马地区作为经济作物加以大规模种植的，首推华人陈齐贤和林文庆。

这桩事陈嘉庚曾经听人说过，当时因忙于黄梨业和米业而未及重视。代还父债之后，一位英国人有感于陈嘉庚的信义，向他介绍了种植橡胶的广阔前景，叫他赶紧去找林文庆。

当时的林文庆可是个大人物，陈嘉庚费尽周折，才在一次禁止鸦片的宣讲会上找到他。一见到林文庆，陈嘉庚先自我介绍说：“林先生，我叫陈嘉庚，先父陈杞柏原在吊桥头开设顺安米行……”

林文庆一听，立即兴奋叫起来：“噢！你就是重义轻财、代还父债的陈嘉庚！”

陈嘉庚谦逊地:“那是我的责任……”

林文庆赞不绝口:“了不起,了不起!”林文庆打心眼里为这位年轻的同胞深感自豪。

陈嘉庚受不了当面赞誉,急切转入正题:“林文庆先生!前些天我听一位英国朋友说,林先生帮助陈齐贤先生种植橡胶,获得巨大成功……”

林文庆:“哦,你也想种橡胶?”

陈嘉庚:“对!”

陈嘉庚郑重地表示:“我有决心。”

林文庆十分高兴:“那我当然要帮忙。”

林文庆介绍陈嘉庚和陈齐贤认识,讲明来意后,陈齐贤同样十分地敬佩陈嘉庚的为人,表示可以免费赠送,但是陈嘉庚执意不肯,最后以一粒一分钱的象征性价格成交,陈齐贤紧握陈嘉庚的手:“祝愿你种植成功。”

遵照林文庆的指导,陈嘉庚组织工人,在他的福山黄梨园里,每隔 15 尺挖一土穴,穴深一尺,共 18 万穴;每穴填满松土,在上面铺上沙子,浇上水;然后将浸湿了的橡胶种子,一粒一穴,精心下种。

这十八万颗橡胶树籽,得到天公赐予的阳光照耀,雨露滋润,经历过发芽、生根、抽叶、拔节,很快就长成小树。不久,橡胶园的价格大涨。陈嘉庚当机立断,要求陈齐贤承接转售,一千英亩橡胶园开价 32 万元。

当初买下福山黄梨园的五百英亩山地,只花 2500 元;买下 18 万粒橡胶树籽,只花 1800 元;买下邻近的五百英亩旧胶园,只花 25000 元;加上开荒、垦地、播种、施肥、除虫以及培育等所需的费用,总成本了不起是五六万元。

现在要价 32 万,会不会太高呢?

岂料陈齐贤一听这价钱,却十分高兴地承接下来,转手一卖,竟卖得 35 万元。他经纪这笔生意也赚到 3 万元啊!

陈嘉庚卖掉一千英亩橡胶园所积累的资金,不但为他发展事业打下了坚实的物质基础,而且使整个经营更活起来了。

到 1911 年辛亥革命爆发前夕,陈嘉庚除柔佛两处胶园外,还拥有恒美米厂、谦益米行,以及新利川、日新、日春、谦泰等黄梨厂,并有流动资金四十余万元。此时的陈嘉庚,在新加坡可算得上是一位既恪守信义,又极富开拓精神的百万富翁了!

探索与思考

陈嘉庚先生的故事对你有什么启发?

第二节　兴学育才　伯乐慧眼

一、初试牛刀

光绪二十年，公历 1894 年，福建同安县集美社还是个不知名的村落，村民全都姓陈，据传其祖先乃河南光州固始县人氏，宋末因避兵乱迁徙来此，蕃衍的后裔就散居在这小小半岛上的六七个角落里。

陈嘉庚与夫人张宝果

都快到除夕了。有一天，夜幕在雨丝的伴随下悄悄地降临。社里后尾角一户为长子做过“满月”的人家，房间里依然点起了大红烛，年轻的母亲张宝果抱着婴儿厥福，坐在床沿，丰腴秀丽的脸庞在烛光映照下显得更加妩媚。她才十九岁，上一年这时节过门到陈家来。在那年代一个妇女为夫家生个男孩，往往比洞房花烛夜更叫人心醉。就因这样，她沉浸在那洋洋的喜气里，好一会儿才眨了眨那一对聪慧的眼睛，柔声地唤着坐在桌旁的年轻丈夫：“该歇了。”

陈嘉庚伸开双手，接过裹着襁褓的婴儿，亲热地叫了一声：“宝果！”然后又凝着神，半似问答半似自语：“我正在想一件事。”“什么事？”“我想用积蓄下来的那两千银元办个学塾。”陈嘉庚认真地说。“啊？”张宝果十分惊讶，“就剩那两千元了，咱们的阿福才刚满月呢。”“老吾老以及人之老，幼吾幼以及人之幼！”陈嘉庚感慨地说，“自从南轩学塾停办以后，社里儿童求学无门，这样下去，乡亲们岂不都成了蔽眼盲牛？”

张宝果不作声了。她出身书香门第，父亲张建壬是个学问渊博的秀才，却在乡里设馆教学，传文播道，那无意仕途的豁达气度早就熏陶着她。结婚这一年来，已经二十一岁的丈夫像个蒙馆学童，整天跟着邻乡的塾师补习四书五经，那如饥似渴的好学精神，更使她深受感动。她理解丈夫想办学塾的心意，也熟知丈夫仁善侠义的天性，只是对捐尽积蓄感到忧虑。

陈嘉庚看着心爱的妻子低下了头，知道她的心已经动了，连忙热切地劝慰道："宝果，咱们日子过得还算宽裕，阿爸在南洋的生意又一年年兴隆，咱们是该为乡里办点好事。""你想办个学塾，这当然好。"张宝果说，"只是……要不要花那么多钱。""两千元哪算多呀。要修塾馆，要聘塾师，还要留一笔钱作常年费用。""那两千元是你出洋三年辛辛苦苦积攒下来的，就这样全数用掉？"张宝果还是舍不得。"用掉怕什么。"陈嘉庚答说，"钱财是流动的，有来有去，有去有来，好比掘井得泉，今日用明日则依然流满。"

张宝果连连颔首。

学塾很快就开馆了。塾馆门前，挂着陈嘉庚亲自拟就的两副对联。一曰："惕厉其躬谦冲其度，斋庄有敬宽裕有容"，一曰："春发其华秋结其实，行先乎孝艺裕乎文"。失学的集美儿童又欢聚在这惕斋学塾，读书识字，吟诗作文。

二、兴办师范和中学

辛亥革命给陈嘉庚以莫大的鼓舞，激发起他满腔的爱国热忱。过后他自己回忆说："我性迟钝又失学，民国未光复之前，尚不明爱国真理，迨光复后猛省勃发，刻刻不去于怀。"因此，他"热诚内向，思欲尽国民一分子之天职，愧无其他才能参加政务或公共事业，只有自量帛力，回到家乡集美社创办小学校。"

这次回国办学，陈嘉庚与早年设立惕斋学塾时可大不相同了。当时只是出于仁怀善心，对教育的道理还朦朦懂懂。出洋到新加坡住了这一二十年，接触到 20 世纪初期的西方文明，1910 年又担任了新加坡道南学校的总理。他不仅深感到兴办教育乃国家富强之道，而且自己也有了一点办学经验。因此一回到家乡，就先做了一番调查，了解到全县二十余万人口只有县立小学校一所，私立小学校四所。

同安县立小学，乃属于当时所谓的新学。但这所作为其他私立四校模范的县立小学却办得很糟。学校权力全操在县长手中，十几年间全面改换了许多次，因此，至今还没有一班毕业生。真是可悲可叹。

陈嘉庚决心彻底改变这种落后腐败状况，决心在集美首先创办一所全县最好的新学校。

在陈嘉庚的不懈努力之下，一所近代化的，拥有班级五个、校长和教员七名，学生 135 名的集美小学校，于 1913 年春，出现在福建东南海滨。

陈嘉庚亲自制定了"为改进国家社会"的办学方针，亲自提出"诚毅"二字为学校校训。

与此同时，陈嘉庚也为聘请合格的校长和教师而操心。他考虑到福建缺乏师

集美学校早期校舍

资，又听说江苏教育发达，便找上一位新加坡道南学校从上海聘来的优秀教师，问他是什么地方哪一学校出身的。这位教师答说是毕业于上海江苏第二师范学校。陈嘉庚立即写信到上海，拜托该校校长代聘集美师范、中学二校的校长和教职员。江苏第二师范校长复函表示愿意尽力帮助。陈嘉庚通过信函与这位校长多次磋商后，同意他推荐的江苏人王绩担任集美师范、中学校长，并由王绩负责组织教学班子。1917 年 12 月，王绩带他所聘请的教职员到达集美，筹划开学事宜。

为录取最优秀的学生，学校给予十分优厚的待遇。中学生只需交膳费，不必交学费和宿费；师范生连膳费也免交，两校学生全部寄宿在学校里，所需的被子、席子、蚊帐，一概由学校供给。经过严格的考选，最后录取 196 人，根据程度编为三年制师范讲习科甲、乙两班，五年制师范预科甲、乙两班，中学一班。

陈嘉庚还鼓励海外侨生到集美升学，并做出规定："南洋华侨小学毕业生，如有志回国升入中学者，则由新加坡本店予以介绍函，概行收纳。到校时如考试未及格者，则另设补习班以教之。此为优待华侨派遣子弟回国而设，此例永存不废。"

在陈嘉庚、陈敬贤的努力下，1918 年 3 月 10 日集美师范、中学两部同时开学。开学式上，公布了陈嘉庚兄弟为集美学校亲订的校训为"诚毅"二字，并由陈敬贤将陈嘉庚亲笔题写的校训匾额授予王绩校长和师生代表。

三、慧眼识英才

天空中小雨霏霏。陈嘉庚迎着雨丝跑到一家面食摊，坐在最靠外边的小桌旁，叫了一碗虾面，急匆匆地吃了起来……

邻桌一个宽额浓眉、英姿潇洒的华侨青年，见到陈嘉庚也来到小吃摊，不禁一愣。他一边吃着面，一边悄悄地端详这位刚来的食客……

雨越下越大，正在吃面的陈嘉庚毫无察觉，等到他吃完后，小雨竟成了瓢泼大雨。

陈嘉庚望着大雨，十分焦急，邻桌的青年人见状，拿起随身所带的雨伞走到陈嘉庚跟前："陈嘉庚先生，这雨伞你先用吧。"

陈嘉庚匆匆接过伞，连声说道："谢谢，谢谢！明天请到巴里路谦益行找我取回。"说着，撑开雨伞而去……

谦益行是陈嘉庚所有工厂、胶园和商店的总收支机关，也是他的总办事处。

第二天傍晚，他在自己的办公室里，正在翻阅一份美国商人留下来的商贸文件，边看着边自言自语道："济民的英文水准还不够呀……这……这难道要请林文庆来帮我翻译？……"说着，长长地叹了口气，"人才啊，人才……"

忽然有人敲门，陈嘉庚随口应道："进来！"

来人是昨日借给他雨伞的那位华侨青年。

陈嘉庚一见是他，客气地："哦，你来取回雨伞。"

"是的，嘉庚先生，是你交代我来取回的。"青年人应道。

"没错，没错……"陈嘉庚回想起昨天初夜时分在小吃街的情景……忽然感到有些疑惑："哎，你是谁？怎么知道我是陈嘉庚？"

陈嘉庚与李光前（摄于1950年）

青年人："我名叫李光前，在中华国货公司任英文财库，前几天陪庄希泉先生参加天津水灾救济会，听过你的演说。"

陈嘉庚猛记起来："噢，对了，对了。"他睁大着眼睛，仔细端详着面前这位年轻人，见他身材魁梧，满脸英气，眼镜后面的那双眼睛，既炯炯有神，又谦和可亲。

李光前被他看得有点不好意思，悄悄地低下了头。

陈嘉庚微微一笑："那天，希泉兄跟我说，你读过'红毛书'，当过工程师，还是暨南学堂和唐山路矿学堂的高材生，是不是这样？”

李光前谦逊地：“我从小喜欢读书。”

陈嘉庚：“喜欢读书，好啊，请坐，请坐！”说着，从茶壶里倒出一杯茶，端给李光前，“吃茶，吃茶！”

李光前受宠若惊：“嘉庚先生……”

陈嘉庚：“坐吧，坐吧！”

李光前不安地坐下。

陈嘉庚也在办公椅上落座，问道：“你读过好几年‘红毛书’，英文能看能写吧？”

李光前：“能。”

陈嘉庚：“这是一份美国商人留下的商贸文件，请你翻译给我听听，好吗？”说着，将桌面上那份英文文件递给李光前。

李光前读过第一页，说：“这是要求供货的清单，包括各个等级的烟胶片、白绉片和褐绉片，价格在每次交易之前议定，然后签订合同；包装上要求用白色棉布裹密，包布上标明品种、等级和重量……”

陈嘉庚点头：“唔。”

李光前再读过第二页：“这是发货的方式，要求由我方按合同规定的品种、等级和数量，配货下船，直接运往美国，并将领货单证交给他们驻新加坡的代表……”

陈嘉庚与庄希泉（摄于 1956 年）

陈嘉庚再点了点头：“嗯。”

李光前又读了第三页：“这是结算方式、期限和担保……货物到岸时，对方将在三天内领出，领到货物后一个月内定将货款全数电汇给我方……”

陈嘉庚：“担保人呢？”

李光前：“美国花旗银行新加坡分行。”

陈嘉庚兴奋地站起身："很好，很好！"说着，走到李光前身旁，谦和地，"哎……李光前先生，我想……我想……"

李光前见他欲言又止，连忙说道："嘉庚先生尽管吩咐。"

陈嘉庚："我想请你帮我跟这位美国商人接洽，把这宗生意做成。"

李光前："我很愿意为嘉庚先生效劳，只是我在庄希泉先生手下任职，这件事得先向他请示。"

陈嘉庚："没问题，我和庄希泉先生是老朋友，明天我亲自去找他。"

第二天正好是星期日，一大早，陈嘉庚驾着福特汽车来到庄希泉寓所门前，下了车，按响门铃。

庄希泉的太太余佩皋打开门，见是陈嘉庚，颇感意外："嘉庚先生，是你？"

陈嘉庚风趣地向余佩皋鞠躬："余校长！"

余佩皋惶恐地："不敢当，不敢当，快请进吧！"

陈嘉庚边进门边说："堂堂的中华女校校长，有什么不敢当。"

余佩皋："女校刚刚创办，还望嘉庚先生多加指教……"

庄希泉闻声出迎："嘉庚先生，真想不到……真想不到……"

陈嘉庚："想不到我会来？"

庄希泉："你如此忙碌的人，竟然亲自光临寒舍……"

陈嘉庚："你这寒舍并不寒，男女主人心肠都很热。"

庄希泉笑道："要说热，新加坡本来就热，想必……"

陈嘉庚："好了，闲语少说，我是有事相求而来的。"

庄希泉："哦，什么事？"

陈嘉庚："你那中华国货公司有个英文财库名叫李光前的……"

庄希泉："有啊，他是我们公司里的顶梁柱。"

陈嘉庚："噢……"

庄希泉："你因何问起他？"

陈嘉庚："是这样，昨天美国底特律一家公司到谦益同我洽谈直接供货事宜，留下一份英文文件，碰巧光前君去找我，帮我翻译出来……"

庄希泉听出话意："你想借用李光前，是吗？"

陈嘉庚连忙应道："是的，是的，我想借他帮我把这笔生意办成。"

庄希泉："我公司可是一天也缺不得李光前呀！"

陈嘉庚："希泉兄，我知道光前君在贵公司身任要职，但是我这笔生意太重要，太重要了……"

庄希泉暗自一笑："你重要，我也重要呀。"

陈嘉庚："是啊，是啊，贵公司的业务当然重要。不过，希泉兄，这回你务必帮忙。借用期间贵公司蒙受的损失，我一定加倍偿还。”

庄希泉看他那么认真，颇感诧异：“哦，嘉庚兄，你非借李光前不可？”

陈嘉庚恳求：“确实非借不可，请希泉兄帮兄弟一把。”庄希泉开口笑道：“好啦，好啦，李光前就借给你。借用期间薪水你发，赔偿损失就不必了。”

陈嘉庚高兴得握起庄希泉的手：“多谢希泉兄，多谢希泉兄！”

借到李光前，陈嘉庚立即委以重任，带他参加与美国商人洽谈供货、签订合同的全过程。

根据这一合同，陈嘉庚的生胶厂进一步扩大生产，出品的各种规格的胶片一批一批运往美国。这是陈嘉庚、也是南洋华商头一回不经当地洋行之手，直接同欧美厂商进行橡胶贸易，在南洋华商发展史上具有重大意义。李光前在这过程中，贡献出了他的聪明才智，极大地被陈嘉庚所赏识。

生意做成了，陈嘉庚实在舍不得李光前，他开始筹划如何争得这个人才。

这一天，1314 号福特轿车又在街上出现，驾车者为李光前，陈嘉庚坐在他身旁。

沉默片刻之后，陈嘉庚先开口：“光前君，你还是到我谦益号来！”

李光前：“不行啊，嘉庚先生……”

陈嘉庚：“我反复考虑过，你到谦益来能更好发挥才能。”

李光前：“我是庄希泉先生一手提拔的，而且还跟他订了合约。”

陈嘉庚：“正因如此，今天我才再次亲自去找他。”

李光前：“我就不陪你去见他了。”

陈嘉庚拍着李光前肩膀：“怕什么，我们一起去见他，我把人交了，等你走了以后再求他。”

李光前：“这……”

这时，汽车已驶到中华国货公司门前。

陈嘉庚与李光前一起下车，步入公司，来到总经理室，敲门。室内传来庄希泉的声音：“进来！”

陈嘉庚与李光前入室，庄希泉一见，连忙站起身：“嘉庚兄，把人送来还了！”

陈嘉庚：“是啊，有借有还，再借不难嘛。”

庄希泉：“咦，你还想要再借？”

陈嘉庚：“先还再说，先还再说。光前君，你可以向庄老板报到啰。”

李光前向庄希泉鞠躬：“希泉先生，我办公去。”

庄希泉：“好，你去吧。”

李光前退下。

庄希泉：“请坐，嘉庚兄。”

陈嘉庚坐定，开口道谢："希泉兄，真感谢你，这次多亏光前君帮忙，生意算是做成了。"

庄希泉："钱额多少？"

陈嘉庚："二十万元。"

庄希泉暗吃一惊："二十万元？！"

陈嘉庚："重要的还不在这二十万元，而在于这是华人胶商破天荒头一回直接同欧美厂商做成的生意，真谢谢你，谢谢光前君。"

庄希泉："嗯，这倒是不简单。"

陈嘉庚："跨出这一步真不容易呵，我决心以此为开端，摆脱掉新加坡洋行的控制，直接打入欧美市场。"

庄希泉不由赞道："嘉庚兄真是雄才大略。"

陈嘉庚："可是兄弟手下，就没有一个熟悉中英文能与洋人打交道的职员……"

庄希泉故意沉下脸："哦，嘉庚兄莫非想来把李光前挖走？"

陈嘉庚连连摇手："不是，不是，希泉兄……"

庄希泉："怎么不是呢？我一眼就看出来了，今天你分明是来要李光前的。"

陈嘉庚："是啊，是啊，但这不能说是挖走……"

庄希泉故作愤怒："不算挖算什么？"

陈嘉庚恳切诚挚地："我想希泉兄经营的是中华国货，主要销给华人。兄弟经营的是橡胶，几乎全部销往欧美。像李光前这样的人才在兄弟手下……"欲言又止。

庄希泉："在你手下怎么样？"

陈嘉庚："发挥的作用更大。"

庄希泉戏谑地笑道："这样的人才你懂得用，我就不懂？"

陈嘉庚急忙辩道："希泉兄当然十分爱惜人才，善于使用人才。我现在是饥渴难忍才来求你的啊！"

庄希泉见他急得那样子，故意沉吟片刻，然后问道："嘉庚兄果真要聘用李光前？"

陈嘉庚诚挚地："当然是真的，恳望希泉兄玉成。"

庄希泉哈哈大笑，亲热地拉起陈嘉庚的手："给你，给你，李光前给你！"

陈嘉庚聘到李光前，很快就把他提升为谦益行经理；随后，又任用他为新注册的陈嘉庚公司经理。

1920 年，李光前与陈嘉庚的长女陈爱礼结婚。

在 20 世纪 20 年代，李光前为陈嘉庚公司的飞速发展立下汗马功劳。

1927 年，李光前独立创办南益胶厂，经二十余年奋斗，终于在 20 世纪 50 年代成为东南亚的橡胶大王和最著名的华人企业家之一，并荣任新加坡大学首任校长。献巨资创立的“李氏基金”，惠及新加坡、中国和东南亚各国，是当今世界著名慈善基金之一。

陈嘉庚和庄希泉也由此结成莫逆之交。

1949 年新中国成立后，陈嘉庚、庄希泉继当选为中华全国归国华侨联合会第一、二届委员会主席，共同为团结、组织归侨、侨眷和海外赤子参加祖国建设，推动祖国和平统一，做出了巨大的贡献。

陈嘉庚识才与庄希泉让才的故事，因之成了当代美谈。

四、兴办南洋华侨中学

1918 年 5 月，陈嘉庚先捐款三万元，并联合同德书报社募得五万余元。有这八万余元为基础，陈嘉庚便以道南学校总理名义，联合以上十五所华文小学总理，共同发起筹办南洋华侨中学，于 6 月 8 日发出《实行筹备南洋华侨中学的通告》，呼吁说：

“南洋华侨中学不容不办，不容不亟办，而尤不容不合办！”

6 月 15 日，众发起人在新加坡中华总商会召开特别大会，通过决议案和董事会组织章程，定校名为“新加坡南洋华侨中学校”，推举 55 名董事，并公推陈嘉庚为董事会总理，吴胜鹏为副总理。

大会上，陈嘉庚慷慨陈词说：

我国政府既不注意教育，国民复自顾私利，视财如命，互相推诿，袖手旁观，以致教育不兴，实业不振，奄奄垂危，以迄于今日。此诚堪痛哭流涕者。我侨胞久慕文明，号称爱国，而富商巨贾又不乏人，万勿放弃天职，坐待沦亡也。

故有财宜输教育为急务。诚以救国既乏术，亦只有兴学之一方。纵未能立见成效，然保我国粹，扬我精神，以我四万万民族，抑或有重光之一日。

世界无难事，惟在毅力与责任耳。夫公益义务，固不待富而后尽，如欲待富而后尽，则一生终无可为之日。况属救亡图存，而可不猛然省悟乎？设输出百分之五，或百分之三，试问何损于富。

同侨诸君，若不以余之言为过当，请各抒毅力以图之。他日者莘莘学子，进步有期，上足以谋国家之富强，下足以造社会之福利，是则鄙人所朝夕馨香而祷祝者也。

就在陈嘉庚兴学报国的精神感召下，新、马各帮侨众纷纷捐款给华侨中学，首期得款四十九万四千元，用以先购买一座大洋楼加以整修，作为校舍，并于 7 月 15 日发出招生广告招收学生；同时由陈嘉庚写信给他的好友、江苏教育会会长黄炎培，托请代聘校长及教员。

各项筹备就绪后，1919 年 3 月 21 日，南洋华侨打破地域和帮群界限联合创办的第一所华文中学——新加坡南洋华侨中学正式成立。

南洋华侨中学的成立，对培养侨居南洋的华族人才，推动东南亚各地的华文教育，都起到了巨大的作用。

新加坡第五届总统王鼎昌就毕业于这所学校。

五、创办厦门大学

1921 年 4 月 6 日，厦门大学假集美学校举行开校式。

为使厦门大学的创办在海内外产生影响，发挥其革新华侨社会风气的作用，陈嘉庚把开校式组织得十分隆重、热烈。他提前以个人名义柬请福建及厦门官、绅、商、学各界人士前来与会，并备汽船接送。会场的布置则高雅别致，门首悬挂中华民国五色国旗，门柱扎满绿叶红花；场内讲坛上方用色彩斑斓的鲜花结成"厦门大学开幕纪念"八个大字，下悬校训"自强不息"四字。

正在中国访问的美国著名哲学家、教育学家杜威及其夫人，专程从北京来到厦门，表示祝贺。

开校式上，陈嘉庚与杜威相继发表演说。杜威在演说中祝愿中国"人才辈出，如太阳经天，光照世界"，并对陈嘉庚创办厦门大学表示由衷的敬佩。他说："到会诸君，须景仰陈君。中国人多自私自利，惟陈能公而忘私。中国人人能效陈君之公，则救国何难之有。"

自强，自强，学海何洋洋！
谁欤操钥发其藏？
鹭江深且长，致吾知于无央，
吁嗟乎南方之强！吁嗟乎南方之强！
自强，自强，人生何茫茫！
谁欤普渡驾慈航？
鹭江深且长，充吾爱于无疆，
吁嗟乎南方之强！吁嗟乎南方之强！

在高昂的校歌声中，中国第一所海外华侨创办的大学——厦门大学宣告诞生。举行开校式的这一天，便定为厦门大学校庆纪念日。

对于厦门大学的正式成立，陈嘉庚和全校师生及至闽省各界都极感振奋，大家都希望新办的厦门大学顺利发展，为国家和乡梓培育出众多的人才。

为了吸引著名教授、学者和优秀人才到厦门大学，陈嘉庚采取高薪礼聘的做法。当时私立上海复旦大学校长及专任教授每月薪金是二百元，陈嘉庚则决定：厦门大学校长月薪五百元，教授月薪最高可达四百元，讲师可达二百元，助教可达一百五十元，行政秘书可达七十元，事务员最低月薪为二十五元。

请不要小看那最低月薪。须知当年的币值很高，月薪二十五元就能够养活一个五口之家。

为了使厦大能够按照自己的理想发展成为一所著名的大学，能够为国家民族培养出众多的优秀人才，陈嘉庚首先向林文庆阐述了厦门大学的办学方针和十大宗旨，重申：教育为立国之本。同时强调指出："何谓根本？科学是也。今日之世界，一科学全盛之世界也。科学之发源，乃在专门大学。"其核心思想就是：用科学和教育来振兴中国。

六、创办厦门大学的风风雨雨

陈嘉庚聘到汪精卫为厦门大学校长，甚感欣慰。岂料仅过一个月，粤军奉孙中山之命，从漳州挥师回广东，讨伐广西桂系军阀，取得节节胜利，作为孙中山左右手的汪精卫又投入繁忙政务，无法脱身，来函请辞厦大校长职。陈嘉庚不好勉强，只得表示同意。

汪氏辞职后，为使厦门大学建校工作不致中断，陈嘉庚当即奔赴上海，与江苏教育会会长、挚友黄炎培商议，决定组织厦门大学、筹备委员会聘汪精卫、黄炎培及国立北京大学校长蔡元培、国立东南大学校长郭秉文、全国青年会总干事余日章、私立上海复旦大学校长李登辉、私立上海大同大学校长胡敦复等教育界名流为筹备员；福建省立第十三中学（即厦门省立中学）校长黄琬、新任集美学校校长叶渊，虽然资历较浅，但两人都是陈嘉庚所信任的闽省教育界新进人士，所以也邀为筹备员。最后一位参加筹备委员会的邓萃英，当时任北政府教育部参事，刚从美国修业归来，由黄琬介绍与陈嘉庚相识，也被聘为厦大筹备员。

在这十位筹备员中，最具权威的是蔡元培。蔡元培曾任国民政府首任教育总长，1916 年出任北京大学校长以来，整顿革新校务，实行"思想自由，兼容并包"的方针，素为陈嘉庚所敬仰。但蔡元培对陈嘉庚急于创办厦门大学却持保留态度，主张"不宜速办"，并通过毕业于北京大学的叶渊对陈嘉庚以"力劝"。陈嘉庚认真考虑后，针对蔡元培的意见复信给叶渊，说明必须立即兴办厦门大学的理由及条件：

① 凡事非财不举，"以华侨之富，决可源源而来"，不必为厦大的经费问题担心。

② 厦大创办后可作为福建中等学校的"企望及借镜"，对提高全省中等教育水准大有好处。

③ 现中学毕业生程度不够，无法出国留学，厦大成立后，有利于输送人才出国深造。

④ 福建贫穷落后，但闽侨之富却"冠称全国"，只是他们不少人"乐不思蜀"，

“兹要望其改易心肠，舍此高等学校设于厦门外，决难收美满之效果”。

⑤ 厦大及早创办，可以及早培养一批中学师资，以普及福建教育，提高民众素质。

陈嘉庚不为蔡元培的劝告所动摇，仍然坚持自己的意见，加紧筹办厦门大学，于 1920 年 10 月在上海召开厦门大学筹备委员会第一次会议。当时，除蔡元培因赴欧美考察、汪精卫因政务繁忙未能出席外，其他筹备员均到会。

会议首先研究了厦门大学的组织机构和学科设置；然后对教职员的聘任、免任、待遇、薪俸，学生的招考、录取、学业、毕业等项做出规定；最后公推邓萃英为厦门大学首任校长。

邓萃英 1885 年出生于福建闽侯，曾以最优成绩毕业于全闽师堂，两度留学日本，在东京高等师范学校加入同盟会，先后担任过福建省视学、北京高等师范学校教授等职，再由教育部咨送美国留学，师从著名学者杜威研究教育哲学，现为教育部参事。

在闽籍的教育界人士中，邓萃英的资历是比较深的，出任厦门大学校长也合适。陈嘉庚当即表示同意，只要求邓萃英辞去教育部的职务，以专心主理厦门大学校政。

岂料他抵达北京尚未开口，就被部务缠住；接着，因北京高师（现北京师范大学）校长陈宝泉调部任司长，教育部便任命他代理北京高师校长。邓萃英原由部里咨送留美，又被简任为参事，对部属的北京高师代校长一职，确实无法拒不到任；于是便采取两头兼顾的方策，并电告郑、何二人，将厦门大学的筹备工作全盘托付给他们俩。

厦门大学校门

郑贞文与何公敢一向在文教部门任职，对大学校务尚称熟悉，二人接受委托后，原订半年为筹备期，待翌年即 1921 年暑假才进行招生。岂料他们 1 月底一到厦门，报上早已登出厦门大学将于 1921 年 4 月开学的启事，连忙拜见陈嘉庚，提出时间过于紧迫，筹备工作恐怕来不及，要求延至 9 月开学。

陈嘉庚一口予以回绝，坚持说消息已经发表，不能改期。郑贞文、何公敢无可奈何，一面日夜忙碌，加紧筹备；一面写信给邓萃英，要他拿出主意。邓萃英当即匆匆南下，按照陈嘉庚的意见，首先决定在 4 月开学时，先设师范、商学两部，师范部下分文、理两科，学制预科两年、本科四年；从 1921 年 2 月 1 日开始，在上海、厦门、福州、新加坡等地招生，录取新生 112 名，其中商学部 28 人，师范部 84 人。

1921 年 4 月 6 日，厦门大学假集美学校举行开校式。

令人意想不到的是，创办初期的厦门大学却危机频频，几至停办。在接二连三的重大事件中，首先发生的是邓萃英校长的辞职。

习读教育，留学日美，一向从事教学工作的邓萃英，对教育行政是熟悉的，如能专心主理校务，当能称职。他在两头为难的情况下不得已身兼北京高师及厦门大学两校校长，主观上是想把两校的工作都做好。但北京与厦门相距数千里，两校并重根本办不到。他原在北京任职，社会基础在北京，自然而然便流露出以"北高师"为主、以"厦大"为次的心态，而这是陈嘉庚所无法容忍的。于是，邓萃英与陈嘉庚便产生了尖锐的矛盾。

为了缓和矛盾，邓萃英做出一些努力，如积极招聘教师、请人设计校舍、邀请杜威来校访问讲学等等。其中他自认为最满意的一项，是求到当时北京民国政府"大总统"徐世昌亲笔题赠厦大的一个匾额和一幅对联，那幅对联还署上徐世昌的雅号"水竹村人"。可是，邓萃英想不到陈嘉庚却十分鄙视北洋官僚出身的徐世昌，自己的一番用心竟告落空；加上校舍设计、校费运作等项均遭陈嘉庚否定，于是开始萌发辞意。

厦门大学开学后，邓萃英送走了杜威，便主动找陈嘉庚商谈，但双方在关键问题上意见无法统一。邓萃英考虑再三，终于在 5 月 3 日向陈嘉庚提出辞职，并致函给厦门大学筹备委员会各委员。

新开办的厦门大学刚成立不到一个月，首任校长便提出辞职，这消息不能不引起全校师生的极大惊诧。郑贞文、何公敢出于对学校的关心，力劝邓萃英继续留任，并请求陈嘉庚予以挽留，但终因双方矛盾无法调和而宣告调解失败。陈嘉庚随即接受邓萃英的辞职，旋即任命校长秘书兼理科主任的刘树杞教授代理校长职务，并电邀新加坡的挚友林文庆出任厦门大学校长。

这时，国内的政局正出现新的转折，孙中山已新组了中国国民党，创办了黄埔军校，并在广州就任中华民国非常大总统，着手组织政府各部，决心推翻由北洋军阀控制的北京民国政府。

就在这一非常时期，新加坡的林文庆在收到陈嘉庚电邀出任厦门大学校长的同时，也接到孙中山电召回国襄赞外交。林文庆为此特地拍发电报到广州，请非常大总统代为决定。

出于对教育事业的关怀，孙中山给林文庆复电，赞成他到厦门大学主持校政。同时，林文庆的夫人殷碧霞又渴望回到家乡鼓浪屿，侍奉她年老卧病的母亲。于是，林文庆很快给陈嘉庚回电，接受聘请，只要求给他一个月的时间，以做好行前准备。

陈嘉庚不等林文庆正式到任，自己继续抓紧推进厦门大学校务，首先是校舍的建设。

1915 年 5 月 9 日凌晨一点，袁世凯北洋军政府的外交总长陆征祥亲往日本驻华使馆，呈递复文，对在此之前日本要求在四十八小时内对其“二十一条”做出答复的“最后通牒”表示承认。为保卫国权，抗议袁世凯卖国罪行，上海各界举行盛大示威。全国教育联合会由决定“5.9”为“国耻纪念日”。邓萃英辞职后的第六天，也是 5 月 9 日，即袁世凯公开卖国的“国耻纪念日”。那一天，厦门天气不好，满天乌云翻滚，风雨交加，陈嘉庚冒着风雨，带着全校师生，从集美乘船来到厦门岛南端的演武场，为新建的厦大校舍在露出地面的石基正中，嵌入一块的碑石，上面镌刻着：

中华民国十年五月九日

厦门大学校舍开工

嘉庚奠基题

嘉庚先带领主要教职员举铲培土，神情严肃地要求全校师生不忘国愤。

奠基仪式结束后，厦门大学首批校舍五幢楼房即按陈嘉庚的设计方案，倚山面海，坐北朝南，在演武场上一字排开，同时兴建。

1921 年 6 月，林文庆抵达厦门向陈嘉庚报到。

为了使厦大能够按照自己的理想发展成为一所著名的大学，能够为国家民族培养出众多的优秀人才，陈嘉庚首先向林文庆阐述了厦门大学的办学方针和十大宗旨，重申：教育为立国之本。同时强调指出：“何谓根本？科学是也。今日之世界，一科学全盛之世界也。科学之发源，乃在专门大学。”

其核心思想就是：用科学和教育来振兴中国。

陈嘉庚对办学方针和宗旨的阐述，经林文庆和相关人员整理，并由陈嘉庚亲自修改核定后，成为厦门大学建校初期最重要的文件：《厦门大学校旨》。

这份《厦门大学校旨》一开头就提出：

本大学之主要目的，在博集东西各国之学术及其精神，以研究一切现象之底蕴与功用，同时并阐发中国固有学艺之美质，使之融会贯通，成为一种最新最完善之文化。

接着，该文件分十条阐述厦门大学的办学宗旨，其中有七条从不同角度强调科学研究和加强教育的重要性及其作用：

注重各科学之研究，以期养成真正研究之精神，使各种学术，均能达到最高深之地步。

关于科学之教授，以切于实用造就应用科学人才为前提。并将重要之科学知识，编成中文，以期养成我国国民之科学精神。

研究南洋及其他各地华侨之状况，以图将来之发展及进步。

启发闽省之天热富源，以达到振兴实业之目的。

国文之外，尤注重英文，使有志深造之士，得研究世界各国之学术。

我国目下师资及教育专门人才，甚为缺乏，故对于教育科特加注意，以期养成良好师资，及教育界领袖。

提倡成人教育，使中小学之教员、政农商工各界之人员，均有求学之机会，俾普通社会之知识，得以逐渐提高，真正民治之精神，亦赖以养成。

该文件最后概括厦门大学之所以必须注重科学和教育，其最终目的是：使我国得以与世界各强国居同等之地位。

这份《厦门大学校旨》，明确提出用科学和教育来使国家强盛的办学方针，并从办学的总体目的，到融会中西文化，到教学科研并重，到与方方面面的关系，做了全面而又精辟的阐述；其中所体现的陈嘉庚的教育思想，历经八十余年实践的检验，越来越显示出它的光辉。

七、卖掉大厦　支持厦大

1931 年 1 月底，陈嘉庚公司已面临极大的危机。

这一天，经禧路别墅圆顶大厦二楼书房里，陈嘉庚和济民、厥祥、博爱以及友德，围坐在大书桌四周，桌面上摊放着公司 1930 年资产负债总表，表上几行长长的赤字，显得特别刺眼。

“这都是日本胶商削价倾销造成的。”陈济民愤愤地说。

“日本胶商分明得到日本政府的财政补贴，不然他们赔得起？”陈友德接着说道。

“真毒啊，日本胶商这一手真毒。”陈厥祥恨得咬牙切齿。

“日本胶商下毒手没话可说，连国民政府也对我们如此狠心。”陈博爱气得七窍生烟。

“博爱，别过激了。怎么能把国民政府和日本人相提并论？”陈嘉庚批评道。

“我们陈嘉庚公司纯粹是华人资本。阿爸你支援革命，为国兴学，二十年来捐出七八百万，对祖国做出那么多贡献。现在国民政府反倒把我们的橡胶制品当成洋货，重抽进口税，真是太岂有此理了。”陈博爱反嘴相顶。

“唉！”陈嘉庚叹了口气，说：“国民政府也有他们的苦衷。”

“什么苦衷？”陈博爱心中愤恨难平，轻蔑地数落道，“需要时就称为‘革命之母’，不需要时就一脚踢开，对这国民政府，我算看透了。”

"放肆!"陈嘉庚怒声斥责。

"别说了,博爱!"陈济民劝道,"还是一起想想办法吧。"

"各分行要下狠心整顿了。现在账面上的存货总额已超过五百万元,我们的活资金全部冻结在这些旧存货上头。"陈厥祥焦灼不安地说。

陈嘉庚点了点头,转对陈济民吩咐道:"下午立即拍电报通知各地分行,将所有旧货对折出售,尽快回收一部分资金。"

"好。"陈济民应道。

"上个月日本胶商前来洽购两万五千担橡胶,当时没答应,现在还是卖给他们吧!"陈友德提出另一建议。

"不!"陈嘉庚一口回绝,"我的橡胶绝不卖给日本人。"

"现在惟有这项生意可以收进整笔的款项……"陈友德忧心地嘟囔着。

陈嘉庚一听,大声反问道:"你能知道他们背后又搞什么鬼吗?"

陈友德看陈嘉庚正在火头上,不敢再说下去。

这时陈厥祥建议说:"目前胶业困难太多,但食品、药品、日用品还是有利可图,应该想办法扩展这些厂的生产规模。"

"如何扩展?"陈嘉庚问。

"现在饼干、肥皂、制药等厂竞争对手较少,销路较好,只要总行拨给我一笔资金,扩充设备,两个月后就可以增加不少收入。"陈厥祥答。

陈友德一听要钱,又急起来:"总行哪里还有资金好拨给你,目前连厦集二校的经费都……"说到这里,顿感失言,连忙止住。

"啊?"陈嘉庚看陈友德那个样子,意识到有事瞒着他,不禁恼怒交加,追问,"厦集二校今年的经费怎么啦?"

陈友德知道瞒不过去,反而镇定下来如实禀报:"厦集二校今年的经费至今尚无着落。"

"好大胆啊,友德!"陈嘉庚怒气冲冲地说,"我年年交代,再困难也需保证厦集二校经费,你竟敢不予安排。我问你,今年学校首期经费汇出去了没有?"

"至今尚未汇出。"陈友德平静地答说。

"为何尚未汇出?"陈嘉庚声音发颤了。

"没钱。"陈友德依然十分冷静。

"怎么没钱,年底不是还存有二十万现款吗?"陈嘉庚猛然站起身,盯着陈友德厉声责问。

"已经拿去抵还拖欠银行的过期利息。我正准备向嘉庚叔报告。"陈友德答道。

"啊!"陈嘉庚垂下头,跌坐在藤交椅上。

书房里顿时寂静下来。

过了好一会儿，疲软无力的陈嘉庚抬起头，用商量的口气说道："友德，现在已经是一月底了。你快想法将今年厦集二校首期经费立即汇出。"

"我已拍电报给各地分行，尽快把货款缴上来，但要凑足十万元，恐怕还得两个月。"陈友德如实报告。

"两个月？"

"对，两个月。"

"不行。"陈嘉庚霍地站起身，推开藤椅，在宽敞的书房里来回踱步。

书房里，人们再次沉寂下来，只听到陈嘉庚的皮鞋踩在柔软地毯上发出的沙沙声……

"先到银行把这座别墅典押掉。"陈嘉庚突然转过身，对着陈友德说。

"什么？……"友德和济民、厥祥、博爱同时惊讶无比地跳起来。

陈嘉庚朝着他们摆了摆手，继续说道："这座别墅至少可典押十万现金。厦集二校首期经费立即可以汇出。过后再找个好买主，把这座别墅卖掉。"

"阿爸……"三个儿子齐声喊道。

"不必讲了。"陈嘉庚未等他们开口，就坚决说道，"当时置买这座别墅，我就不太同意。"

探索与思考

1. 陈嘉庚先生创办学校经历哪些艰苦过程？
2. 陈嘉庚先生创办学校成功经验有哪些？

第三节　高风亮节　忠义双全

一、国难当头挑重担

1931年日军制造震惊中外的"九一八"事变。

"九一八"事变后，由于国民政府军事委员会委员长蒋介石采取不抵抗政策，助长了日寇的侵略气焰。日军很快占领了东北三省，进一步侵入热河、察哈尔（今属内蒙古自治区）；然后调集大批海、陆军，于1932年1月28日，猛然攻击上海，继而在1933年大举进攻长城各口；1935年更调遣其主力关东军入关，进一步控制了华北。

1937年7月7日晚上10点30分，侵驻华北的日军在北平（今北京）西郊卢沟桥附近进行夜间演习，演习结束时，借口丢失一名士兵，要求进入宛平县城搜索。我宛平守军二十九军吉星文团婉词拒绝，日军即开枪射击，并于第二天出兵卢沟桥，炮击宛平城。中国军队忍无可忍，遂奋起抵抗。这就是历史所称的“七七事变”。

在这国家民族的生死关头，全国军民强烈要求团结一致抗击日寇。蒋介石迫于全国民众的压力，于7月8日电令宛平守军“固守勿退”；接着，电邀全国军政要人到庐山，于16日开始举行抗战谈话会。中国共产党派代表周恩来、秦邦宪、林伯渠参加这次会议，并于17日同国民党方面的蒋介石、张冲、邵力子会谈，表示愿意将红军改编为国民革命军，开赴前线抗击日寇。

“七七事变”的爆发，震撼着千余万海外赤子的心，全球各地的华侨立即掀起轰轰烈烈的反日爱国运动。离祖国最近的南洋各属华侨，更是纷纷组织起来，一面强烈抗议日寇暴行，一面捐款支援祖国抗战，并对日本实行空前规模的经济抵制。

新加坡的华侨在陈嘉庚领导下，于8月15日召开侨民大会议决成立“新加坡华侨筹赈祖国伤兵难民大会委员会”，简称“新加坡筹赈会”；大会一致选举陈嘉庚为主席，决定办事处设在怡和轩俱乐部；另在市区内外设分会三十余处，以使各项工作更加普及、深入。

新加坡的抗日爱国筹赈运动开展起来后，陈嘉庚又在吉隆坡召集全马来亚十二个邦的华侨筹赈会代表开会，议决成立马来亚各邦筹赈会通讯处，以便和祖国政府联系，并加强各邦之间的联络。

为使南洋各属筹赈机关能密切联系而冶于一炉，全南洋一千万侨胞能精诚团结而化为一体，大会议决组织“南洋华侨筹赈祖国难民总会”简称“南侨总会”，负责领导全南洋的抗日救亡筹赈运动，办事处设在新加坡怡和轩俱乐部；代表大会一致选举陈嘉庚为总会主席，选举爪哇吧城的庄西言、菲律宾的李清泉为总会副主席。

全南洋各属一千万华侨打破地域、帮群、行业的界限，组织统一的总领导机关，这在华侨历史上既是空前的，又是绝后的。

陈嘉庚成为全南洋各属一千万华侨共同拥戴推选出来的总领袖，在历史上则是前无古人，后无来者。

二、痛斥“老友”汪精卫

自从南京失守，外电就传说汪精卫主张跟日本和平妥协。陈嘉庚对此根本就不信。他认为，汪精卫是孙中山的左右手，又是他多年的好友，当年谋刺清廷摄政王事败被捕后，曾在狱中写下“慷慨歌燕市，从容作楚囚，引刀成一快，不负少年头”的绝命书，气贯长虹。这样一个坚定的革命者，怎么可能与敌言和？

即使到厦门沦陷之后，有人再向他提起这事时，陈嘉庚仍然予以反驳。就在这次南侨代表大会闭幕后五天，广州突然被日寇攻占，外电又盛传汪精卫跟日本商议和谈，蒋介石将辞职；路透社用头条新闻发出“汪精卫发表和平谈话”的消息。至此，陈嘉庚才觉得有必要查个清楚。

陈嘉庚立即给老朋友汪精卫拍去一封电报：

精卫先生勋鉴：敌暂时得意，终必失败，路透社电传先生谈和平条件，侨众难免误会，谓无抗战到底决心。实则和平绝不可能，何若严加拒绝，较为振人心也。

南侨总会主席陈嘉庚叩。养（十月二十二日）

翌日，陈嘉庚收到汪精卫的回电，他打开电报一看，通篇电文充斥“抵抗侵略与不拒绝和平，并非矛盾”、“和平条件如无害于中国，何必拒绝”等话语。而“七七事变”爆发时，汪氏“抗战到底，争取最后胜利”、“中途妥协，只有灭亡！”等慷慨激昂的演辞，在这封回电中连影子也见不到。

陈嘉庚读完汪精卫的回电，即刻警觉起来。这位“老朋友”显然已经背弃“抗战到底”的立场。为了阻遏妥协投降逆流，尽最后努力挽回汪精卫，他便再发去一电：

精卫先生勋鉴：有电计达。顷接国内可靠消息，先生主和甚力，事虽绝不能成，难免发生摩擦，淆乱视听。今日国难愈深，民气愈盛，宁为玉碎，不为瓦全，继续抗战，终必胜利，中途妥协，实等自杀，孰利孰害，彰彰明甚。若言和平，试问谁肯服从，势必各省分裂，无法统摄，不特和平莫得实现，而外侮内乱，将更不堪设想，坐享渔利，惟有敌人。呜呼，秦桧阴谋，张昭降计，岂不各有理由，其如事实何哉！先生长参政会，犹记通过拥护最高领袖抗战到底之议决案否，态度骤变，信用何在，二次之会，又何必开。海外全侨，除汉奸外，不但无人同意中途和平谈判，抑且闻讯痛极而怒，料国内群情，亦必如是。万乞俯顺众意，宣布继续抗战到底，拒绝中途妥协，以保令誉，而免后悔，不胜迫切待命之至。

南侨总会主席陈嘉庚叩。宥（十月二十六日）

这时，正好国民参政会第二次大会在重庆召开。虽然大会在汪精卫控制下“言和”的谬论相当嚣张，但参政会里也有不少坚持抗战的爱国人士。陈嘉庚于是以国民参政员的身份，给大会发去一条电报提案：

在敌寇未退出国土之以前，公务人员任何人谈和平条件者，当以汉奸国贼论。

陈嘉庚的这一提案，立即得到许多参政员的支持，被列入大会的讨论议题。讨论中，虽然有一些“汪记”人士起来反对陈嘉庚的提案，但遭到主战派的严辞批驳，最后以多数票通过陈嘉庚的提案，并将提案文字精简为“敌未出国土前，言和即汉奸”。

当主持大会的汪精卫议长不得不朗读“敌未出国土前，言和即汉奸”的决议案时，脸颜脱色，声容惨变。

事后，著名爱国人士邹韬奋在《抗战以来》一书中，评论陈嘉庚的电报提案说：

“敌未出国土前，言和即汉奸”，这寥寥十一个字，却是几万字的提案所不及其分毫，是古今中外最伟大的一个提案。

三、南侨机工赤子功勋

1938 年底，驻扎在昆明的国民党政府军事委员会西南进出口物资运输总经理处处长宋子良致电新加坡“南洋华侨筹赈祖国难民总会”主席陈嘉庚，请求他在南洋招募华侨汽车司机和汽车修理技工。接到电报后，以陈嘉庚先生为首的南侨总会立刻向拥有 800 多万华侨的东南亚各国发出通知。于是，历史记载下这感人的一幕……

1939 年 2 月 7 日，一则消息在人们的奔走相告中迅速传遍了整个东南亚地区，这是以陈嘉庚先生为首的南侨筹赈总会向全体南洋华侨发出的一份紧急通告：

南侨总会第六号通告

为通告事，本总会顷接祖国电，委征募汽车之机修人员及司机人员回国服务。凡吾侨具有此技能之一、志愿回国以尽其国民天职者，可向各处华侨筹赈总会或分支各会接洽，并注意下列条件方可：

一、熟悉驾驶技术、有当地政府批准、初识文字、体魄健全、无不良嗜好、年龄在 40 周岁以下 20 周岁以上者。

二、薪金每月国币 30 元，均由下船之日算起。如驾驶及修车兼长者，可以酌加。须在工作时，审其技术而定。

三、国内服务之地，均在云南昆明或广西龙州等处，概有安南入口，旅费均由各地筹赈会发给。

四、凡应征者，须有该地要人或商店介绍，知其确具有爱国志愿者方可。事关祖国复兴大业，迫切需要，望各地侨胞侨领深切注意办理事要。此布。

通告发出当天，南洋各国机工报名处便挤满了人，想归国的机工排起了长队，人们纷纷向应征报名的机工投去赞赏的目光。1939 年 2 月 18 日，陈嘉庚先生接见了第一批回国服务的 80 名机工，第二天，这批被称为“八十先锋”的机工队伍从新加坡踏上了回国的征程。到 1939 年 9 月，从众多的志愿报名者中选拔出来的 3200 名南侨机工分九批从安南（今越南）、仰光、香港三条线路回到了祖国。

1940 年初，关心南侨机工工作、生活情况的陈嘉庚先生在听到机工们关于工作和生活艰难的反映后，立即派南侨总会的刘牡丹先生专程前往滇缅公路进行实地调查。在经过了一个多月的调查后，刘牡丹先生回南洋向陈嘉庚先生做了详尽的汇报，在报告中说："所经各站设备极其简陋，所遇各华侨司机等多面无血色，带病多泪，目不忍睹。"陈嘉庚先生心急如焚。经过思考，他做出在滇缅公路上设立7个停车站、每站建几个停车场的决定。同时，南侨总会还给每位机工赠送蚊帐、毛毯、工作服、卫生衣、运动鞋、奎宁等日用品及药品，并两次致电西南运输处，建议在沿途设立机工宿舍、医疗站和停车场。

1940年3月下旬，陈嘉庚先生率领"南洋华侨回国慰问考察团"回国慰问抗日军民。在此期间，他访问了重庆、延安等地，并两次赴滇缅公路考察、慰问机工。"1940年11月，年过花甲的陈嘉庚先生再次回到国内，对滇缅公路整条路段进行了考察，并带钱到沿途医院看望了生病及受伤的机工。年底，陈嘉庚先生指示缅甸华侨筹赈会购买了100辆车、一些修车工具和大批柏油送交西南运输处，由畹町至惠通桥一段铺上了柏油路。

坐落于昆明西山的
"南洋华侨机工抗日纪念碑"

陈嘉庚和海外亲人对南侨机工的关心，除为机工提供源源不断的经济援助外，也给机工带来了极大的精神鼓励，南洋的华侨以家中有归国抗战的机工为荣。南侨机工为抗战胜利作出了巨大的贡献，根据报道，抗战期间，中国军队的物资和装备几乎有一半是通过滇缅公路运进来的，而运输着这些物资的汽车，正是由南侨机工们和其他司机一起驾驶的。他们中涌现出许许多多可歌可泣的故事，后人为纪念"南侨机工"的功勋，在我国云南和缅甸都修建了"南侨机工纪念碑"。

四、延水河畔察是非

延安位于陕西北部，延河中游，秦置高奴县，隋设肤施县，宋以后为延安府；府城濒临延河畔，周围有宝塔山、凤凰山、清凉山环峙，形势十分壮伟。

抵达延安的第二天，朝阳刚刚升起，陈嘉庚身陕北民服装，来到延水河畔，开始对延安进行"微服私访"，踏上公路，独自一人走呀走呀，走进了延安城。

举目四望，但见城内街店住宅多已倒坏，无人居住，陈嘉庚不禁皱眉摇头……好端端的一个府城，怎么弄得如此荒凉……

过了一会儿，城内行人逐渐多起来了。陈嘉庚停下脚步，注视着来往行人。只见男女百姓都穿着粗布汉装，另有一些男女青年则穿着统一的蓝灰色军装；所有服装均甚整洁，比兰州、西安等地的老百姓穿得较好而且干净；人人的举止则端庄坦然，未见有男女不伦，未听有秽言妄语，风气和秩序比新加坡都要好，更不用说重庆等地了。

陈嘉庚认真观察了好一会儿，甚感满意，就随着行人穿过延安城，从另一城门走出城外，来到一处街市。市街两边大小店屋百余间，有卖油盐酱醋的，有卖布匹百货的，有卖皮毛山货的，有卖陶瓷瓦罐的，也有的像是批发商行；每家店铺人进人出，生意十分兴隆。店屋门前，街头墙上，到处张贴着"团结一致，团结抗战！""声讨卖国贼汪精卫！""打倒日本帝国主义！""人不犯我，我不犯人"等标语。陈嘉庚仔细验看，标语纸色已变，显然不是刚贴上去的，不禁点了点头，便就近走入一家挂着"延庆行"招牌的百货店。

延庆行一位店员热情招呼道："老大爷，您买什么？"

陈嘉庚打量一下这店铺，铺面上只摆着两三匹洋布，四五匹土布，六七打毛巾，八九双胶鞋，十几双布鞋，还有少量的针线、肥皂等日用品，甚感不解，就问店员："你们店里就是这么一点货？"

"何止这么一点，比这多上百倍都有。"店员回答说。

"有货为什么不摆出来？这样做生意能赚钱？"陈嘉庚再问道。

店员笑了笑，说："老大爷，您恐怕是从外地来的吧。我们延安的店商，大宗货物全都存放在窑洞里，需要时候才去拿。"

"为什么？"

"日本鬼子的飞机经常来轰炸呀。"

"哦，原来是这样。"陈嘉庚恍然大悟，接着又问："城内的店屋住宅也是被敌机炸坏的？"

"是啊。前年日本鬼子轮番来轰炸，不知丢下多少炸弹，整座府城都被毁了。后来边区政府就在城外新辟了这条市街。"店员回答说。

陈嘉庚见这位店员谦恭和气，口齿伶俐，便提问道："哎，请问你们这延庆行是政府办的，还是商民办的？"

"当然是商人办哟。"

"共产党不是要剥夺有产者吗，怎么又允许商民自行经营？"

"咱边区抗战前就允许商贩，抗战以来更是鼓励商人业。"陈嘉庚听着，频频点头。

五、临危不惧　秉笔著书

这一天，黄丹季正好到外地去，陈嘉庚就把郭应麟请到寝室中，启口求道："应麟啊，往后我就安心住在玛琅，不要再搬来搬去了，好吗？"

郭应麟一听，知道老人家对常到外地避匿已经厌烦了，但他和黄丹季担负着护卫之责，搬迁也是出于不得已，于是便郑重地答道："这由不得我们啊，校主。"

"你和丹季想想办法吧！"陈嘉庚说，"我有一桩大事想在玛琅进行。"

"什么大事？"郭应麟感到有点奇怪。

"我要写一本书。"陈嘉庚答道。

"写书？"郭应麟知道陈嘉庚只读过几年私塾，不禁十分惊讶。

"对，写书。"陈嘉庚兴奋地说，"写一本非写不可的书。"说着，眼睛里闪射出异彩。

"非写不可的书？"郭应麟越发感到惊奇。

陈嘉庚看他那种神态，先亲热地唤了声："应麟！"然后问道，"我国这次国难，是有史以来最为严重的，你说是不是？"

"是的，校主。"郭应麟应道。

"在这次国难当中，南洋千万华侨，对祖国做出了巨大的贡献，你说是不是？"陈嘉庚又问。

"是这样，校主。"郭应麟再答。

"但是，"陈嘉庚接着说，"现在国内外人士大都不知其中详细情形。抗战胜利后，史书上即使有记载，最多不过是提一提海外华侨曾经捐助赈款救济难民伤兵而已。至于我南侨如何万众一心，同仇敌忾，不怕牺牲，辛苦募捐，抵制敌货，严惩奸商，以及祖国战时所需资财与华侨有何密切关系等，更是无由得知了……"

郭应麟听到这里，不禁问道："校主，你是想把这些情形全写下来，对吗？"

"对。"陈嘉庚兴奋地说，"我亲自参加过南侨所有抗敌活动，又添任南侨总会主席，与南洋各属侨胞筹赈会常有往来；前年，我回国慰劳视察，对国内政府及战区长官，多有接触；因此，想把自己的亲身经历和所见所闻录写成书，留给南洋侨胞及国内同胞，以免后人对今日侨胞产生不必要的误解。"

"真好，真好！"郭应麟高兴地叫了起来，"这本书写成了，一定可以流传万世。"

"我一定要写成，应麟。"陈嘉庚郑重地说，"从今天起，你们最好不要打扰我，让我安下心来写书。"

"行。"郭应麟应道，"我们一定好好安排，保证校主能够安心写作，完成巨著。"

得到郭应麟的保证，陈嘉庚开怀笑说："那我今天就要开始写了。"

为纪念华侨参加抗敌而作，个人经历却与之紧紧相连；为使写下来的都是历史事实，更应该依据自己的亲闻亲见……

乘上那回忆的飞船，追寻那逝去的时光，刹那间倒回半个世纪，当时头上还梳着一条长辫……

虽然身处贪欲充斥的社会，虽然还是个初出茅庐的青年，对社会公益却已颇具热心，而且出乎生性之自然……

办惕斋学塾，向祠堂捐款，为乡亲解扰，帮朋友排难……

青年时代是做过一些事，但与抗敌并无直接相关……

从哪里写起呢？对了，就从这里开笔吧："一、印赠验方编……"

力求准确，力求简练。

验方新编一事，只用短短四节一千二百字，就把事情始末讲完。

接着，两节写辛亥革命前后，十节写创办集美各校，四节写办厦门大学，四节写为厦门大学无效的募捐。

从 1915 年筹赈天津水灾，至 1936 年购飞机寿蒋，二十年间活动只花了四十四节，连同前面各节共三万字，算是第一部分。这部分为华侨参加抗敌的主文做了必不可少的铺垫。

时间紧紧抓住，主文开始动笔。

一件件，一桩桩……

一节节，一章章……

磨尽了几块京墨？写秃了几支狼毫？砚台凹成砚池，稿笺化成至宝！

1944 年 4 月 14 日深夜，最后的一节——第五百一十八节终于写完了。陈嘉庚重翻一遍之后，感到意犹未尽，于是握管沾墨，挥毫续书：

胜利未达，敌寇未败，潜踪匿迹，安危未卜，余惟置死生于度外，作俚诗一首以见志。

领导南侨捐抗敌，会场鼓励必骂贼。
报章频传海内外，敌人恨我最努力。
和平傀儡甫萌芽，首予劝诫勿昧惑。
卖国求荣甘遗臭，电提参政攻叛逆。
强敌南侵星岛陷，一家四散畏虏逼。
爪哇避匿已两年，潜迹难保长秘密。
何时不幸被俘虏，抵死无颜谄事敌。
回检平生公与私，尚无罪迹污清白。
冥冥吉凶如有定，付之天命惧奚益。

中华民国卅三年四月十四日
于爪哇晦时园

写完搁笔，村中鸡啼。三十万言的《南侨回忆录》，至此全功告成。陈嘉庚舒舒筋骨，步出书房，走到园中，遥望东方，只见一道犀利的曙光，刺破昏暗的夜幕，正射向茫茫大地……

探索与思考

抗日战争时期陈嘉庚先生的爱国情怀对我们有什么教育意义？

第四节 情系故乡 趣事连连

一、上书毛主席 修建鹰厦铁路

在家乡兴建铁路，既是福建全省人民多年来的梦想，也是福建华侨数十年来的愿望。清朝末年，清政府曾派闽人阁学陈宝琛到新加坡征集修筑铁路资金，南洋闽侨纷纷投资，很快就集资二百万元，这在当年是一笔相当可观的巨款。华侨们投资之后，本寄予极大的希望。岂料这笔巨款一投下去，只修了一段从漳州到厦门岛对岸嵩屿的铁路，称漳厦铁路，长仅五十公里；而且火车开起来跟牛车的速度差不多，乘客的斗笠掉出车窗外，可以跳下车去捡，捡到之后再追上来还可以爬上车。可是，即使是这样的火车，在当时也成了你争我夺的“大肥肉”。结果，营私舞弊，盗窃器材，什么名堂都有。两三年后，二百万大洋全部花光时，车头、车厢、器材也被盗卖一光。最后连路轨都被拆毁。自此，南洋华侨对投资修铁路便视如畏途，而历届政府也都无力再修筑，所以直到解放前夕，福建仍然没有一寸铁路。

如今新中国成立了，堂堂的侨乡福建怎能没有铁路呢？作为华侨首席代表的陈嘉庚，首先站出来为福建争铁路了。

怎么争法呢？

先是在1950年6月，陈嘉庚在参加全国政协首届二次会议期间，特地拜访了铁道部长滕代远，提出修筑福建铁路的建议，得到滕代远的支持。于是，他便将此事作为正式提案，提交大会审议，经多方努力，最后获得通过。

1951年，中央铁道部派员到福建进行勘察，提出三条选线方案。福建省委即派副省长梁灵光和统战部部长张兆汉带着方案到集美，由梁灵光将西线、中线和东线的地形、地质、矿产、气候、水文、植被、人口、政区、经济等概况，及三个方案的优缺点，向陈嘉庚做了介绍。陈嘉庚听取后审阅了草图，指出三条线路以中线为最佳。这意见汇报到中央，得到采纳。

方案虽然有了，但要动工兴建，还需解决很多问题，首先是筑路资金。陈嘉庚于是紧紧盯住，时常和铁道部联系，一年转眼过去了，却一直未见动静。

看来单找铁道部还不能解决问题。

陈嘉庚经再三考虑，便于1952年5月专为此事给毛主席写了一封信，请求道：

福建无铁路交通，如人身血脉麻痹，关系民生至为重大，困苦难以言喻，尤以闽西为甚。五反后国基更巩固，万祈主席迅令开办，不但造福闽民，亦适应海外数百万闽侨之企盼。

毛主席接到这封信，立即批道：

陈嘉庚来信，要修铁路。

刘、周、朱、陈云同志阅，退，毛。

刘少奇、周恩来、朱德和主管财政经济的陈云副总理阅毕陈嘉庚的信后，结合制订国家第一个五年计划进行了研究，感到有些困难。毛主席听取他们汇报后，提出拟议中的株洲到他家乡韶山的铁路暂缓修建，以保证福建铁路"上马"。

这是中央领导对福建的莫大照顾。

虽则如此，但因建国伊始，财力有限，中央计划先从浙赣线通过的、靠近福建西北部的江西鹰潭为起点，把铁路修进闽北，以后再逐步延伸到厦门。

陈嘉庚获悉这情况，十分焦急，担心闽西、闽南通火车遥遥无期。他赶紧再找滕代远部长和主持华东六省工作的陈毅元帅，征得他们的支持；然后于 1952 年 12 月 5 日再给毛主席呈上一函，再次恳求道：

闽西南铁路，前年滕代远部长曾告庚，政府已有计划开办。兹闻五年内大建设，仅有筹及闽北，而闽北地广人稀，与台湾、南洋侨民亦乏关系。现人民生活最惨苦者，即为闽南。庚非无病呻吟，实出于万不得已。敬为闽西南人民请命，如何乞示。

日理万机的毛主席收到这封信，又立即批道：

陈嘉庚来信。

周、陈、薄、李维汉同志阅，退，毛。

滕代远答应修闽南路，此路何时可修？请薄查明告我。

毛泽东十二月十八日

这回问题解决了。

在陈毅、滕代远的极力支持下，周恩来、陈云和主管基本建设的薄一波副总理、中央统战部李维汉部长认真研究了陈嘉庚的来信，从侨乡建设和保卫海防出发，决定在第一个五年计划期间，把原拟议中的鹰潭至闽北的铁路往南延伸，从闽北穿过闽中、闽西和闽南，直修到祖国东南重镇厦门。

经过陈嘉庚如此不懈地奔走呼号和积极争取，这条从福建通往祖国各地的鹰厦铁路，终于在 1955 年初开工修建，并在 1957 年如期通车到厦门，结束了福建没有铁路的历史。

二、移山填海　修造海堤

厦门原是个四周皆海的岛屿。1950 年初，陈嘉庚参加开国大典后南游来到厦门，郑重地向厦门市委书记林一心、市长梁灵光建议修筑一条海堤，把厦门同福建大陆连接起来，并提出筑堤的总体方案：

地点：厦门岛北端的高集到对岸的集美；

材料：就地开山取石，移山填海；

筑法：先抛毛石奠基，然后以条石砌堤。

“移山填海”，多大气魄！“移山填海”，多么豪迈！

“移山填海”，并非空想；就地取材，实实在在。

那是五十多年前的事啊！厦门还处于战争状态中。当年惟有陈嘉庚才提得出这样宏伟而又可行的方案。别小看地点的选择、材料的来源和堤身的筑法这三条，如果不是对当地的地理环境、海底深浅、潮汐水流和建材资源具有深切的了解，而且掌握筑建海堤的基本知识，那是绝对提不出来的。

陈嘉庚在提出方案时还指出，筑建海堤的工程一上马，可以吸纳大批工人，解决因国民党封锁而造成的严重失业问题；海堤建成后，对保卫海防也具有重大意义。

这是一项宏大的工程。为慎重起见，当时常驻厦门的十兵团司令兼福建省副省长叶飞，组织了一批学者和技术专家对陈嘉庚提出的方案进行了讨论。大家一致认为高集海峡是分别从金门、鼓浪屿涌来的两股海潮的接合线，涨潮时两股来自不同方向的大潮在这里缓缓地接合；退潮时则往原方向同时退去。这条接合线是厦门岛与周近陆地所有海峡中受潮水冲击影响最小的地方，距离又最短，是最理想的筑堤地点。而就地取材，移山填海；先抛毛石，后砌条石等，又都是最节省，最切实可行的做法。

你看，陈嘉庚这一总体设计是多么科学啊！这样一个设计方案，不但叶飞、梁灵光很赞赏，就是陈毅来到厦门视察时也表示完全采纳，他还就此事三次上书毛主席，得到毛主席的赞同。

可惜的是，厦门海堤在具体设计和施工时，省委领导担心经费不够，未能完全接受陈嘉庚的具体建议，从原来陈嘉庚提议的堤宽二十五米改为堤宽仅十九米，直到海堤筑成，陈嘉庚才知道，他极为生气，一再批评省、市领导没有远见。

改革开放以来，形势日益发展，厦门海堤越来越拥挤，但生米已成熟饭，再也无法挽回。当时主持厦门市工作的老领导张维兹特地为此在报纸上发表文章，痛悔当年没有接受陈嘉庚的建议。

三、身体力行　不坐轿子

1950年八九月间，正当处暑季节，闽南一带，万里无云，烈日当空。

这一天，泉安汽车公司的一辆客车，载着三位身穿衬衫的乘客和二十来名解放军，从泉州开往南安。那三位乘客一位年近八旬，精神矍铄；一位年近半百，温文优雅；一位二十来岁，英气勃勃。

一路上，那位老人家沉默不语，他注视着车窗外，观赏着沿途景色。那位中年人和青年人则时而相视而笑，时而窃窃私语。而二十来位解放军则紧握枪杆，严肃认真。

路途平安无事，近午便到达南安洪濑。

洪濑汽车站早就挤满了人。李光前创办的南安芙蓉国光中学校长伍远资正在那里张罗，客车一停稳，他立即上前，拉开车门。车上那位老乘客拄着手杖，首先跨下车来。

伍远资连忙鞠了个躬："嘉庚先生，一路辛苦了！"

原来那老年乘客就是刚参加过全国政协首届二次会议、从北京回乡的陈嘉庚。

"不辛苦，不辛苦。"陈嘉庚应道。

接着，中年乘客、青年乘客和解放军同志也下车了。伍远资称那位中年乘客"陈村牧先生"，称那位青年乘客："陈永定先生"，并一一和他们握手，然后招呼道："请喝茶，请喝茶。"

"时间不早喽，快走吧！"陈嘉庚对忙于张罗的伍远资说。

"好，好！"伍远资边应着，边朝路旁树阴下一招手，喊道，"过来。"

话音刚落，二十几个轿夫抬着十几顶轿子快步来到客人们跟前。

"请上轿吧，嘉庚先生！"伍远资躬身说道。

陈嘉庚脸色顿时沉下来："都解放了，还要人抬？"

"哎……哎……"伍远资忙解释说，"从这里到芙蓉乡还有十几里路，天气这么热，路又不好走，不坐轿子怎么行？"

"你不行，我行。"陈嘉庚说着，挥起手杖，便朝前走去。

伍远资急得满头大汗。他想拦，又不敢拦；想劝，知道无用，只好抢上一步，在前头带路。陈村牧、陈永定和解放军同志，随着紧紧跟上。

近午时分，天气燥热，走着走着，陈嘉庚的绸布衬衫已被汗水浸湿了，但他依然挥着手杖，健步向前。

走了一个多小时，芙蓉乡终于到了。陈嘉庚洗过脸，吃过饭，午觉也不睡，便到乡间巡视，并按大女婿李光前付托的六百万元港币额度，划定了扩建国光中学的范围，交代好各幢新楼的样式和大小，直忙到太阳下山，才回来就餐。

晚饭后，担负警卫的解放军同志洗过澡，来到国光中学宿舍休息，不禁闲聊起来。有的说："陈老先生这劲头，上前线打仗都行。"有的说："陈老先生这劲头，土匪见了，恐怕吓得都跑光了，还用得着我们来警卫？"

四、“洞葛”有神

这是真实的传说。“洞葛”乃闽南方言，指的就是“手杖”；“有神”也是闽南土话，意思是“附有神灵，十分灵验”。

陈嘉庚自1913年创办集美学校开始，一根手杖便从不离身，他走到哪里，手杖就点到哪里；手杖点到哪里，哪里就事无不成。于是，陈嘉庚的“洞葛”渐渐地变成“有神”了。

关于陈嘉庚“洞葛”有神的故事，先是从南洋传过来的。

据说有一回，陈嘉庚到新加坡码头办完事，拄着手杖沿海边走了过来，正要拐进大街，忽然见到一个衣衫褴褛的华人跪在街旁讨乞。陈嘉庚走近一看，原来是福建同乡谢荣寿，在他身边的破草席里还裹着一具尸体。

陈嘉庚看到这情况，心中悲戚，连声叹气。那谢荣寿一见来了财神爷，立即哀声求道：“嘉庚先生啊……可怜可怜我们兄弟吧！……昨晚荣金仔吃了坏物，吐泻不止，今日一早就死去了……现在无钱埋葬呀……嘉庚先生你好心好量，施舍施舍吧……免得荣金仔身尸给狗拖去吃呀……”

荣寿声悲情切，泪水滚滚，陈嘉庚听后眼眶不禁也有点湿了，另一只手慢慢地伸往口袋……

正当谢荣寿准备接钱的时候，陈嘉庚忽然用手杖末端钩着破草席，往上一掀。直挺挺躺在草席上的那具尸体似乎动了一动。

谢荣寿见了又赶紧继续哭诉道：“嘉庚先生你看，荣金仔死得多惨呀……你就施舍施舍吧……”

陈嘉庚听着谢荣寿的哭诉，瞪起眼睛，注视着那具尸体。忽然，他提起手杖，在尸体头上一点，大声喝道：“起来！”

哎呀呀！这下可真神了。

那具“尸体”突然跳将起来，伏在地上连连磕头：“嘉庚先生，下回我不敢了，下回我不敢了！”

那个谢荣寿也连忙跪在一旁请罪。

陈嘉庚并不就此了结。

他把谢荣寿、谢荣金兄弟训一顿之后，亲自带他们到自己开设的胶厂里，边安排他们做工边教育他们，几年后两兄弟都成了家，后来据说还发了点财。

陈嘉庚的“洞葛”把死人点活的故事，就这样传开了。

到了陈嘉庚回国创办厦门大学、扩展集美学校时，又发生了两件和“洞葛”直接相关的事。

那时，集美二房角的乡亲为灌溉农田，须在村社北面挖一口大井，可是挖来挖去，总是塌方，拖延了半个月尚未开成。大家无计可施，只好去请教刚从南洋回来的陈嘉庚。

陈嘉庚听乡亲报告后，就拄着手杖，来到开井的现场，他走过来，用手杖点几点；走过去，又用手杖点几点；最后走到一个土丘旁，认认真真地提起手杖环点一圈之后，说道："就在这里破土。"说罢，又忙他的事情去了。

二房角的乡亲照陈嘉庚手杖环点过的地方挖下去，一口大井果然很快就挖成了。

你看，陈嘉庚"洞葛"一点，大井便开成了，这分明是那根"洞葛"有神。

还有呢，说起来你不信也得信。

事情的经过是这样：

集美小学原来的校舍，已容纳不下日益增多的学生，陈嘉庚便决定在当午郑成功屯兵的山坡上，兴建一座延平楼作为小学的新校舍。可是，那片山坡尽是坟地，要盖新楼就得迁走上百座的坟墓。工人们接到迁坟任务时，虽然有点不自在，但因是陈嘉庚交代的，也就也就勉强去干。

五天过去了，当陈嘉庚从厦大工地返回集美时，发现坟墓只迁了十来个，而且工人们都没在场。他十分恼火，但即把工人一个个找来，责问为何停工。工人们支支吾吾不愿讲，经他动员后，领班的才嗫嗫嚅嚅地说：动工迁坟之后，不少人夜里见到鬼魂，有的甚至被鬼魂追赶。陈嘉庚一听，把他们数落了一顿，接着，便提起手杖，带着他们到坟地上走了一圈，边走边用手杖指指点点，剖明鬼魂之说，纯属迷信；同时交代迁坟时对骨骸要小心安放。

哎，怪了。自从陈嘉庚在坟地上用"洞葛"点过一圈，再没听说工人夜里见到鬼魂了。迁坟任务很快就完成，延平楼盖成之后也很好住。

你看，陈嘉庚那根"洞葛"是多么有神！

五、修建游泳池的趣事

南薰楼动工之后，陈嘉庚又想出一个新主意，决定在南薰楼前滨海处建一个全省最大的海水游泳池，长一百米。

某同志听到这消息，忙劝他说："嘉庚先生，标准游泳池是五十米，要建还是建五十米池为好。"

"什么标准游泳池只能五十米？笑话！一百米就不行？"他反问道。

"游泳与田径不一样，有些比赛项目是以五十米计算的，而且水球比赛也要在五十米池里合适。"某同志答说。

"那我就建一个一百米长，五十米宽的游泳池，一百米以上的比赛项目直着游，五十米的比赛项目就横着游，这不就行了。"陈嘉庚说道。

“打水球呢？”某同志问。

“就在深水区那一边横着打。”陈嘉庚答说，“我还要按水球场的标准，在深水区竖它一套水球门的柱子。”

某同志没话说了。

过几天，陈嘉庚亲自带了几个工人，前来南薰楼前面的海滩上。他穿着雨靴，拄着手杖，对准方位后，使把手杖往滩涂上一插，从手杖位迈起脚步，顺着岸边，一步步走到延平楼西侧下端，叫个工人在他最后一步的脚印上钉下一根木桩，说：“一百米。”

“一百米。”那工人一边应着，一边把木桩钉下去。

接着，陈嘉庚从木桩位起步，朝向海面一步步走下去，当他停住脚步时，又叫工人在他最后一步的脚印上钉下一根木桩，说：“五十米。”

“五十米。”那工人边应边把木桩钉下去。

这根木桩钉牢后，陈嘉庚又用脚步量好另一边的一百米，叫工人钉下第三个木桩；然后从第三个木桩位用脚步量到手杖位，正好又是五十米，一点不差。

陈嘉庚舒了一口大气，他拔起手杖，叫工人在手杖位钉下最后一根木桩，随即下令道：“就照这样给我砌个全省最大的标准游泳池。”

“是。”工人们齐声应道。

全省最大标准的游泳池砌成并注入海水之后，正遇集美学村要举行游泳比赛。各校体育教师兴高采烈地来到新落成的标准游泳池，安排比赛项目。他们打着皮尺一量，糟了，游泳池长一百零六米，宽五十四米，这怎么能作比赛场地呢？他们把修建工人找来质问，工人们感到很诧异，因为陈嘉庚脚步量的尺寸，一向十分准确，怎么这回一头多了六米，一头多了四米呢？

大家正百思不解，领班组长忽然想起，“哎，那天嘉庚先生用脚步量长度时，手里好像没拿‘洞葛’……”

“是啊，他把‘洞葛’插在滩涂上当第一根木桩。”大家都想起来了。

“这就对啰！”领班组长说，“嘉庚先生自量长度之所以准确，是脚步配‘洞葛’。这游泳池单用脚步，没配‘洞葛’，所以不准呀。”

“哦，原来如此！”大家恍然大悟。

探索与思考

陈嘉庚先生为家乡建设做了哪些好事？

第 4 章

弘扬嘉庚精神

第一节　嘉庚精神的内涵探究

陈嘉庚先生是中国近现代史上跨时代的伟人。他在特定的社会环境下，经历了长期复杂的历史阶段，集政治、思想、社会、经济、文教诸项成就之大成，形成了一系列崇高精神和高贵品质，这些被江泽民同志誉为"国粹"的伟大精神和高贵品质，统称为"嘉庚精神"。

嘉庚精神的内涵是多方面的。它集中体现在陈嘉庚所倡导和身体力行的忠、公、诚信，加上他亲之信之的"道德毅力"和创业改革意识。其中，爱国主义为之"忠"，是嘉庚精神的本质特征；倾资办学为之"公"，是嘉庚精神的重要体现；实事求是、言信行果为之"诚"，百折不挠、持之以恒为之"毅"，这二者是嘉庚精神的精髓和保障体系，是陈嘉庚造就辉煌业绩的驱动力；艰苦创业、开拓进取为之"闯"，它贯穿于陈嘉庚一生的主要思想和活动，渗透到上述诸项内容之中，使嘉庚精神这座丰碑更加绚丽多彩。

一、忠——嘉庚精神的本质特征

陈嘉庚是中国近现代史上一位杰出的爱国主义者。爱国主义是嘉庚精神的本质特征。他的爱国主义思想和活动是随着时代巨轮的前进而发展的，在近、现代中国和东南亚华侨史上有着典型的意义，因而成为一面"华侨旗帜"。

陈嘉庚出生时值清朝末年，外国列强纷纷入侵，中国处于水深火热，国破家亡之际。嘉庚先生九岁入私塾就学，在私塾学习了八年后，17 岁时远赴南洋学商。在私塾学习的八年之中，他很好地接受了中国的民族文化和传统道德教育，中国数千年来历史上的优秀人物事迹对陈嘉庚先生产生了巨大的影响。如汉代名将卫青、霍去病驱逐匈奴入侵的光辉事迹，宋代民族英雄岳飞、辛弃疾、文天祥抗击金人可歌可泣的伟大壮举，还有在福建八闽大地上层出不穷的民族英雄，如俞大猷、陈化成、郑成功等，陈嘉庚从小耳濡目染他们的英雄事迹，逐渐形成了自己的人生观、价值观，正是这样的时代和环境孕育了他的爱国主义精神，形成了日后嘉庚精神的本质特征。

在抗日战争以前，具有"正统"观念的陈嘉庚把爱国和反清、拥护孙中山革命情结结合起来，恪守"天下兴亡、匹夫有责"的古训，以拯救国家危难为己任，认为"教育不振则实业不兴，国民之生计日细"，把兴办教育和实业，发扬民族文化同振兴中华联系起来，希冀实现他报效祖国的抱负。

1945 年蒋介石政府与苏联签订《中苏友好同盟条约》承认外蒙脱离中国而独立，陈嘉庚对此非常愤怒，认为这严重丧权辱国。新中国成立后，在设计建造集美解放纪念碑时，他要求用青石雕刻一幅中国地图，不承认蒙古人民共和国，直到周恩来总理对之做了细致分析与解释后才作罢。

1910 年春，陈嘉庚在新加坡晚晴园"剪去发辫与满清脱离关系"，加入孙中山创立的同盟会；次年武昌起义成功后，福建光复，陈嘉庚任新加坡"福建保安会"会长，"月余之间，计汇去二十余万元"，同年孙中山从欧洲归国，途经新加坡，陈嘉庚与之晤面并赠一万元；后为南京临时政府成立所需，陈嘉庚又汇给五万元。

集美鳌园石雕

全国抗战开始后，陈嘉庚团结华侨奔走呼号，支援祖国抗战，拥护实行持久抗战和全面抗战。1938 年"南洋华侨筹赈祖国难民总会"成立，陈嘉庚任主席，确立其华侨领袖地位。南侨总会是南洋华侨抗日救国的统一组织，以财力、物力、人力支援祖国抗战。陈嘉庚个人带头认常月捐每月二千元，直到抗战胜利。

他反对修复被日军炸坏的私宅，认为"若先建私宅，难免违背先忧后乐之训耳"。大贤气质溢于言表。1940 年，他回祖国慰劳考察期间，多次声言要"凭良心与人格”说话，这种“良心”正是赤诚的爱国之心，这种“人格”就是坚持真理、刚正不阿的人格。

在抗日战争期间，陈嘉庚勇敢地同一切阻碍和破坏祖国团结抗战的顽固势力、反动势力作斗争。他针对汪精卫亲日派的叛国投敌罪行予以无情的痛斥。他曾向国民参政会提出“敌未出国土前，言和即汉奸”的提案，被邹韬奋称为“古今中外最伟大的一个提案”。这就是他忠奸分明、嫉恶如仇的鲜明立场。抗战当中，陈嘉庚还用是否“忠心抗日”作为试金石去衡量一切政党和个人，把个人生命财产置于度外来维护国家利益和民族的尊严，随身携带一包毒药随时准备在不幸被捕时候以身殉国，这正是他爱国主义思想最主要的体现。

勇于对外国反动势力作斗争，表现了陈嘉庚的强烈的爱国情怀与民族精神。不论是针对荷兰、英国殖民者，还是反对日本、美国侵略者，都捍卫了中华民族的尊严，体现出可贵的民族气节。

陈嘉庚公开提出，荷兰殖民统治者是印尼各民族和华人的共同敌人。1947 年 2 月，他在新加坡侨民大会上演讲，代表各属华侨抗议荷兰殖民者武装炮击杀害我印尼巨港侨民的暴行，号召印尼华侨和印尼人民一起驱逐荷兰殖民者，与荷兰当局的代表进行针锋相对的斗争，迫使荷兰殖民者道歉并赔偿损失。

1928 年 5 月，日军在山东枪杀中国军民，制造“济南惨案”，新加坡侨胞组织了以陈嘉庚为会长的“山东惨祸筹赈会”，揭露日军暴行，赈济灾民。这是南洋华侨在祖国全面抗战前夕的第一次有组织有领导的抗日活动。

抗战胜利后，蒋介石发动内战，陈嘉庚致电美国总统杜鲁门，抗议美国支持蒋介石集团发动内战，并公开声明不承认蒋伪总统和美蒋条约。

1949 年陈嘉庚应邀回祖国参加新政协筹备会，1950 年他回祖国定居后，他的爱国主义思想更得以充实、升华。他与中国共产党肝胆相照，积极地参政议政；他关注海峡两岸关系的发展，维护祖国统一，为家乡建设和祖国事业的兴旺献计献策，成为一名新中国的积极建设者；特别是他临终前仍强调“最要紧的是国家前途”，可见“忠”是陈嘉庚精神的核心和本质。

陈嘉庚的一生，始终维护祖国的主权独立和领土完整。他拒绝外蒙独立，反对“藏独”，拥护中国政府对中印边界问题的立场，多次发表关于台湾问题的谈话，强调“台湾必须归祖国”。

陈嘉庚光辉的一生贯穿着一条主线，这就是高度的爱国主义精神，爱国主义是他一生恪守的信念，是他一生行为的准则，也是嘉庚精神的核心和本质。

二、公——嘉庚精神的主要内容

陈嘉庚先生对教育极重视、对办学无比热心。他用毕生的精力财力进行办学，时间之长、规模之大、毅力之坚，为中国和世界所未见。倾资办学是嘉庚精神的重要体现，其业绩早已闻名海内外。

陈嘉庚早年就有教育兴邦的抱负，“思欲尽国民一份子之大职。”他认为“民智不开，民心不齐，启迪民智，有助于革命，有助于救国，其理甚明。教育是千秋万代的事业，是提高国民文化水平的根本措施，不管什么时候都需要”。在 1919 年的一次演讲时说：“吾人欲竞存于世界而求免天演之淘汰，非兴教育与实业不为功”；还说“国家之富强，全在乎国民。国民之发展，全在乎教育。”把教育提高到救国图强的高度。可见，陈嘉庚正是沿着“爱国—救国—强国”的轨迹，逐步提高办学的思想境界。陈嘉庚重义轻利，认为：“金钱如肥料，散播才有用”，于是他“立志一生所获财利，概办教育，为社会服务”，几乎倾注了他的全部财产。例如，1926 年是他个人财产达到顶峰的时期，其财产不过 1200 多万元，但在 1904 年至 1931 年间支出的 1321 万元中，捐资办学的费用就占 92%，家用开支仅占 2.2%。尽管到了 1930 年其实业进入极低谷时，他对教育也“不忍放弃义务，毅力支持”，像他这种大公无私的义举，在中国教育史上是“千古一人”。

陈嘉庚从 1894 年始创惕斋学塾到 1956 年间，在福建集美陆续建有各级(类)学校和附属设施，形成、个校舍林立、设备齐全的教育体系，即集美学校。在 1921 年，他又创办了福建省第一所大学——厦门大学。据不完全统计，陈嘉庚在侨居海外近 60 年间，带头创办了五所华文中小学，两所中专学校，资助过其它一些华侨学校等。陈嘉庚倾资办学的理论和实践形成了自己的特色和体系，可概括为整体规划、全面发展、广育人才、严格管理、慎择师长、重视师资、讲究质量、改革充实。

陈嘉庚办学的理想，是为社会培养更多的和更高层次的人才。除了已办成的厦门大学外，还想把集美学村扩建成集美大学。1923 年，他给集美学校校长叶渊写信提出“本校将来应改为大学”，“厦大办不到之科而由本校承办，并助吾闽各科学之完备也”。

1939 年，国民政府拟撤销厦门大学，合并到福州改为福建大学。陈嘉庚得知此事极为愤慨，他说：“我办厦门大学不是为了我个人，若为个人何不将学校命名为嘉庚大学？”“若要新办福建大学，为何要把厦门大学改掉呢？”终迫使教育部放弃改名打算。

陈嘉庚倾资办学 68 年的沧桑历程，集中地反映了他无私奉献、一生为社会服务的牺牲精神，堪称鞠躬尽瘁、死而后已。他临终前那“台湾必须归祖国”和“学校要继续办下去”的两句话，最突出地说明了爱国主义和倾资办学是嘉庚精神两块不朽基石。

厦门大学一角

三、诚——嘉庚精神的精髓

陈嘉庚说:“余以为历史上凡能成伟大领袖者,总不能离去‘诚’、‘信’二字。就普通平民而言,若无诚信,已失其做人之资格。我国古云,‘不诚不物’,又云人无信不立。自数千年前创造中国文字即有此意,如诚拆开则为言与成,意谓所言成行方谓之诚。又信字拆开,即人与言,谓人言必信是也。”

陈嘉庚对“诚”的解释是“六提倡”、“六反对”。“六提倡”为:提倡忠于视事、提倡实践信用与义务、提倡不作浮夸虚伪之言,伸伸戒绝武断、提倡作正当之游戏、提倡待人诚恳不欺。“六反对”为:反对贪冒人功、反对不顾信用与义务、反对偏于武断、反对好作轻薄浮夸之言,反对作不正当之游戏、反对待人诈伪。这些可概括为实事求是、言信行果的为人之道。

集美轻校内诚毅校训

陈嘉庚与胞弟陈敬贤于1918

年制定“诚毅”作为集美学校的校训，要求学生遵循。在“诚”的方面：提倡忠于实事、实践信用与义务、待人诚恳不欺、不作浮夸虚伪之言、反对武断和不正当的游戏等，其实这些可概括为实事求是、言信行果的为人之道。陈嘉庚以身作则，严于律己，不仅是这种美德的倡导者，而且是其实践的模范。他 30 岁时，家道中落，负债数目不小。对此，陈嘉庚并不气馁，决心把责任担当起来，开始对企业做一番清理和调整，并向债权人宣布：“立志不计久暂，力能作到者，决代还清，以免遗憾也”。表现了他自小就能讲义气、甘于吃苦、自强不息的志向，他的诚信也为他树立了极其好的声望，为日后承继父业、独立经营实业乃至发展成一位富商巨贾打下了坚实的基础。1929 年，陈嘉庚为公司分行重订章程，新章程许多页的眉头印有嘉庚精神的警语，诸如：“日日思无过，不如日日能改过”；“与同业竞争，要用优美之精神与诚恳之态度”；“招待乡人，妥诚实；招待妇女，要温和”……这既体现了嘉庚精神在诚实诚意方面的规定，也意味着这些美德将得到传播。1946 年，陈嘉庚在一次宣誓典礼上指出为人的起码要求是“凡人必须有诚信，不可视宣誓为具文。我国之不幸，亦因执政者言行相背”，他把“诚信”还看做是伟大领袖者所应具备的基本条件。1945 年 10 月，陈嘉庚在新加坡中华总商会联合社团欢迎大会上，重述了一段他在福建会馆欢送会中说过的话，最集中准确地反映了陈嘉庚实事求是、诚挚待人的高贵品质。他说：“世上有三种话，即漂亮话，敷衍话，老实话。漂亮话我未有学习，敷衍话难免使到会诸君失望，老实话恐有一部分人不喜听。我前年回国慰劳考察，与此次回国观光，无论在国内外讲话，均凭见闻事实与良心而言，前次南返报告延安政治良好，毛主席诚恳虚怀，终必胜利；蒋介石狡诈无信，政治腐化，终必失败，陈仪祸闽惨重，必须打倒”。”惟诸君诚意惠临，不能以漂亮敷衍之话报答，幸祈原谅”。陈嘉庚就是这样一位“言人之所不敢言，为人之所不敢为”的“诚实公正的人，能为老百姓多说几句诚实公正的话”，因而他在 1945 年 10 月从爪哇脱险返新加坡等地后，群侨欢庆。新加坡有五百个社团联合举行欢迎大会，11 月在重庆也有十个团体发起庆祝大会，赢得了毛泽东、周恩来、郭沫若、黄炎培、邵力子等众多著名人物的参加、祝辞和称颂，盛况空前，影响深远，奠定了他“华侨旗帜、民族光辉”的至尊荣耀。

“诚”在陈嘉庚身上还有着另外一层的升华，那就是实事求是，敢说真话。1954 年，中央根据陈嘉庚先生的建议决定修建鹰（潭）厦（门）铁路。当时在角尾—集美路线设计上陈嘉庚同负责相关设计的前苏联专家发生了分歧，陈嘉庚在前苏联专家面前并没有因为对方的专业理论而屈从，自己亲自到集美、杏林等地进行实地勘测。正如郭沫若先生称赞的一样：“陈嘉庚先生为什么这样伟大呢？因为他做的事情不是为他自己，是为老百姓。”这样的实事求是是基于爱国为民的“诚”，实在是难能可贵。敢说真话，不带政治色彩，也是陈嘉庚先生求“诚”的一个重大特点，1957

年 1 月，全国已经开始“反右”斗争，陈嘉庚先生却在全国人大首届四次全会上发言批判官僚主义。1958 年，大跃进运动开始，陈嘉庚先生对集美各校许多“大跃进”的做法，十分不满。他认为这是蛮干，缺乏实事求是的精神。于是，他便向各校指出：“本校不要发动员工学生捐献款项办工厂和其他事业等等，已进行者应即停止，款已收者切要退回”。他还针对以大搞群众运动进行“教育大革命”的做法，进行种种的抵制。他曾在《厦门日报》发表了《集美学校跃进措施的启事》，旨在反对蛮干，提倡科学，强调教学。陈嘉庚先生这种实事求是、是非分明的科学态度和敢说真话的大无畏精神，在当时可以说是一种“唱反调”的行为，在当时混乱的政治环境中，陈嘉庚敢冒着被打成“右派”的危险仗义执言，凭的就是心中的一个“诚”字。

集美大学新校区内“诚毅”校训

四、毅——嘉庚精神的保障体系

陈嘉庚不但对“诚”、而且对“毅”的真谛都有非凡的深悟。他对“毅”的解释是“六提倡”、“五反对”。“六提倡”为：提倡尝试不成仍继续前进、提倡做事不中缀、提倡当行即行、提倡肯负责任、提倡不肯私自放松一步、提倡对于负责操作之分量过于常人。“五反对”为：反对稍遇阻即为之气馁、反对事未竣即置弃之、反对遇事迟延、反对私自苟安偷懒、反对稍达其要求即生满足。这意即要有坚忍不拔、百折不挠的处事毅力。

陈嘉庚的毅力是非凡的，表现在持续办学、坚信胜利、著书演讲、经营实业等各方面，他毕生的艰辛历程正是这种毅力的真实写照。早在 1918 年，陈嘉庚就在新加坡讲过：“世界无难事，唯在毅力与责任耳。”在集美学校第二次运动会上提到，体育运动贵在坚持，竞赛的目的是使“优者益勉，负者振奋”，养成坚毅的精神和良好的德性。1937年，因经费困难日甚，陈嘉庚割爱把厦大改为国立，后来他追述其境时感慨道：“为善不终，贻累政府，抱歉无穷”。他还说：“宁可变卖大厦，也要支持厦大”，“敌人一边炸，我们一边建；今天被炸毁了，明天再建造起来！”这些，深刻地证明了他为了创办和维护厦大，已尽了最大的努力、做了最大的牺牲，十分令人敬佩。陈嘉庚在避居东爪哇期间，坚持每天必动笔写《南桥回忆录》，40万字之巨著仅花18个月就脱稿。在他作的一首见志诗中有曰：“领导南侨捐抗敌，会场鼓励必骂贼”，“电提参政攻叛逆”，“抵死无颜谄事敌”他那嫉恶好善、威武不屈、凛凛正气之气节跃然纸上。由于他决不附和潮流，讲究大是大非、勇于伸张正义，抗战胜利后，已经没有雄厚财力的他，由于人格魅力再次当选为南侨总会第二届主席，华侨们评价他“总会陈主席嘉庚，公忠谋国，一生如一日”。

五、闯——嘉庚精神的时代特点

勇于改革，闯出新路是嘉庚精神跨国界跨时代的显著特点，经营实业是陈嘉庚办学的经济基础。尽管父亲留给他的只是负债的米店，却换来了他重整旗鼓、改革创新的契机与作为，于是他“不赋闲度日”，“按从简起手”，新办起了“新利川”黄梨厂和“谦益”米店，这就是他艰辛曲折的创业道路的起点，由于他经营有方，使得他从1904年独立经营企业后就迅速崛起，不仅还清债款，而且有了积存，决计捐资办学，且矢志不渝。他认为教育和实业都是振兴祖国的关键，但是“必先兴教育，而后实业有可措手”，“而教育之命脉系于经济”，两者是相辅相成、相互促进的，所以他后来得以雄厚的经济力量推动学校教育的发展。他认为“公益事业非艰难辛苦不为功”。嘉庚精神的某些警语如：“无事要找事做，不要等事做”；“以术愚人，利在一时，及被揭破，害归自己”等等，也充分显示了陈嘉庚孜孜不倦的务实风格、敢想敢干的敢闯精神，他认为“正当之失败，并非耻辱，畏惧失败，才是可耻”，充分体现出闽南人“爱拼才会赢”的进取精神。

除了勇于改变企业经营方式，陈嘉庚还致力于改革婚丧仪礼、社团组织和革除社会颓风陋俗。1923年，他被推选为新加坡怡和轩俱乐部总理，上任伊始就大刀阔斧地实行改革，整顿会风、严明纪律、禁抽鸦片、禁止赌博及创设图书馆等等，把这个原来只是吃喝玩乐的场所改造成为领导南洋华侨开展政治和社会活动的重要阵地。1948年，他写了《民俗非论集》，全文约九千字，从社会教育的角度出发，认为改革落后的风俗习惯乃“事关祖国兴替”的大事，不可等闲视之。他对过去封建社会遗留下来的落后的风俗习惯如操办喜事、丧事中陋俗恶习等提出尖锐的批评，认为这些做法常常“未见其福，先见其祸”，号召全社会共同驱除愚妄，宣传科学，相信科学。陈嘉庚认为服饰体现社会教化与文明程度的高低，数次向国民政府提出废止长衫马褂，并主张妇女服装应以便于工作、节约相互为原则，质朴勤俭最为首要。他还主张学习西方国家的经验，建房屋要符合空气流通、日照充足、清洁卫生的条件，提出包括对楼房、街道、绿地等市政环境的整体规划设计，还提出农村厕所林立，应废私厕建公厕的主张。在厦门建筑校舍时，尝试西洋式、南洋式、中国式、闽南式多元建筑风格的相互融合，体现了他善于博采众长、敢于突破传统、勇于创新求变的发展观。1958 年，陈嘉庚在集美修建太古潮汐水电站，投资九十余万元，由于进水头小发不出额定功率及水轮机机型、机械性能等原因数年后被迫停用，陈嘉庚开创性实践未能成功，这主要是受制于当时的历史条件、对海洋的了解程度、潮电技术不过关等因素，但他那种生命不息、探索不止的创新精神，永远值得后人学习。

集美小学旧址

陈嘉庚锐意改革的范畴广，力度大，以其无与伦比的创业魄力与业绩、开拓创新的精神，闯出一片新天地，堪称一名改革家。

此外，嘉庚精神还应包括：维护民族文化不忘本源之："义"，不贪名、不贪功之"廉""无事要找事做，有事赶紧做之"勤""金玉非宝，节俭是宝"之"俭"等嘉德懿行，内涵之丰富、含义之深刻、影响之宏深、生命力之强大，都是我们在新的历史条件下必须认真学习、深入研究和发扬光大的。

探索与思考

1. 陈嘉庚精神实质内涵是什么？
2. 在日常学习生活中如何弘扬陈嘉庚精神？

第二节　嘉庚精神的时代价值

陈嘉庚精神是中华民族宝贵的精神财富，学习、研究和弘扬陈嘉庚精神对于实现完成祖国统一大业，全面建设小康社会，加快推进社会主义现代化建设等历史任务有着重要的现实意义。

一、促进祖国统一大业

陈嘉庚生前多次谈到台湾问题。1958年10月，国防部长彭德怀发表《告台湾同胞书》，陈嘉庚亦发表谈话说："台、澎是中国领土，金、马更是内海岛屿。""中国自己的事应该自己解决，毋须依靠外人，更不要依靠帝国主义来破坏自己祖国的领域和主权。"他临终还念念不忘国家前途，"台湾必须归中国"。他坚持正义，心系国家民族安危，反对霸权主义，捍卫民族尊严，维护世界和平，这些严正立场和民族气节仍然是当今时代所急需的。

早日实现祖国完全统一，实现中华民族的全面复兴，是海内外中华儿女的共同心愿，是中华民族的根本利益所在。中国共产党人始终把实现祖国的完全统一作为自己的历史使命，为此进行了长期不懈的奋斗。香港和澳门的顺利回归祖国，是祖国统一大业进程中的重要里程碑，使"一国两制"由科学构思变为生动现实。台湾前途系于祖国统一，对任何旨在制造"台湾独立"、"一中一台"等言行，两岸同胞都坚决反对；解决台湾问题完全是中国的内政，绝不容许外国势力插手台湾问题。

抗战时期，陈嘉庚访问延安，毛泽东与之会谈，总司令部内的人都参加，顷刻间席位告满。有一勤务兵迟到，望见长板凳上毛泽东身边略有空隙，便塞身进去。而毛泽东则很自然地把自己的身躯移开一点，以便让他坐得更舒服些。这一细节令陈嘉庚十分感慨，认定未来中国的希望必在共产党。

陈嘉庚与毛泽东于中南海合影

当前两岸关系形势严峻，摆在两岸同胞面前最紧迫的任务，是坚决制止"台独"的分裂活动，维护台海和平稳定。"台独"没有和平，分裂没有稳定。我们坚持一个中国原则的立场决不妥协，争取和平谈判的努力决不放弃，与台湾同胞共谋两岸和平发展的诚意决不改变，坚决捍卫国家主权和领土完整的意志决不动摇，对“台独”决不容忍。这充分反映了全国人民捍卫国家主权和领土完整的坚定立场，以及以最大的诚意、尽最大的努力实现和平统一，但决不承诺放弃使用武力解决台湾问题的政治原则。

在华侨史上，陈嘉庚是第一个把东南亚各地华侨联合起来，组织在一个统一的团体之内的人，使东南亚华侨对祖国、对华侨社会做出更大的贡献。联合诞生希望，团结就是力量。我们应当弘扬陈嘉庚精神，高举团结的旗帜，团结几千万侨胞和台湾同胞，反对台独，促进统一，为实现祖国的完全统一而奋斗。

二、促进社会主义物质文明建设

陈嘉庚认定“国家之富强全在乎国民”，“义务不能待富而后行”，他竭尽国民一份子之天职，为振兴祖国致力于经济，经营实业达 44 年，其无与伦比的创业魄力与业绩，艰苦创业、开拓创新的精神、不畏失败的勇气和胆识都是值得后人学习和借鉴的，他为东南亚经济发展和祖国的独立与富强都做出了独特的贡献。陈嘉庚经营实业取得巨大成功，使他堪称一位杰出的华侨实业家、企业家和改革家。

全面建设小康社会，最根本的是坚持以经济建设为中心，不断解放和发展社会生产力。弘扬陈嘉庚精神，不仅可以促进物质技术的发展，而且可以使一定的物质技术力量发挥更大的作用；还可以引导企业家阶层，不断追求卓越，开拓创新，使现有的物质技术力量发挥更大的作用，并大力发展先进技术，尽快建立起我国现代化的物质技术基础。我党领导人发进行现代化建设，建设社会主义物质文明，能不能解决好发展问题，直接关系到人心向背、事业兴衰。所以党必须始终紧紧抓住发展这个执政兴国的第一要务，要立足现实，集中全国人发的智慧和力量，全面落实科学发展观，聚精会神搞建设，一心一意谋发展，构建社会主义和谐社会。

三、促进社会主义精神文明建设

在当代中国发展先进文化，就是建设社会主义精神文明，这是我们进行改革开放和现代化建设的重要目标，也是搞好改革开放和现代化建设的重要保证。发展先进文化的中心环节是加强社会主义思想道德建设，要把依法治国与以德治国紧密结合起来；要弘扬爱国主义精神、以诚实守信为重点，倡导“爱国守法、明礼诚信、团结友善、勤俭自强、敬业奉献”的基本道德规范，做好思想政治工作。

陈嘉庚很重视德育建设，尤其是伦理道德修养。他认为德育在于“养成德性，裨益社会”，提出“为公众服务”，为国民尽义务。他一生重公义轻私利，坚持真理，明辨是非，讲究良心，注重人格，廉洁勤政的高尚品德为后人树立了典范，行高于世，有口皆碑。我们应以他为榜样努力塑造自己，践行“八荣八耻”的社会广义荣辱观，做一个文明守法的公民，为精神文明建设做出应有的奉献。

陈嘉庚长期生活在国外，不仅不受西方腐朽文化的影响，而且敏锐地觉察到侨胞受其文化影响有“外化”的危险，因而积极在侨居地兴办华文学校。他把弘扬和培育民族精神，看成是关系中华民族生死存亡的大问题，每一个有民族意识的中华儿女听了都不能不受到强烈的震撼。我们必须保持高度警惕，大力弘扬和培育民族精神，把它纳入国民教育和精神文明建设的全过程。陈嘉庚坚决反对封建陋习，倡导健康文明的生活方式，《民俗非论集》和《住屋与卫生》在这方面做了大量的论述。陈嘉庚精神是我们改造落后文化的锐利武器，既有海纳百川的博大胸襟，又有抵制敌对文化入侵的战斗力，弘扬陈嘉庚精神是建设社会主义和谐社会与精神文明的需要。

四、促进社会主义政治文明建设

陈嘉庚拥护中国共产党和领导又敢于直谏、不盲目附和；他不畏权势、不徇私情、不指鹿为马，有强烈的民主观，注重民主建设。他以其独特的参政议政方式，长期从事中国与新加坡两国的政治、社会、爱国运动，担任重要的职务主要有：1923年起任新加坡怡和轩俱乐部总理至 1947 年(有间断过)，1929 年起任新加坡福建会馆主席达 20 年之久，1928 年任山东惨祸筹赈会会长，1938 年起任南洋华侨筹赈祖国难民总会主席等；1949 年后当选为中央人民政府委员，华东军政委员会委员，第一届、第二届全国人大常委，第二届、第三届全国政协副主席，第一届全国侨联主席等，不愧为风格独特的政治家、社会活动家。陈嘉庚在侨居地按章经营、依法纳税、遵纪守法；他是华侨利益的捍卫者和代言人，做了大量的侨务工作，推动华侨爱国大团结等等，这些对于我们发扬人民民主、依法治国，实现国家长治久安、民主富强都是宝贵的财富。

新时期我国要建设社会主义政治文明涉及许多方面的内容，核心是人民民主。我们应团结一切可以团结的力量，结成最广泛的统一战线，这是党执政兴国的重要法宝；要把一切可以调动的积极因素都调动起来，努力形成全体人民各尽所能、各得其所的和谐局面；要贯彻好侨务政策，做好侨务工作，充分发挥三千多万海外华侨华人的积极作用和独特优势，鼓励他们为祖国全面建设小康社会、实现祖国完全统一做出贡献。

五、促进科教兴国和人才强国战略的实施

科教兴国就是全面落实科学技术是第一生产力的思想，坚持教育为本，增强国家的科技实力及向现实生产力转化的能力，提高全民族的科学文化素质，加速实现国家的繁荣昌盛，这是事关国家兴衰和民族发展的大事。陈嘉庚重视科学和技术，

尊重知识和人才。他当年强调教育实际上包括科学在内；他多次阐述科学兴国的思想："何谓根本，科学是也"；"科学建设为建国首要之图"；"而科学之发展，乃在专门大学"，"有专门大学之设立，则实业、教育政治三者人才，乃能辈出"。在他看来，一个国家只要拥有数量足够、质量优良的这三大基本类型的人才，就会繁荣富强起来。陈嘉庚在新加坡广泛地接触了西方先进科技文化，视野更开阔，深感福"惟科学不讲，百业落后"的现实，强烈感受到要振兴国家就要发展科学。科学进步靠人才，人才培养靠教育，"教育为立国之本"等等警世之语，对于我国制定和实施科教兴国和人才强国战略有积极的作用，学习和弘扬陈嘉庚精神，对于全社会都重视教育、重视科技、推动政府和社会力量加大教育投入，普及义务教育，发展职业教育，提高高等教育的质量，努力把人口压力变为人才资源优势等方面都具有重大的现实意义和深远的历史意义。

2011 年国务院批准的《海峡西岸经济区发展规划》，明确提出要以人才资源能力建设为核心，着力培养学科带头人、科技领军人才和一线创新人才，为海峡西岸经济区建设提供坚强的人才保证和智力支持。加强能力素质建设，大力发展职业教育，培养高素质的劳动者和技能型人才。完善引才机制，采取团队引进、核心人才带动引进、项目开发引进等方式，重点引进高层次人才和紧缺人才。健全人才政策体系，加强服务，优化环境，形成广纳群贤、充满活力的吸引人才和使用人才的良好风尚。加强人才市场建设，深化户籍、人事档案管理制度改革，消除人才流动限制，促进人才合理流动，努力使各类人才才尽其用、用当其时、各得其所。提出要深化教育体制改革，更加注重素质教育，进一步优化教育结构，促进教育公平。调整优化农村义务教育学校布局，促进义务教育均衡发展。加快中小学校舍安全工程建设，支持原中央苏区、革命老区以及新建城区、外来人口集中地区的中小学校基础设施建设。进一步完善政府主导、行业指导、企业参与的办学机制，积极发展民办职业教育。进一步整合高校教育资源，调整优化高校学科设置，优化人才培养结构，增强办学综合实力和竞争能力。加强厦门大学"211 工程"、"985 工程"和福州大学"211 工程"建设。加强华侨大学、汕头大学等重点高校新校区设施建设。鼓励、支持民办高等教育事业发展，规范办学行为。

探索与思考

陈嘉庚精神的时代价值是什么？

第三节　嘉庚精神与中华民族精神

民族精神，是指一个民族在共同长期生活和社会实践中形成的，为本民族大多数成员所认同的价值取向、思维方式、道德规范、精神气质和总和。它集中体现了一个民族在一定的自然环境和社会历史条件下生存和发展的独特方式，反映了一个民族的心理特征、文化传统、精神风貌，是一个民族赖以生存和发展的精神支柱。中华民族在历史长河中形成了一系列的优良传统和精神品质，主要有爱国主义、团结统一、独立自主、自强不息、诚实守信、勤劳俭朴、艰苦奋斗、追求崇高的人格等等，这些文化传统是根深蒂固的，“这么一个大载体是海内外华人团结奋斗的精神依托，而陈嘉庚正是我们中华民族的光辉代表”（钱伟长语）。这些传统随着时代变化和社会进步不断扬弃和发展，对陈嘉庚的价值观念、生活方式、成长过程都有深刻影响，换言之，他的思维意识、道德情操、品质意志、言行举止正是中华民族精神在他身上的体现，陈嘉庚精神正是继承和发扬中华民族优秀文化传统的结果。它的多元化内涵，不但能从中华民族精神中找到基本因子，而且蕴含有 20 世纪中国的时代特色。

一、爱国主义

在中华民族的悠久历史中，爱国主义始终发挥着民族精神的核心作用。爱国主义包含着情感、思想、行为三个基本方面。一个人只有做到爱国的情感、思想和行为三者的一致，尽己所能为国家和人民做了力所能及的贡献，才是真正的爱国者，而陈嘉庚正是这样的典范，他以倾资兴办教育的方式体现自己的爱国情感，而他的爱国主义思想与行为是随着 20 世纪时代巨轮的前进而变化发展的。

陈嘉庚一生公而忘私、忧国忧民、刚正不阿，把忠于祖国、拥护中国共产党、热爱社会主义统一起来，造就了他伟大的爱国主义精神，这也正是陈嘉庚精神的核心和灵魂。他公字当头，凡事以国家民族利益为先，把一切都献给国家，国而忘家、公而忘私。

正是陈嘉庚在发扬民族传统、维护民族利益、伸张民族正气、坚持民族气节诸方面有突出的，使他不愧为“民族光辉”。他晚年回国参政议政，爱国爱得异常真挚，爱乡爱得格外深沉，两者融为一体，使其爱国主义精神更充实升华。他临终前还念念不忘台湾必须回归祖国、集美学校继续办学、嘱咐遗产全部归公，充分显现了陈嘉庚爱国主义精神的至高境界。

二、团结统一

团结统一是中华民族的立身之本；民族团结国家统一始终是中华民族历史的主流，是中国发展进步的保障。中华民族是爱好和平的民族，中国坚持走和平发展的道路，永不称霸，永远不会侵略别国。中华民族爱好和平既表现在各兄弟民族之间以和为贵、携手共进等方面，也表现在与世界其他民族的友好交往、休戚与共上。

陈嘉庚作为华侨旗帜，包括着团结的旗帜、友好的旗帜。陈嘉庚还是海外华侨与侨居国人民友好相处的倡导者，他呼吁华侨应该团结，提倡华侨应与当地人民搞好团结，以和平手段审慎从事，当地政府的信任和支持。

1940 年陈嘉庚在重庆期间，多次设法劝说国共两党要团结抗战、不要分裂；他把国共两党看做是兄弟党、姐妹党，体现了陈嘉庚以民族利益为重和热衷和平与团结的精神。1946 年陈嘉庚创办了《南侨日报》，其宗旨便是“本爱国真诚、求和平建设”。他心系台湾，为了祖国的统一大业做出了不懈的努力。

三、自强不息

自强不息是中华民族生生不息的力量源泉，体现了中华民族勇于进取的精神世界。中华民族的先哲提出过“天行健，君子以自强不息”的思想激励着无数中国人艰苦奋斗，完全拼搏，它具体体现为“富贵不能淫、贫贱不能移、威武不能屈”的坚贞刚毅品质，体现为“夸父追日”“精卫填海”“大禹治水”“愚公移山”等不屈不挠的精神。中华民族之所以能在五千多前的历史进程中历经挫折而不屈，屡遭坎坷而不馁，靠得就是这种自强不息的精神。

陈嘉庚继承这种自强不息的民族精神并赋予新的内容。他在开拓实业和倾资兴学的长期过程中坚贞不渝，无可耻辱，置生死于度外，站在斗争前列，历尽风险艰辛。他平生最服膺“正当之失败，无可耻辱，畏惧失败，才是耻辱”，认为它“足资警惕”，于 1934 年以“畏惧失败才是可耻”为题写下来自传，对他坚信创业的历程做了总结。他确立的厦门大学校训“止于至善”和集美学校的校训“诚毅”，至今仍在激励着“两校”广大师生员工诚以待人，毅以处事，自立自强，追求完美。尤为可贵的是，他晚年在厦门为创办华侨博物院而“拼命三郎”式地苦干，那是一种全心全意为国为民服务的精神，这种自强不息，奋发图强的精神风貌，是留给后人的宝贵财富。

四、诚实守信

诚信是中华民族的传统道德中基本伦理规范，在中国先哲思想中占有重要地位。“诚”既是道德规范，也是道德修养的态度和方法，其本义是“勿自欺，勿欺人”，基本要求是真实。“信”是“五常”之一，是诚实不欺、遵守诺言的品德。诚与信内涵各有侧重又不可分割，常将诚与信合称。无诚则无信，诚广于信。这些处理人际关系的基本规范流传了数千年，仍将被传承和发扬下去。

陈嘉庚不但对诚信倡导践行，而且对“道德毅力”亲之信之。他说过“我自己所能者仅为诚、信、公、忠四个字……”“但知为人有道德毅力，便是世间上第一难得之奇才，亲之信之；反之，则离之绝之”。他引用古语曰“人无信不立”、“不诚无物”。他还对中国汉字“诚信”作独特的拆字解释：“诚自拆开为言与诚，意谓所谓言必成行方谓之诚”,“信字拆开,即人与言,谓人言必信是也。”所以陈嘉庚从小就学习讲老实话、干老实事、做老实人,一生诚实守信,说到做到,言必信,行必果,是诚信的榜样。

五、勤劳简朴

勤俭是中华民族的传统美德,先哲们将它看做是治国治家、兴国兴家的法宝。勤劳勇敢贯穿于中华民族社会生活的各个领域,体现了中华民族的民族性格和道德精神;勤劳是一切事业成功的保证,是兴家立国之本。“历览前贤国语家,诚由勤俭败由奢”;“业精于勤,荒于嬉”,“家勤则兴,懒则衰;国勤则治,怠则乱;军勤则胜,惰则败。”这些古训深深植根于人心。在学生修业方面,强调“凡欲成就功业,非勤不达;能敏则学业精进,而无凝滞之弊”。勤与俭是相辅相成,相互补充的。

陈嘉庚医生对勤俭极重视、实践最彻底。他少时就懂勤劳好学、勇于吃苦耐劳;他的一生凡“种种利国福民的事业,无不荜路蓝缕,惨淡经营”。他艰苦朴素,厉行节约,平生奉行“应该用的钱,千万百万也不要吝惜;不应该用的钱一分也不要浪费”的用钱原则。他这样表率,且推己及人,严格要求家人和公司员工、各级政府部门等,他把这种传统本色保持到晚年,连自己的丧葬也交代要简单办,这是何等崇高的品质。

此外,崇尚科学、开拓创新既是中华民族的传统美德,也是陈嘉庚精神的时代内涵。中国是世界四大文明古国之一,涌现了许多著名的科学家、文学家、思想家、史学家、教育家等,有着崇尚科学、追求知识、发展文教、勇于革新等优良传统并延续至今,对人类文明进步和中华民族振兴起了无可估量的作用。陈嘉庚熟知中国历史,善于以史为鉴;极其重视文化知识,一贯尊重科学技术和人才。

陈嘉庚能在逆境中努力拼搏,独立奋战;当他的企业被迫收盘时,摆脱了“成败判荣辱,是非论英雄”的世俗观念,明确了是非职责。他积极倡导改革,破旧立新,在开拓中求发展。他锐意革新的领域广、力度大,凸显了他改造社会的卓越才能。陈嘉庚认定民族精神维系于民族文化,总是强调要弘扬中华民族优秀传统文化;他对中国传统文化坚持古为今用,审慎扬弃、不断创新,展现了中华民族优秀文化的生命力。

总之,陈嘉庚精神与中华民族精神有着内在联系。中国共产党人在长期的革命和建设中,不断把中华民族精神提升到新的水平,陈嘉庚精神与众所周知的井冈山精神、长征精神、延安精神、西柏坡精神、雷锋精神、焦裕禄精神、抗洪精神、“两弹一星”精神等一样,都是伟大的中华民族精神的发扬光大,是中华民族精神在近现代史中的新表现,为中华民族精神增添了富于时代精神的新内涵,是中华民族宝贵的精神财富,值得中华儿女倍加珍视与大力弘扬。

六、改革创新

改革创新是时代精神的核心，是中华民族进步的灵魂，是我国兴旺发达的不竭动力。

嘉庚精神与中华民族的创新精神的完善融合，体现在创新内容、创新观念、创新思路、创新方法、创新机制等诸多方面。

陈嘉庚是教育家，他创办了许多学校，他创新精神的最佳体现是办集美学村以及厦门大学。集美学村更是中国乃至全世界的创举，规模之大是少有的，包括了从小学到水产学院、体育学院等等，这些学校的成立可以看到陈嘉庚创办教育的眼光和魄力。厦门大学是中国当时唯一独资兴办的大学，也是一个创举，因为当时还没有一所私人办的大学。另外，他还创办了新加坡第一所华文中学，即南洋华侨中学。这种大胆创新的精神在 21 世纪的教育中是一个很好的典范。

陈嘉庚先生对中华文化的丰富，发展与创新，有两个方面的突出表现。一是他弘扬中华传统文化，始终以主流文化的民族精神激励自己，将自己与祖国、民族的利益连在一起，同呼吸共命运，时刻激发民族的情感，他面对国家落后与民族危机，树立“国家兴亡、匹夫有责”的信念，身在海外却心系中华，既从商又追随与支持孙中山先生领导的民主革命，参加同盟会与支持活动经费等。当 1928 年发生日本兵惨杀我外交官与民众，即发起组织领导“山东惨祸筹赈会”声援。1931 年发生“九·一八”事变，他带头抵制日货，尽管工厂受纵火破坏，也毫无怨言。他还极力痛斥汪精卫叛国行为。当国内全面抗战爆发，他全力领导“南侨总会”动员侨胞声援祖国抗战，直至新加坡沦陷避居印尼爪哇还立明志。他极力反对内战，主张统一，乃至反对蒋介石，反动独裁统治，拥护支持共产党领导的人民民主政权。1950 年他落叶归根回国定居参政议政奉献一生，病重中还立遗嘱念念不忘祖国统一大业和文化教育事业。另一方面，他在发展实业中，就表示“我金钱取诸社会，亦当用诸社会”，同时提出“教育为立国之本，兴学乃国民天职”的人本观念，他知行合一，将营业所得奉献给国内外文化教育与公益事业。当实业失利将收盘之时，他不畏外力威胁，坚持对学校资助，宁可卖掉大厦，也决不出卖厦大。他在实业尚未完全获利之时就捐资办学，乃至最后全力无私奉献，被誉为“倾资办学”、“毁家兴学”。正如知名社会人士黄炎培先生说：“发了财的人，而肯全拿出来，只有陈先生。”他的高尚品性与伟大的民族精神，一直令人钦佩不已与赞颂。

中国的发展，离不开改革创新精神。中国的经济发展取得了举世瞩目的伟大成就，不仅仅是让全世界人口最多的国家和地区实现了人民的温饱，更重要的是中国通过 30 年的摸索、实践和总结，形成了一整套较为完善的适合中国国情的经济发展模式，对于发展中国家的经济发展总结出丰富的经验。这些模式和经验完全不同于欧美发达国家的区域性经济模式，也完全不同于20世纪欧美经济崛起时的第二次世界大战后经济发展模式。中国经济发展所坚持的改革创新对今天第三世界和发展中国家具有巨大的现实意义。

随着我国经济的快速稳健的发展，社会结构和问题也发生了显著的变化。广大的人民生活水平不断地改善和提升，越来越多的老百姓开始关注医疗、卫生、教育、文化、旅游、居住、消费、法律、民主、娱乐、投资等等问题。开始全方位参与到社会主义和谐社会的建设中。对于推动透明执政、监督执政党、各界民主党参政议政、人民依法行使公民权利等等起到了积极地作用。极大地推动了文明进程和社会进步。

探索与思考

1. 试分析陈嘉庚精神与民族精神之间的联系。
2. 结合社会主义核心价值教育，谈谈你如何学习陈嘉庚精神。

第四节　嘉庚精神的传承

陈嘉庚被毛主席称誉为“华侨旗帜，民族光辉”，在华侨社会中已具备了“一呼百应”的影响力，在陈嘉庚的倡导下，许多华侨纷纷捐资兴学，蔚然成风，影响极为深远。

嘉庚精神不但属于全中国，影响着海内外中国人，而且对新加坡、东南亚乃至全世界均有不同程度的影响，它已超脱了政治范畴和社会制度，跨越了时间和空间的限制。

陈嘉庚先生高度重视关注祖国的和平统一大业，临终前念念不忘台湾回归祖国，这也成为陈嘉庚先生的重要遗愿。厦门市集美学校委员会参与承办的海峡两岸龙舟比赛就肩负着对台交流的重要历史任务，这也成为海峡两岸文化交流的重要载体，成为全国众多龙舟赛事中最具特色的赛事之一。

经过90多年的风风雨雨，集美学村在各级领导、校友的关心下茁壮成长，目前包含了集美大学、集美中学、集美海洋职业技术学院、集美轻工业学校、集美华文学院、集美小学、集美幼儿园等学校，还包括嘉庚公园、敬贤公园、纪念馆以及福南大会堂、图书馆、体育馆、音乐厅、游泳池、龙舟池、医院、航海俱乐部等设施，“诚毅校训”和“嘉庚风格”的特殊建筑交相辉映，使得集美学村成为举世闻名的以教育旅游胜地。

厦门大学是教育部直属的全国重点大学，由著名爱国华侨领袖陈嘉庚先生于1921年创建，是中国近代教育史上第一所由华侨创办的大学，也是中国唯一一所地处经济特区的“211 工程”和“985 工程”重点建设的高水平研究型大学。该校是我国最早开展研究生教育的三所大学之一，被誉为“南方之强”。学校依山伴海，建筑独特，风景秀丽迷人，被誉为中国最美的大学校园。

继承和弘扬好陈嘉庚精神，对于厦门新一轮跨越式发展、建设社会主义和谐社会、构建海峡西岸经济区中心城市等都有重要的理论意义与现实价值。

一、华侨助学蔚然成风

陈嘉庚在中国和新加坡两地都大力兴办教育，他的这种行为唤起了社会团体和社群领袖及华侨的办学意识。“陈嘉庚倾资兴学的丰功伟绩，为民族无私奉献的崇高精神，使得华侨在家乡兴办学校蔚然成风。闽、粤等主要侨乡的教育事业得到较快的发展。尤其是改革开放以来，捐资办学的华侨越来越多，资助或者兴办的学校遍布全国。”有关陈嘉庚的文献这样描述他的助学行为为华侨带来的影响。

有一个非官方的统计数据：分布在世界各地的海外华人华侨，有 3500 多万。在我国，资金投入不足成为教育发展的最大瓶颈。这 3500 多万的海外华侨对中国教育事业的关注无疑是解决教育投入问题的一支重要力量。

广大华侨身居异邦，心怀故土，热爱祖国，关心桑梓，为家乡革命和各项建设事业做出很大的努力。他们虽远离祖国，身居异邦，但多与家乡保持密切联系，对故土家园感情深厚。稍有积攒，就想尽力报效桑梓，兴办各项事业，为改变家乡面貌，促进经济腾飞做出巨大努力，留下不少业绩。

而华侨华人捐资办学不仅有着悠久的历史传统，也会产生良好的社会效应。华侨华人通过新式教育实践，充当了教育现代化的先导，对社会变迁产生了积极作用。华侨华人捐资办学，可以形成一种特有的侨乡文化，促进向心力和认同感的产生。捐资办学促进了华侨华人之间的团结互助，为受捐地区的良性发展营造了积极的外部氛围。

近年来，随着中国国内教育事业的不断发展和海外华侨实力的不断增强，华侨助学正从以往单一的捐助模式向着双方合作共赢的方向转变。为祖国教育事业提供更多元化的支持，已经成为新时期华侨助学的新趋势：一些华侨华人回国支持教育的时候不仅带来了资金，还带了许多新的扶持模式。“现在华侨们更愿意提供新的教育模式和教育信息，因为他们都意识到了多元化教育模式可以更好地提高教育水平。”一所受助学校的校长说：“除了传统的捐款建楼以外，一些华侨华人开始和国内的大学尝试着进行新的合作方式。我所在的这所大学目前和海外 15 所大学建立了合作关系，而其中有超过 10 家是通过华侨牵线搭桥而建立起来的。大学每年都有数十名教师和学生前往泰国、美国、加拿大等国家考察与学习，这也全部是由华侨帮助实现的。”

华侨助学从单一的捐款到合作办学是非常积极的一个趋势，这样不但可以使国内大学为海外华侨华人提供平台，而他们从海外带回来的许多教育资源也为国内大学的发展提供了更多的帮助，最后大家取得的是一种双赢的结果。

陈嘉庚的确是空前的，但在他之后出现了不少陈嘉庚式的人物，在海外披荆斩棘、事业有成后支援祖国建设、兴办教育事业，成为嘉庚精神的忠实实践者。这里主要介绍李光前、陈六使、李尚大和李陆大。

李光前(1893—1967 年)是受嘉庚精神影响最直接、最深刻的代表。他出生于福建南安县，1903 年随父赴新加坡。1916 年进入陈嘉庚属下公司，以他杰出的才能深得陈嘉庚的器重，业务上委以重任，不久成为陈家大女婿，大力支持辅助陈嘉庚的各项事业，尤其是支持陈嘉庚兴教兴学的事业。他是深受当地人民信赖和拥戴的继陈嘉庚之后的南洋华人领袖。1952 年，李光前用它的大半财产设立了“李氏基金会”，积极捐助文教及社会公益事业，1956 年，他在家乡创办并列闽南又一著名学村——梅山学村。1967 年，李光前逝世后，基金会依然遵照他“取诸社会，用诸社会”的意愿，捐款支持各项科技文教活动。李光前对当地教育、经济的发展和社会进步所做的贡献，赢得当地政府和人民的高度称赞。1957 年，马来西亚柔佛苏丹授予他“拿督”荣衔。1958 年，马来西亚大学授予他名誉法学博士学位。1962 年 1 月，新加坡政府《宪报》正式公布聘任李光前为新加坡大学首任校长。1964 年马来西亚最高元首赐予爵位为 PMN，这是相当于相国的头衔，1966 年又晋封为丹斯理显爵。这是他一生中最高的荣誉。他不但是东南亚华人实业家、教育家，而且被誉为“东南亚教育最杰出的慈善家”。

李光前的长子李成义继任新加坡李氏基金主席后，弘扬先辈的奉献精神，仁义慷慨、慈善济世。据统计，李氏基金在近半个世纪中，用在社会公益慈善的捐款逾三亿元新加坡币。为表彰他的贡献，新加坡总统为李成义颁发了“公共服务星章”；福建省人民政府先后授予他“乐育英才”、“兴医利民”的奖匾和奖章。

陈六使(1897—1972 年)是陈嘉庚的族弟，知名华侨实业家、社会活动家和新加坡侨领之一。他 1897 年出生于集美，曾就读于集美小学。1916 年到新加坡谋生，在陈嘉庚属下工厂工作，因年轻干练，工作认真，被陈嘉庚委以重任。1923 年与兄弟合资创设联和橡胶公司，自创益和公司，大力发展树胶生意，在十多年内，成为星马树胶界巨子。后又经营纸制品厂、水泥厂及保险业等，成为东南亚著名的华人企业家。1950 年出任新加坡中华总商会会长及福建会馆主席。他一生追随陈嘉庚，在海外艰苦创业，见义勇为，维护当地华侨正当利益，不负众望，业绩辉煌。陈六使一生最突出的贡献是倡议和创办了南洋大学(后改为南洋理工大学)，并捐款 500 万元作为建校基金。同时又以福建会馆主席身份捐献了 523 英亩在裕廊路地段的云南园作为南洋大学的校园。1953—1963 年，陈六使不辞劳苦，担任南洋大学执行委员会主席，把全部身心都投入到南洋大学创校之中，对校舍的建筑、师资的聘任、科研仪器、图书资料、学生的福利、大学的学位等都付出了心血。在中华总商会会长任内，为华人争取公民权利和列华文为官方语文。在任福建会馆主席时期，对福建会馆属下各学校都扩建或新建了校舍。同时，他对集美学校和厦门大学的建设、维持和发展也做出了突出的贡献。陈六使于 1972 年逝世，1974 年他的铜像被安放在南洋大学校园，供世人瞻仰。同年设立了“陈六使奖学基金”。1998 年南洋理工大学又设立了“陈六使中华语言文化教授基金”，用于邀请杰出学者前来南洋理工大学讲学。1997 年 12 月香港南洋大学校友会出版了陈六使百年诞辰纪念文集以纪念他对南洋大学和本地教育的贡献。

1982 年 2 月，新加坡福建会馆决定为陈嘉庚、李光前和陈六使三人建立铜像，借以缅怀和纪念他们一生的丰功伟绩。这项重要决定代表了当地广大华人的心愿和对这三位德高望重的前辈的崇高敬意。2003 年 10 月，位于集美的敬贤公园里也树立了李光前、陈六使以及陈文确（陈六使的长兄）的铜像，以表达人们对他们的缅怀和感恩之情。

李尚大（1921—）出生于福建安溪县，是一位很知名的爱国侨领，曾在集美学校读书，始终谨记校主陈嘉庚的教诲，深谙人类先进的教育思想的精髓，堪为陈嘉庚精神的真实传人。他谦恭朴实、豁达坦诚、平易可亲；他淡泊名利，一向低调；他对家乡故国无比热爱，对教育事业执着追求，对慈善公益热心资助，被称赞为“嘉庚精神，尚大情怀”。他与胞弟李陆大共同出资 6000 多万元在家乡安溪县湖头镇创办了规模宏大的慈山学园，至今培养了成千上万的人才，众多海内外知名人士包括王光美、贾庆林、田纪云、王汉斌、王兆国、卢嘉锡、罗豪才、梁披云、项南、胡平、陈明义、习近平、李远哲等人前往视察指导、题词纪念，以此表达对李尚大造福桑梓、实践陈嘉庚精神的崇敬和赞扬。李尚大还捐助南京华侨大学、泉州黎明大学、厦大医学院、集美大学、集美中学等许多学校，捐献的资金达一亿多元。在居住国印度尼西亚，他做的好事不胜枚举。最为突出的是建立使 30 万侨亲结束了“圈地为牢”（1965 年因印尼排华，许多华侨已经放弃了印尼国籍但却没有回过，被印尼政府“圈地为牢”，不许读书，不给工作，生活悲惨）的生活，获得了新生。1994 年江泽民主席在印尼访问时特地接见了他与家人，对他说：“你在印尼做了许多好事，我代表国家感谢你；你在中国做了许多好事，我个人感谢你。”这是最高褒奖，饱含着祖国人民对李尚大先生的崇高赞誉。

李陆大（1923—2007 年）是李尚大的胞弟，新加坡实业家、慈善家。他早年也就读于集美中学和厦门大学，曾在集美财经学校任教。20 世纪 60 年代定居新加坡，任和声控股公司董事长。他毕生热心公益，惠泽故里，重教兴学，尊师敬老。自 20 世纪 80 年代与李尚大创办“慈山学园”以后，他为家乡各级学校捐资兴建的校舍和配套设施多达 10 万多平方米，累计捐献人民币逾 1.2 亿元，被授予“福建省捐赠公益事业突出贡献奖”金质奖章、“惠泽桑梓”奖匾和荣誉证书。1996 年 4 月，中科院紫金山天文台把第 3609 号小行星命名为“李陆大星”，以表彰他乐善好施、对中国扶贫事业所做的重要贡献，这是李陆大的至高荣誉。

此外，华侨华人捐资兴学突出的还有李嘉诚创办汕头大学，包玉刚创办宁波大学，捐建上海包兆龙图书馆等，曾宪梓创办嘉应大学，邵逸夫捐建华东师大图书馆等多处工程，庄重文父子设立“庄重文文学奖”“庄采芳奖学金”、捐建集大重文楼，吴庆星创办仰恩大学，施金城创办安溪培文师范学校，钟铭创办铭选中学和医院等等不胜枚举。他们中的不少人都说自己是受了陈嘉庚的影响。

二、国际影响广泛深远

陈嘉庚科学奖是以对我国科教事业发展做出杰出贡献的著名爱国侨领陈嘉庚先生的名字命名的科学奖励。它的前身是 1988 年设立的陈嘉庚奖。2003 年 2 月，经国务院同意，中国科学院和中国银行共同出资成立陈嘉庚科学奖基金会，设立陈嘉庚科学奖。

陈嘉庚科学奖基金会成立新闻发布会

奖项：目前共设六个奖项：数理科学奖、化学科学奖、生命科学奖、地球科学奖、信息技术科学奖和技术科学奖，每两年评选一次，每个奖项每次评选一项，获奖人数一般为一人，最多不超过三人。如无符合标准的项目，可以缺项。

推荐与评审：只接受专家（教授、研究员）推荐，不受理个人申请。各奖项分别设立评奖委员会，负责陈嘉庚科学奖的初选与评审工作。

颁奖：陈嘉庚科学奖在院士大会上由国家领导人颁奖，每个奖项奖金 30 万元人民币，同时颁发金质奖章和证书。

奖章：陈嘉庚科学奖金质奖章正面为“陈嘉庚先生的头像”，底部环绕“陈嘉庚科学奖”中英文文字。陈嘉庚科学奖金质奖章背面为陈嘉庚科学奖标志。标志以中华的“中”字为设计母体，形成“日月星空运转”图形，象征变幻莫测的世间万物，需要科学家不断地创新与探索；冉冉升起的科学探索之星，形成“中”的中间一笔，象征海内外华人科学家团结一心创造科技新成就，以实现中华民族伟大复兴。

陈嘉庚科学奖金质奖章

影响：陈嘉庚奖 1988 年设立以来共组织了 8 次评奖、颁奖工作，共有 63 位我国优秀的科学家获此殊荣，荣获国家最高科学技术奖的吴文俊、王选、黄昆、刘东生、吴孟超、叶笃正和李振声等都曾先后获得过陈嘉庚奖。江泽民、李瑞环、李岚清等党和国家领导人以及杨振宁、丁肇中等诺贝尔奖获得者曾分别出席颁奖活动。1997 年第七届陈嘉庚奖颁奖仪式在新加坡举行，时任新加坡总统王鼎昌亲自出席颁奖典礼并向获奖人颁奖。陈嘉庚奖已在我国科技界和海内外产生了崇高的声誉和广泛的影响，对促进我国科学技术的创新与发展起到了很好的激励与推动作用。

“陈嘉庚奖”共评选 8 次，63 位获奖者。2003 年，在国务院领导的协调下，中科院和中国银行共同组成新的陈嘉庚科学奖基金会，所颁奖项也正式命名为“陈嘉庚科学奖”。

1990 年 3 月 31 日，国际小行星中心和小行星命名委员会在国际《小行星通报》上发表公告，将中国紫金山天文台于 1964 年 11 月 9 日发现的、编为 2963 号的小行星正式命名为“陈嘉庚星”。小行星是太阳系中的一种特殊天体，大多集中在火星和木星的轨道之间绕太阳运行。第 2963 号小行星与太阳的距离为 43 000 万公里，绕太阳一周历时 4.86 年。命名“陈嘉庚星”的意义在于：为表彰和纪念陈嘉

1990年江泽民总书记(左四)向第三届陈嘉庚奖获奖人颁奖

庚情系中华、赤诚报国的爱国精神，倾资办学、奉献社会牺牲精神，奋斗不止、开拓创新的改革精神等。因获得国际小行星中心永久编号的小行星被确认和公布后具有历史性和永久性，即使千百年后，这一星名仍为国际所公认，从而使陈嘉庚的名字和陈嘉庚精神连同“陈嘉庚星”永载史册，遨游太空，与日月同辉、与宇宙共存。这是陈嘉庚精神跨越时空的体现和标志。

1992年8月20日在香港成立了陈嘉庚国际学会(1996年转移到新加坡注册)，其宗旨是为了“弘扬陈嘉庚精神，凝聚各界精英，服务社会，造福人群”。这是陈嘉庚精神影响国际化的又一高规格的标志，因为它集合了当代最优秀的世界华人精英。它由诺贝尔奖获得者杨振宁、丁肇中、李远哲三位华人科学家与美国加州大学伯克莱分校校长田长霖、香港大学校长王赓五等五人发起，由林少良、李尚大、潘国驹、庄重文、徐四民、陈永裕、黄丹季、黄奕聪、李文正、李成枫、林子勤、庄启程、唐裕、施金城等34人共同倡议。有郭鹤年、马万祺、李兆基、黄克立、庄绍绥、施子清、林煤煅等来自美国、加拿大、德国、澳大利亚、日本、印尼、新加坡、马来西亚、菲律宾、泰国等国家和中国台湾、中国香港、中国澳门等地区的人士400多人给予祝贺；还有文汇报、宋庆龄基金会、旅港福建商会、新加坡福建会馆、新加坡怡和轩俱乐部、厦门大学、厦门侨办、集美校友总会等各地200余个单位共同敬贺。看一看发起人、倡议人的名单、读一读祝贺的名单和内容，想想以这些人的身份和地位，谁都会深深感受到陈嘉庚在国际名人心中的崇高地位，领略到陈嘉庚精神强劲的感召力和凝聚力。

1997年4月12日，“陈嘉庚大楼”在美国加州大学伯克莱分校举行落成庆典，加成大学伯克莱分校校长田长霖主持典礼，并与李远哲一起为大楼落成剪彩。这是美国高校历史上第一幢以华人名字命名的教学科研大楼，也是该校化学院中最重要的建筑物，而该化学院又是美国最优秀的学院，其化工科研成果卓著。陈嘉庚大楼的经费由各地华侨、华人、校友捐献，多达3000多万美元。陈嘉庚国际学会秘书长潘国驹说："陈嘉庚大楼的建成，不仅把陈嘉庚先生的名字和事迹，作为中华民族的典范介绍到西方，同时也把陈嘉庚精神带到大洋的彼岸，在异邦的土地上扎根传播，生生不息。"这是嘉庚精神走向世界的里程碑。

三、故乡经济文化建设蓬勃发展

厦门是陈嘉庚先生的故乡，家乡人民为有这样一位蜚声中外的中华英杰而深感荣耀。2003年，时任厦门市长的张昌平同志在集美检查集美学校90周年庆典筹备情况时说："厦门之所以有现在的地位，与陈嘉庚先生的贡献是分不开的。不仅困难的时候需要嘉庚精神，在我们全面建设小康社会的时候更需要嘉庚精神。我们要找到嘉庚精神的魂，整个庆典活动要将嘉庚精神的时代意义体现出来，而不是随着时间的推移而淡忘了。要通过这次活动打造厦门城市名片，体现厦门改革开放的新成效，突出厦门作为科技之城、文化之城、教育之城的特色。"

陈嘉庚对厦门的经济建设做出了历史性贡献。他重视交通城建规划，建议修建鹰厦铁路、高集海堤、杏集海堤；出资开发电站，提出引导华侨回国投资案；关心市政和社会民生问题。如今，厦门作为中国改革开放的重要窗口和试验田，其发展成就已成为中国改革开放的一个精彩缩影，陈嘉庚先生的夙愿已基本实现，他勾勒的理想蓝图正在变为现实。

1980年10月，国务院批准在厦门湖里设立经济特区。1984年5月，经济特区的范围扩大到全岛（包括鼓浪屿）。1988年4月，国务院批准厦门为计划单列市，赋予相当于省一级的经济管理权限。1994年2月，国务院批准厦门市行政级别升格为副省级。1994年3月，全国人大授予厦门市立法权，2010年6月，国务院批准厦门经济特区范围扩大到全市行政辖区，同意厦门发挥在体制机制创新方面的试验区作用，建立两岸区域性金融服务中心，厦门成为全国保险改革发展实验区、中国服务外包示范城市和三网融合试点城市等。

改革开放30余年来，厦门已发展成为境外投资的重要聚集地、两岸交流合作的前沿平台、国际友好交往的重要窗口、社会和谐的温馨城市，初具规模的现代化港口风景旅游城市，成为海峡西岸的一颗璀璨明珠。相继荣膺：

国家卫生城市（1996年）、国家园林城市（1997年）、国家环境保护模范城市（1997年）、全国科教兴市先进城市（1998年）、中国优秀旅游城市（1999年）、全国无偿献血先进城市（1999年、2004年）、全国创建文明城市工作先进城市（1999年获评，2003年保留）、全国城市环境综合整治特别奖（2000年）、全国十佳人居城市

(2001 年)、国际花园城市(2002 年)、“全国交通管理模范水平(一等)”城市(2003 年)、中国人居环境奖(2003 年)全国双拥模范城五连冠(2003 年)、联合国人居奖(2004 年)、全国“两基”教育先进城市、全国文明城市桂冠(2005 年、2008 年、2009 年)、最受农民工欢迎十大城市(2007 年)、全国宜居城市榜首(2007 年)、中国青年喜爱的十大旅游目的地(2006 年、2007 年、2008 年)、中国最具国际竞争力旅游城市(2007 年)、全国绿化模范城市(2007 年)、中国服务外包示范城市、全国十大魅力会议城市(2010 年)、中国休闲城市(2010 年)、全国文明城市副省级城市第一名(2010 年)、中国最佳绿色会议城市(2010 年)、全国节水型城市(2010 年)、中国十大宜居城市(2010 年)、世界第二最宜商宜居城市(2011 年)、全国宜居城市榜首(2011 年)、国家“两岸食品物流产业合作试点城市”。现在厦门是国家低碳经济示范城市,也是国家创新型试点城市,创业型试点城市。

厦门之最:同安刘五店有世界上唯一的文昌鱼场,厦门鼓浪屿是中国现代足球发祥地,鼓浪屿钢琴博物馆是中国唯一的钢琴博物馆,华侨博物馆是中国唯一的华侨历史博物馆,日光岩游览区是全国首家通过 ISO14000 标准的国家级风景名胜区,高集海堤是中国第一条跨海设施,厦门大桥是大陆第一座跨越海峡的公路大桥,海沧大桥是亚洲第一座大型三跨连续全漂浮钢箱悬索桥,翔安隧道是大陆第一条海底隧道。

厦门是经济特区、计划单列市中第一个开通洲际客运航线的城市,中国十大繁忙机场之一的厦门高崎国际机场成为大陆地区第七个开通越洋客运航线的机场,成为厦门冲出亚洲、飞向世界的标志。目前,厦门第二个机场——厦门翔安国际机场前期工作已经完成,力争在 2013 年具备开工条件,预计 2019 年投入使用。

厦门港是我国东南沿海重要的天然深水良港,其海岸线蜿蜒曲折,全长 234 公里,港区外岛屿星罗棋布,港区内群山四周环抱,港阔水深,终年不冻,是条件优越的海峡性天然良港,历史上就是我国东南沿海对外贸易的重要口岸。厦门港主航道开始扩建,建成后厦门港的通航水平将跃居全国前三位。在 2010 年世界集装箱港口排名中,厦门港以 582.43 万标箱标箱的吞吐量继续位居第 19 位,保持世界前 20 强。2009 年厦门港货物吞吐量突破一亿吨,完成 1.1 亿吨,成为海峡西岸首个亿吨大港。2010 年全港货物吞吐量再创新高,完成 1.39 亿吨。未来 5 年,力争到 2015 年港口货物吞吐量突破 2 亿吨(其中外贸量 1 亿吨)、集装箱吞吐量突破 1000 万标箱,形成国际集装箱中转中心,打造海峡西岸航运物流中心和国际航运枢纽港。

至 2009 年,全市共有高新技术企业 426 家,各类实验室 43 家,各级工程技术研究中心 46 家,技术贸易机构 443 家,拥有视听通讯、钨材料、软件、半导体照明、电力电器五个国家特色产业基地以及全国唯一的光电显示产业集群试点——厦门火炬高新区。

厦门列入世界人类非物质文化遗产名录1项，国家级非物质文化遗产保护项目名录9项、项目代表性传承人10人。文化馆7个，博物馆4个，文物保护管理机构6个，公共图书馆8个，公共图书馆图书总藏量达298.77万册(件)，全年总流通432.56万人次。出版发行各类报纸9种，20 019.89万份；期刊杂志26种，77.64万册。全市共有广播节目5套，电视节目8套，人口综合覆盖率分别达到98.68%和100%。

2009年，全市共有各类卫生事业机构1057个，其中医院35家(三级甲等医院5家，其中综合三甲4家，专科三甲1家)、疗养院3个、社区服务中心24家、卫生院14个、门诊部107个、妇幼保健机构7个、疾病预防控制中心7个、专科防治所1个；专业卫生技术人员1.69万人，其中：执业医师6 551人、执业助理医师457人、注册护士6 726人；卫生机构床位10 326张，其中医院9 051张、疗养院329张、卫生院458张、妇幼保健院368张。全市人口平均期望寿命为78.72岁。

2009年，全市拥有各级学校(含成人教育，不含社会办学)1147所。

2010年全市完成进出口总额突破500亿美元大关，达到570.36亿美元，增长31.7%，其中出口353.25亿美元，增长27.7%；进口217.12亿美元，增长38.7%，进出口绝对量已经超过金融危机之前的水平。厦门市实际利用外资16.97亿美元，仍居全省首位。

2010年，厦门GDP增速高达15.1%，地区生产总值突破2000亿元，实现2 060.07亿元，人均GDP达到10 000美元，城镇居民人均可支配收入2.9万元，农民人均纯收入首次突破1万元。财政总收入突破500亿元，达526.02亿元，增长16.5%，其中，地方级财政收入289.17亿元。财政总收入和地方级财政收入总量均比2005年翻了一番，五年分别年均增长20.9%和24.1%，增幅在全省九地市和15个副省级城市中名列前茅。

2011年，国务院批准了《海峡西岸经济区发展规划》，明确提出把海峡西岸经济区建成科学发展之区、改革开放之区、文明祥和之区、生态优美之区。

如今，厦门经济总量迅速扩大，综合实力显著增强，产业结构逐步优化，三次产业协调发展，农民收入水平持续提升，农村基础设施不断完善，农村公共服务长足进步，基层组织建设成效显著，农村工作机制创新，领先全省乃至全国。厦门学校教育状况态势好，文化科技业成绩优异，卫生服务管理水平先进，居民医保制度示范全国。

新中国成立前后，陈嘉庚先生在致力于回国参政、兴办教育和故乡建设的同时，不顾年事已高，仍奔走呼告，大力弘扬民族体育文化活动，把能够彰显中华民族凝聚力的龙舟赛活动，引入集美学村。这不仅活跃了学村师生和村民的文化生活，还大大增强了师生及村民的体质。

一生致力于教育事业，陈嘉庚先生要求受教育者“德、智、体”全面发展。尤其以龙舟赛为龙头，带动学村师生和村民的各项体育活动，为国家培养输送了许多优秀体育人才。就连他亲自设计的厦门大学“一”字形校舍，也是为了腾出更多的空间作为运动场，以提供师生更宽敞的体育锻炼场所。20世纪年代初，福建省首届游泳比赛就选在集美举行，足见陈嘉庚先生对体育事业的高度重视。集美学村中福建体育学院的创办，也是陈嘉庚先生一贯倡导体育教育思想，致力学村体育运动的产物和结晶。具有“闽南石文化代表作”之誉的鳌园石雕，是历史的见证，陈嘉庚先生独具匠心，特意将龙舟赛这一富有竞争精神和群体意识的搏击场面，精心构思，并以浮雕的形式记录在鳌园中，以昭示后人。

早在20世纪50年代初期，陈嘉庚先生就组织了集美划龙船比赛，直到1985年，海内外的集美校友为缅怀陈嘉庚先生，龙舟赛上特设流动的“嘉庚杯”，龙舟赛称为“嘉庚杯”龙舟赛。1995年，为缅怀陈嘉庚先生的胞弟、集美学校二校主陈敬贤先生，增设“敬贤杯”，并作为女子组总决赛的奖杯。同时，原来的“嘉庚杯”调整为男子组总决赛的奖杯。集美龙舟赛也正式改为“嘉庚杯”“敬贤杯”龙舟赛。

集美学村龙舟赛

和全国其他龙舟比赛相比，集美龙舟赛较一般的纪念爱国诗人屈原的龙舟赛，还有更独特的文化内涵——弘扬嘉庚精神，这也是集美龙舟比赛的一大特点。

集美首届龙舟赛后，嘉庚先生对在首届龙舟赛发现的问题即进行整改。他提出新的比赛办法；选址围海筑堤建龙舟池，准备把海面比赛改在池内进行；采购大木料建造龙舟，并把自备渔船改为规格统一的赛船。

1956年，经过五届龙舟赛的逐年摸索不断改进，华夏龙舟文化的第一部龙舟竞赛章程——《一九五六年端阳节龙舟比赛办法》诞生了，华夏龙舟文化的第一个规范的龙舟比赛用池——集美龙舟池建成了。集美的这《比赛办法》成为后来国家制定我国龙舟竞赛章程的蓝本；集美因为有这龙舟池则成为我国第一次举办国际龙舟邀请赛的首选地。嘉庚先生为华夏龙舟文化创造了三个第一。

1987年端午节，集美迎来了我国首次国际龙舟邀请赛。这不仅是我国龙舟史的一件赛事，也是集美龙舟竞渡史上的一个新的高峰。嘉庚先生逝世前，集美共举行了十届龙舟赛，除1956年、1958年、1960年、1961年这四届，嘉庚先生因参政或治病不在集美，没到场外，每届他都亲临主持。在嘉庚先生倡导下，集美的龙舟竞渡越办越好，影响越来越深远。

集美“嘉庚杯”“敬贤杯”海峡两岸龙舟赛从2008年开始升格为国家级赛事，2010年被国台办列为海峡两岸文化交流重要项目。2011年正式上升为海峡两岸（集美）龙舟文化节。

海峡两岸集美龙舟文化节的影响力和品牌价值正在不断提升，成为厦门的一张城市新名片，成为弘扬嘉庚精神、传承中华文化的重要平台。

四、缅怀校主　嘉庚精神薪火相传

1. 陈嘉庚103名后裔齐聚集美，缅怀校主

2008年10月21日上午，是陈嘉庚先生创办中学和师范90周年。

陈嘉庚的第七子陈元济已经快92岁了。他带领了陈嘉庚后裔参访团的103名成员前来参加中学和大学90周年校庆。

陈元济说：“能回到厦门对所有的亲人和年轻一代都非常有意义，能够帮助年轻后辈更加懂得‘诚毅’二字。我们不仅要回来认识自己的祖先，更要好好地认识自己的祖国。”

对于陈嘉庚的精神，他的孙子陈君宝说：“爷爷做的事情非常好，国家要发展最重要的还是教育。我还在天天学习爷爷的精神，还在不断了解‘诚毅’精神。”

而陈嘉庚的曾孙TanWeeYeun（音：陈伟元）则是在美国出生长大，甚至连中文都不懂。他用英语告诉记者，这是他第一次来到集美，来到中国，“这让我感到非常惊讶，非常不可思议，这是一所非常漂亮的学校，它显得那么与众不同。我的曾祖父能够在集美创办这么一个学村，真的非常了不起”。他告诉记者，当他了解到祖辈在集美学村所做的一切，他首先感到惊讶，并由衷地感到钦佩和自豪。

集美学村 90 周年校庆

据了解，这次前来集美的 103 名陈嘉庚后裔最小的年仅 9 个月，还有不少是抱在怀里和刚学会走路的。陈氏家族的这次聚会是为了让陈氏后人能够更好地了解陈嘉庚，领悟“诚毅”精神。

据陈君宝介绍，陈嘉庚的后人共有 300 多人，主要分布在新加坡、马来西亚、美国、英国、澳大利亚、加拿大、中国香港等国家和地区。他说，平常他们家族的聚会最多也就 40 来人，这次来集美是最多的一次，共 103 人。

2. 纪念陈嘉庚诞辰 130 周年活动概述

(1) 贾庆林为陈嘉庚先生铜像揭幕

2004 年 10 月 21 日，是陈嘉庚先生诞辰 130 周年纪念日，在隆重纪念陈嘉庚先生诞辰 130 周年之际，10 月 16 号上午，中共中央政治局常委、全国政协主席贾庆林为集美大学陈嘉庚铜像揭幕。

集美大学陈嘉庚铜像揭幕仪式

在社会各界的热烈掌声中，贾庆林和福建省委代书记、省长卢展工为安放在集美大学中心校区的陈嘉庚先生铜像揭幕，并与全体人员一道向陈嘉庚先生铜像鞠躬致敬。

中央统战部常务副部长梁金泉、

国台办主任陈云林、中国侨联主席林兆枢、国台办副主任李炳才、全国政协常务副秘书长王巨禄、全国政协办公厅研究室主任卞晋年，以及省、市领导陈明义、黄瑞霖、陈营官、朱亚衍、郑立中、洪永世、陈修茂等出席了揭幕仪式。

陈嘉庚先生是我国著名的华侨领袖，他一生爱国爱乡，以振兴中华为己任，以兴办教育为天职，为祖国和民族做出了卓越贡献。集美大学的这座陈嘉庚铜像高2.5米，基座宽1.5米，由我国著名雕塑家、中国美术学院教授龙翔雕塑制作。铜像的安放表达了集美大学师生对陈嘉庚先生的深切缅怀和敬仰。师生们表示，要弘扬嘉庚先生伟大的爱国主义精神、艰苦创业精神、无私奉献精神和民族精神，秉承“诚毅”的校训，把陈嘉庚先生未尽的事业不断推向前进。

(2) 社会各界向陈嘉庚先生铜像敬献花篮

10月20日上午，社会各界人士聚集在集美归来堂，向陈嘉庚先生铜像敬献花篮，深切缅怀著名华侨领袖、伟大的教育家陈嘉庚先生。省政协副主席王钦敏、厦门市领导陈修茂、于伟国等以及陈嘉庚先生的儿子陈元济分别代表省政协、厦门市委、市人大、市政府、市政协和陈嘉庚先生的亲属向陈嘉庚先生铜像敬献了花篮，并向陈嘉庚先生铜像鞠躬致敬。国务院侨办副主任许又声等领导，陈嘉庚先生在世界各地的后裔和亲属，来自泰国、新加坡等国和港、澳、台地区的华侨华人社团代表和个人，以及厦门各界人士代表共600多人参加了敬献花篮仪式。

泰国集美校友总会会长丁文志说：我的心情是非常激动的，因为我在这里受过教育，在1953年到1958年在这里接受陈老先生的“诚毅”的教训，每次想起来，都要流眼泪。陈嘉庚先生的儿子陈元济说：“我看到集美建设得真好，感谢你们。”

向陈嘉庚先生铜像敬献花篮

向陈嘉庚先生铜像致敬

(3) 中国侨联纪念陈嘉庚诞辰130周年

2004年10月12日，中国侨联和全国政协港澳台侨委员会在北京人民大会堂举行座谈会，全国政协副主席王忠禹、罗豪才出席座谈会。纪念伟大的爱国主义者、教育家和爱国华侨领袖陈嘉庚先生诞辰130周年。

纪念陈嘉庚先生诞辰 130 周年座谈会

王忠禹在讲话中说，陈嘉庚先生的一生是爱国爱乡、兴教兴学、服务社会、造福人类的一生。毛泽东同志对他曾有过“华侨旗帜、民族光辉”的历史性评价。我们缅怀陈嘉庚先生的光辉业绩，学习这位爱国先贤的无私奉献精神，对于集中全国各族人民和全体中华儿女的意志、智慧和力量，实现新世纪面临的推进现代化建设、完成祖国统一大业、维护世界和平与促进共同发展的三大任务，具有重要的意义。

王忠禹强调，要大力弘扬陈嘉庚先生的爱国主义精神，高举邓小平理论和“三个代表”重要思想伟大旗帜，在以胡锦涛同志为总书记的中共中央领导下，凝聚海内外中华儿女的爱国热情，振奋民族精神，为实现国家富强、人民幸福和祖国统一做出应有的贡献。中国侨联主席林兆枢和陈嘉庚先生亲属代表等在会上先后发言。中央有关单位代表和首都侨界人士共 120 余人出席座谈会。

(4) 福建省市政协召开纪念陈嘉庚先生诞辰 130 周年座谈会

纪念陈嘉庚先生诞辰 130 周年的活动，由福建省政协、厦门市政协联合主办，厦门市委、市政府和厦门市政协承办。

座谈会上，全国政协副主席罗豪才在发言中深切缅怀了陈嘉庚先生的光辉业绩，他说，陈嘉庚先生一生爱国爱乡、兴教兴学、服务社会、造福人类社会，在他身上集中体现了华侨爱国爱乡的光荣传统，毛泽东主席赞誉他是华侨旗帜、民族光辉。我们纪念陈嘉庚先生，就是要继承和发扬他爱国爱乡的崇高精神，就是要继承发挥他兴教兴学的可贵精神，就是要认真贯彻执行宪法规定，保护华侨和归侨侨眷的合法权益，全面贯彻国家的侨务政策，做好侨务工作。他希望广大海外侨胞和国内归侨、侨眷学习陈嘉庚先生伟大的爱国主义精神，在爱国主义旗帜下促成最广泛的大团结，为祖国繁荣和促进祖国统一大业，实现中华民族伟大复兴而不懈努力。

全国侨联主席林兆枢称赞陈嘉庚精神与日月同辉、永存史册。他说，陈嘉庚先生身体力行，竭力维护华侨权益，是我国近代史上爱侨、护侨的楷模。陈嘉庚先生爱国爱乡、倾资办学的感人业绩，为后人留下了宝贵的精神财富，将激励着我们为中华腾飞而无私奉献。

国务院侨办副主任许又声说，在嘉庚精神的感召下，海外华侨捐资助学、热心公益事业蔚然成风，改革开放以来，全国共接受海外侨胞捐赠达数百亿元人民币，表达了广大侨胞对祖国家乡的赤子之情。他希望陈嘉庚先生的后裔多回来走走看看，将祖辈对祖国家乡的这份挚爱星火相传，发扬光大。

省委常委、厦门市委书记郑立中说，陈嘉庚先生是厦门人民的骄傲，正因为有了陈嘉庚，厦门才建立起了雄厚的教育基础，厦门的教育在海内外才有如此广泛持久的影响力。在新的世纪里，我们唯有把嘉庚先生开创的事业，把伟大的嘉庚精神进一步发扬广大，才是对他的最好纪念。郑立中表示，我们纪念陈嘉庚先生，就是要学习他爱国爱乡的赤子之情，进一步弘扬爱国主义精神，就是要就进一步弘扬他重教兴学的隆德茂行，进一步加快厦门教育之城建设，就是要进一步弘扬他团结侨胞、争取侨心、发挥侨力的高风亮节，团结一切可以团结的力量，不断为厦门的建设和发展增添新力量。

陈嘉庚的儿子陈元济表示，父亲是他们一生的骄傲，他的精神永远激励着后代。现在集美学校的繁荣发展和集美文教区建设的推进，是对父亲遗愿的实现和发展，作为嘉庚后裔将继续传承嘉庚精神，把嘉庚精神一代代传下去。

探索与思考

1. 陈嘉庚精神影响有哪些方面？

2. 你知道厦门大学、集美学村各校举办陈嘉庚先生创办学校周年活动时间和主要内容吗？

第五节　弘扬嘉庚精神　做嘉庚的好学生

陈嘉庚是被毛泽东誉为“华侨旗帜，民族光辉”的杰出华侨领袖，他不仅为中华民族建立了丰功伟绩，而且为我们后人留下了一笔宝贵的精神财富，这就是穿越时空、历久不衰的“嘉庚精神”。如何弘扬嘉庚精神，做嘉庚的好学生，提出如下几点共勉：

一、弘扬嘉庚精神，树立热爱祖国的政治信念

纵观陈嘉庚的一生，爱国主义是贯穿其始终的一条红线。陈嘉庚是一位赤诚

的爱国者，他一生热爱祖国、热爱人民，始终维护国家和民族的根本利益，并为祖国的独立、统一和富强事业贡献了自己的毕生精力。在陈嘉庚爱国主义精神的熏陶下，集美学校和厦门大学涌现出了无数心系祖国、奉献社会的栋梁之材。我们今天学习陈嘉庚，就是要像他那样，“以热爱祖国为荣、以危害祖国为耻”，弘扬光大以爱国主义为核心的民族精神。

弘扬嘉庚精神，首先要树立报效祖国的人生志向，增强振兴中华的历史使命感和社会责任感。陈嘉庚对国家和民族怀有深厚的感情，他热爱祖国的壮丽河山、灿烂文化和勤劳勇敢的人民。目睹近代中国内忧外患、国弱民穷的现实，陈嘉庚萌发了强烈的忧患意识和高度的社会责任感。他秉承“天下兴亡，匹夫有责”的古训，发扬“先忧后乐，公而忘私”的优良传统，始终把个人命运同祖国命运紧密相联，努力践行“报效祖国、服务社会”的人生诺言。我们今天弘扬嘉庚精神，就是要弘扬他那高度的“国民自觉精神”，忠于祖国、忠于人民，时刻为国家和民族的利益着想，把振兴中华的历史责任自觉担在肩上。在今天新的历史条件下，爱国主义最本质、最重要的表现是对国家经济发展、社会全面进步和祖国统一富强的追求和贡献。我国经济社会的发展已经取得了举世瞩目的成就，但在发展过程中仍然存在不少困难和问题。当代青年学生要把握时代脉搏，认清我国全面建设小康社会进程中面临的机遇和挑战，进一步增强忧患意识，明确自己肩负的历史使命和社会责任，居安思危、奋发图强，牢固树立为中国特色社会主义事业、为祖国统一富强而奋斗的人生理想。

崇俭楼：建成于1926年2月，时为集美商科学校教学楼。抗战期间，被日军飞机轰炸受损，1946年修复后为集美水产航海学校教学楼，现为集美大学航海学院学生宿舍。

崇俭楼

其次，要脚踏实地、由近及远，把爱国之情化为报国之行。从来就没有天生的爱国者，陈嘉庚的爱国主义是从爱亲人、爱家乡逐步升华为爱国家、爱民族的。当代青年学生培养爱国之情，要像陈嘉庚那样从身边做起，即从爱亲人、爱家乡、爱学校做起，关心支持家乡和学校的建设和发展。爱国主义从来不是一句空洞的口号。

当年陈嘉庚为了践行“国民天职”、“匹夫之责”，倾资办学、支援抗战、积极参加新中国建设，以一生尽忠竭诚，无私奉献的实际行动，为国家民族建立了丰功伟绩。学习嘉庚精神，要进一步激发强烈的民族自尊心、自信心和自豪感，并把对国家民族的社会责任感付诸实践，转化为实际行动。在校期间，首先是要认真学习现代科学知识，努力掌握为人民服务的本领。国家的发展，民族的强盛，不是靠坐而论道。只有爱国的良好愿望，而缺少报国的素质才能，那么爱国只能沦为一句空话。建设社会主义和谐社会、实现社会主义现代化，需要的是德才兼备的各种人才，只有刻苦学习，努力掌握专业知识和技能，不断提高自身的思想道德素质，才能担当起历史赋予的重任。青年学生还要把爱国与敬业统一起来，把爱国之情转化为学习和工作的动力。今后不论做什么工作，都应干一行爱一行，脚踏实地，勤勤恳恳地做好本职工作，为祖国、为社会、为人民多做贡献。

二、弘扬嘉庚精神，恪守诚实守信的处事原则

诚实守信是中华民族的传统美德，在中国传统文化中，诚信是一切德行的基础，也是每个人立身处世的根本。在历代圣贤看来，诚信不仅是一个人道德修养的起点，也是一切事业得以成功的重要保证。陈嘉庚一生诚信待人、诚信处事；重诺言，守信用；言必信，行必果，是践履诚信美德的典范，他的诚信精神是我们的宝贵资源。

弘扬嘉庚精神，首先要认识诚信对于每个人立身处世的重要意义。陈嘉庚一生是非分明、忠奸必辨，他曾说：“我自己所能者仅为诚、信、公、忠四字。”他曾在当年怡和轩的寓所里，写了《论语》的两句话：“言必信、行必果。”他一生只说老实话，极端鄙视口是心非、表里不一的人，这就是“言必信”的表现；他履行诺言替父还债，在企业收盘后仍勉力维持两校经费等举动，都是“行必果”的表现。学生时代是人的价值观念、品质养成的重要阶段，要想真正提高自己的各种素质特别是思想道德素质，应当懂得“人无诚信而不立，社会无诚信则人人自危，道德无诚信势必流于空伪”的道理，从心灵深处树立起万善诚为先、众德信为基的观念，“以诚实守信为荣、以见利忘义为耻”，自觉地按诚信道德的要求来规范自己的行为，将诚信的品质和精神贯彻到对其他道德规范的信守中去，为纠正和改变社会的假冒、虚伪风气做出自己的贡献。

其次，要在日常的学校生活中培育和践行诚信美德。

陈嘉庚一向恪守诚实守信的原则，以经商为例，他主张诚信经营，反对唯利是图，强调“商人亦有商人之道德”。《陈嘉庚公司分行章程》的眉头警语有：“待人勿欺诈，欺诈必败；对客勿怠慢，怠慢必招尤”；“与同业竞争，要用优美之精神与诚恳

1918年4月，陈嘉庚和他的弟弟陈敬贤立“诚毅”二字为校训。意思是：诚以为国，实事求是，大公无私；毅以处事，百折不挠，努力奋斗。要求学生“上以谋国家福利，下以造桑梓之庥顺。”校歌也同时公布。

集美校歌曲谱

之态度”;“货真价实，免费口舌;货假价贱，招人不悦”等行为规范。可见，陈嘉庚之所以能在企业经营中获得成功不是偶然的，他一生事业的成功和他华侨领袖地位的确立，都与他具有这种诚信的品格分不开。诚信观念不是与生俱来的，而是离不开自觉的、理性的道德修炼。陈嘉庚常引“止谤莫如自修”的古训激励自己，没有这种高度的道德自律精神，不可能塑造个人的诚信品质。学习嘉庚精神，也要做到自省自律、知耻改过，重视自身修养，并从小事做起，从细微处着手，逐步养成诚实守信的良好品质。要将诚信的美德融入到学习和学校生活的方方面面，使自己的视听言动、仪表风范都合乎诚信的要求。“诚信建设，人人有责。”青年学生是中国特色社会主义事业的建设者和接班人，要以自己的实际行动践履诚信美德，在生活实践中增强诚信观念，修正不符合诚信的思想和行为，实现从认知到行为的转换和统一，把自己培养成一个有诚信的人。在待人接物中要讲求诚信，信守承诺;在学习生活中要遵守校规校纪，做到不逃课、不抄袭、不作弊，要讲求诚信，实事求是，对自己的承诺负责，把自己培养成为一个具有诚信美德、并能为建设诚信社会做出贡献的优秀青年学生。

三、弘扬嘉庚精神，塑造坚强勇毅的个人品质

陈嘉庚性格刚强，意志坚定。在经商过程中，他锐意进取，勇于拼搏，成就了东南亚大工商业家的成就和地位；在办学过程中，他艰难困苦，屡遭挫折，却百折不挠，愈挫愈奋，使学校弦歌不辍。为了祖国抗战事业，为了新中国的社会主义建设，他更是不顾年迈之躯，呕心沥血，鞠躬尽瘁。陈嘉庚一生屡受挫折而绝不屈服，身处逆境而奋起抗争，几经波折而处变不惊，为"毅以处事"做了最好的诠释，也为当代青年学生树立了一个良好的学习榜样。

弘扬嘉庚精神，首先要培养坚毅的品格，学会正确对待挫折和失败。陈嘉庚对"毅"的真谛有深刻的领悟，他说过"毅者乃困而不挠之谓也"，"公益事业，非艰难辛苦不为功，如孟子所言必先苦其心志也"。面对事业中的种种挫折，陈嘉庚表现出了顽强的毅力和超人的胆魄。如在而立之年父亲企业破产了，陈嘉庚立下誓言，重新创业替父还债；当自己的企业收盘后，他不忍放弃义务，"出卖大厦，维持厦大"。在陈嘉庚身上，体现了一种自强不息、奋斗不止的精神。他认为"世上无难事，惟在毅力与责任耳"，他乐于承担责任，也勇于克服困难。学习嘉庚精神，要重视培养自己的坚毅品质和性格，正确对待生活中的挫折和失败。常言道"失败乃成功之母"，只有经得起挫折和失败的考验，才有希望取得成功。世上之事纷繁复杂，当代社会更是竞争激烈，挫折和失败总是难免的。正如陈嘉庚所说："正当之失败，无可羞耻，畏惧失败，才可羞耻也。"我们要像陈嘉庚那样，以积极的心态，从失败中总结教训，及时发现自身的问题和弱点，采取正确的态度去促进事物的发展。

学习嘉庚精神，还要勇于在实践中磨炼和考验自己的意志品格。陈嘉庚一生从事的诸多事业都不是一帆风顺的，他是在挫折和失败的反复考验中，塑造了自己刚毅坚忍的品格。陈嘉庚在其奋斗一生中体现出来的百折不挠精神，对于当代青年学生塑造坚强勇毅的个人品质具有重要启迪。当年陈嘉庚在教育自己的子女时，很重视对子女进行"吃苦"教育，他不给子女特殊照顾，不让他们养尊处优，认为只有经过艰难困苦的锻炼，以后才能担当重任。他对待子女的态度至今仍然是我们的一面镜子。当代青年学生也要学会在艰难的环境中磨炼自己，克服意志薄弱、贪图享受、承受力和自制力不足的弱点。青年学生在校期间，要积极参加各种社会实践活动，如智力扶贫、暑期调查、青年志愿者活动等，以提高自己的思想和道德品质；积极参加学校组织的素质拓展、军事训练等活动，以提高自己的适应能力和承受能力。毕业后，也要勇于到基层、到最艰苦的地方去接受锻炼，磨砺自己的意志和品格。实践证明，当代青年学生培养坚毅的品质，增强自身承受挫折的意志和能力，对个人的成长是大有裨益的。

在集美学校里，还曾建有植物园，这是为了教学方便而在1925年建设的。事实上，除了植物园，还先后建造了图书馆、科学馆、音乐室、美术馆等，这些早期的教学配套设备，在当时是罕见的。

归来堂

四、弘扬嘉庚精神，养成艰苦朴素的生活作风

勤俭节约是中华民族的传统美德，古人说："淡泊明志"、"俭以养德"、"成由勤俭败由奢"。陈嘉庚继承发扬了这种勤俭美德，他的一生，是艰苦奋斗、无私奉献的一生。他常说："人生在世，不要只为个人的生活打算，而要为国家民族奋斗。"他一生始终保持艰苦奋斗的优良作风，为国家和民族做出了无私奉献。陈嘉庚的精神境界和道德情操，为我们今天进行"以艰苦奋斗为荣，以骄奢淫逸为耻"的荣辱观教育，提供了宝贵的教材。青年学生要以陈嘉庚为榜样，培养艰苦朴素的生活作风。陈嘉庚从小就养成勤俭节约的好习惯，后来成为富翁，仍旧保持艰苦奋斗的本色。他生活在繁华的新加坡，从来不尚奢华，不讲排场，不贪图个人享受。他一生"公而忘私、国而忘家"，对于教育事业，他献出千万资财而毫不吝惜；对于自己，他俭朴淡泊，锱铢必较，这已是众所周知的。今天，我国的综合国力已经明显增强、人民的生活水平也有很大提高，我们不能提倡人们再当"苦行僧"，但艰苦朴素的优良作风不能丢。因为我们还是一个发展中国家，还面临着艰巨的建设和发展任务，我们应该铭记"成由勤俭败由奢"的历史教训，勤俭办一切事业，努力建设一个节约型的社会。现在社会上铺张浪费、吃喝玩乐的奢侈之风渗入校园，影响所及，在少数青年学生中也存在讲排场、比阔气、挥霍浪费的不良现象，这是与我们党一贯倡导的艰苦奋斗精神相悖的。当代青年学生应以陈嘉庚为榜样，增强节俭意识，从节约一滴水、一度电的小事做起，"一粥一饭当思来之不易，半丝半缕恒念物力维艰"，努力养

成文明、健康的消费方式和生活方式。在校园生活中，我们应该大力倡导勤俭节约光荣、奢侈浪费可耻的荣辱观，形成尊重劳动、勤俭节约、合理消费、保护环境、珍惜资源的良好风气，要把勤俭朴素作为加强思想道德修养的重要内容，使勤俭精神转化为自己奋发向上、报效祖国的动力，为社会主义现代化建设多做贡献。当年陈嘉庚十分重视以艰苦奋斗的精神来教育集美学校的学生和自己的子女。他把“省俭”作为集美学校办学的方针，要求学生以国家民族利益为重，“种种举动应以节俭为本”。他认为要教育孩子艰苦朴素，使之养成优良的品德，才是父母对孩子真正的爱。古人“俭以养德”之说，表明艰苦朴素不仅是简单的生活方式，而且是个人思想道德修养的重要基础。无数事例告诉我们，与节俭连在一起的往往是勤劳、坚韧和奉献，陈嘉庚的一生就是最好的说明。相反，与挥霍形影不离的常常是享乐、骄奢和自私，一些领导干部贪污受贿、腐化堕落，就是从丢掉节俭，贪图享受开始的。“成由勤俭败由奢”，古人的这句话值得每个青年学生深入思索。青年学生应该从自身的健康成长出发，增强节俭意识，发扬艰苦奋斗的精神，反对骄奢淫逸之风，杜绝铺张浪费行为，以自己的实际行动，为建设一个节约型社会，为实现民族振兴和国家富强，做出自己应有的贡献。

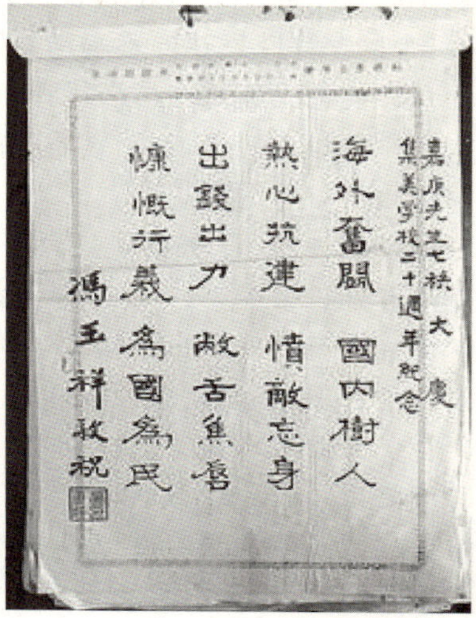

爱国将领冯玉祥为集美学校 20 周年庆致辞

五、弘扬嘉庚精神，培养开拓进取的创新精神

陈嘉庚一生求真务实，积极进取，“言人之所不敢言，为人之所不敢为”。在企业经营方面，他善于把握商机，眼光敏锐，勇于创新，因而能在剧烈竞争中卓然立于商界；在兴学育才方面，他善于借鉴中外文明成果，关注社会发展的需要，形成了一套富有特色的教育思想，为祖国和侨居地的教育事业做出了重要贡献。在社会改革方面，他崇尚科学，反对愚昧，提倡移风易俗，反对封建陋习，提出了一系列积极合理的改革主张。尤其是他从爱国主义走向民主主义和社会主义的爱国道路，充分体现了他一生紧跟时代步伐，矢志追求真理的品格。这些无不折射出陈嘉庚勇于创新的精神，是他一生能有诸多建树，为国家民族和华侨社会做出积极贡献的重

要原因。

人类社会已经进入知识经济时代，世界各国综合国力的竞争也日趋激烈，创新成为这个时代所需要的核心特征。江泽民同志指出："创新是一个民族进步的灵魂，是一个国家兴旺发达的不竭动力"，缺少创新，一个民族就难以发展，更不可能屹立于世界先进民族之林。当代青年学生肩负着全面建设小康社会、实现中华民族伟大复兴的历史使命，创新素质的高低不仅影响到自己人生价值的实现，更影响着国家综合竞争力的提高。

培养创新理念，首先要树立学习无止境、创造无止境的思想。创新需要坚实的理论基础和知识素养，只有各种学科的融会贯通才能激发创造的激情，开拓崭新的视野。陈嘉庚就是一个"活到老，学到老"的榜样。他一生好学不倦、博览群书。他只读过九岁私塾，完全是靠勤奋自学，才不断提高了自己的文化水平。出洋之后，陈嘉庚虽忙于商战，但在闲时亦不忘读书进修。抗战期间，陈嘉庚心系民族危亡，繁忙工作之余，还经常在怡和轩挑灯夜读，直至晚年还孜孜不倦地学习知识。是终身的学习促成了他宽阔的视野和丰富的经验。他敢想敢干、敢为人先的创新精神，与他勤于学习、善于学习分不开。陈嘉庚勤奋好学的精神，值得青年学生认真学习。在当今的知识经济时代，新知识层出不穷，知识更新周期不断加快，只靠在校的学习已不能满足人们创新的需求，必须树立终身学习的理念，只有不断地学习、不断拓展视野，才能实现不断的创新。

其次要提高自己的创新心理素质，打破思维定势，敢于尝试、勇于实践。陈嘉庚的第五子陈国庆回忆说：他父亲是"一个敢挡风险的人，他喜欢冒险去做那种心中无数的事"。"他的一个早为常人所有的品质，也是留给我印象最深的品质，便是他随时代应变的能力，他能根据时代的潮流接受新思想"。陈嘉庚由拥护蒋介石转而追随共产党的政治抉择就证明了这一点。又如 1958 年，为了解决集美学校的用电问题，陈嘉庚试验利用海潮发电，兴建了集美海潮发电站，后来虽因各种原因失败了，但他那种生命不息、探索不止的创新精神，永远值得后人学习。青年学生在求知的过程中要敢于打破条条框框的束缚，敢于怀疑和提问，善于寻找和发现问题；要树立科学的世界观和思维方法，培养独立思考、求新求变的创造性思维，并把创新精神贯穿于思想、道德、学习、工作的各方面。总之，青年学生只有树立求真务实的精神，培养开拓创新的能力，才能为将来投身于社会主义建设事业打下坚实的基础，才能为中华民族的伟大复兴更好地贡献我们的聪明才智。

探索与思考

谈谈如何努力实践，成为陈嘉庚精神传承人？

附录A

陈嘉庚年谱

- 1874 年 10 月 21 日(阴历九月十二日)生于福建省同安县集美村,父陈杞柏是新加坡商。
- 1882 年九岁。在南轩私塾就学。
- 1890 年十七岁。奉父函召,第一次出洋新加坡。
- 1891 年十八岁。在其父所营顺安米店学商。
- 1893 年二十岁。归国与张氏成婚。
- 1895 年二十二岁。第二次出洋新加坡。
- 1898 年二十五岁。回国奔母丧。
- 1899 年二十六岁。携妻张氏第三次出洋新加坡。
- 1900 年二十七岁。归国葬母。
- 1903 年三十岁。第四次出洋新加坡。
- 1904 年三十一岁。在此后三年间,创业颇有成果,奠定一定经济基础。
- 1910 年三十七岁。加入中国革命同盟会。被推举为新加坡中华总商会协理及道南学堂总理,向闽侨募捐五万多元建筑校舍,这是致力教育事业的开始。
- 1911 年三十八岁。辛亥革命胜利,福建光复,被推为福建保安捐款委员会会长,筹款二十多万元支援福建财政,另筹五万元接济孙中山先生。
- 1912 年三十九岁。携眷回国,筹办集美学校。
- 1913 年四十岁。集美学校正式开学,购地扩建校舍和操场。第五次出洋新加坡。
- 1915 年四十二岁。租轮四艘,经营航运,获利颇巨。
- 1916 年四十三岁。购进三千吨轮船一艘,命名为"东丰号"。
- 1917 年四十四岁。购进三千七百五十吨轮船一艘,名为"谦泰号"。因两年来营业顺利,派胞弟敬贤回国创办集美中学和集美师范学校。筹款二十多万元救济天津水灾。

- 1918年四十五岁。集美师范和中学正式开学。发起筹办新加坡南洋华侨中学。
- 1919年四十六岁。新加坡南洋华侨中学正式开学。回国筹办厦门大学。组织同安县教育会,对各乡小学给予常年补助,受益者三十多校。
- 1920年四十七岁。集美学校增设女子师范和商科。创办集美水产航海学校。
- 1921年四十八岁。厦门大学在集美开学。
- 1922年四十九岁。第六次出洋新加坡。
- 1924年五十一岁。在新加坡创办《南洋商报》。
- 1925年五十二岁。创业有成,资产达一千二百万元,是他一生中登峰造极,得利及资产最巨之时。
- 1926年五十三岁。扩建南洋华侨中学校舍。创办集美农林学校。开始面临逆境,胶价暴跌,营业亏损甚巨,被迫将厦大和集美两校校舍建筑工程局部停工,但经费仍竭力维持。
- 1928年五十五岁。5月3日,日军侵占济南,组织山东残祸筹赈会,募款救济受祸难胞。
- 1937年六十四岁。“七七”事变发生,发起组织新加坡筹赈会,被推担任主席,捐募新加坡币一千万元,支援祖国抗日战争。
- 1938年六十五岁。被选为南洋华侨筹赈祖国难民总会主席。致电汪精卫反对其主张同日本和谈。
- 1940年六十七岁。组织“南洋华侨回国慰劳视察团”,并率团返国到重庆、延安等地视察慰问。
- 1941年六十八岁。被推为南侨总会第二届主席。组织南洋闽侨总会。创办南洋华侨师范学校。12月,太平洋战争爆发,领导组织新加坡华侨抗敌总会。
- 1942年六十九岁。新加坡沦陷,避居爪哇三年,写成《南侨回忆录》和《住屋与卫生》。
- 1945年七十二岁。日本战败投降,重返新加坡。11月18日,重庆各界召开“陈嘉庚安全庆祝大会”,毛泽东主席特送条幅,题“华侨旗帜,民族光辉”八个大字。
- 1946年七十三岁。创办新加坡《南侨日报》。
- 1947年七十四岁。召开新加坡华侨大会,反对荷兰殖民军屠杀印尼巨港华侨暴行,议决准备对荷兰实行经济制裁。为集美各校开拓经费来源,在香港创办集友银行，实行以行养校，是史无前例的创举。

- 1949年七十六岁。抗日战争胜利后首途回国。9月在北京出席全国政协第一届全体会议，被选为常务委员。10月1日，参加中华人民共和国中央人民政府成立典礼，被选为中央人民政府委员、华侨事务委员会委员。
- 1950年七十七岁。最后一次出洋新加坡，结束未了事务。当年回国定居故乡集美村，亲自主持集美、厦大两校校舍的修建。
- 1954年八十一岁。9月，出席第一届全国人民代表大会第一次会议，当选为全国人大常委会委员。
- 1955年八十二岁。视察东北、华北、西北、西南等地。
- 1956年八十三岁。当选为中华全国归国华侨联合会主席。
- 1959年八十六岁。当选为全国政协副主席。创立厦门华侨博物院。
- 1961年八十八岁。在北京逝世，遗体移集美鳌园安葬。

附录B

陈嘉庚研究综述

陈嘉庚先生对祖国民族和社会贡献巨大，陈嘉庚精神影响深远，它已成为中华民族宝贵的精神财富。开展陈嘉庚研究工作成为中国社科界研究的一个重要分支。这里，仅就改革开放以来国内外进行的陈嘉庚研究现状略作归纳。

一、关于陈嘉庚的研究机构

改革开放以来，学界许多学者开始致力于对陈嘉庚和陈嘉庚精神的研究，研究者较为集中的地域则在东南亚和我国的闽南地区。专门的研究机构以厦门集美陈嘉庚研究会、陈嘉庚国际学会、集美学校委员会、集美校友总会和厦门华侨博物院等为代表。

1. 厦门市集美陈嘉庚研究会

厦门市集美陈嘉庚研究会成立于 1985 年 1 月，属于厦门市社团法人，会员主要以厦门市教育界的专家、学者为主。研究会以"学习、研究、宣传和发扬陈嘉庚爱国爱乡、倾资兴学的精神，为祖国现代化建设服务"为宗旨。研究会每年按期举行年会，每年年会都确定研究主题和专题，产生了一定的社会影响，并取得了一定的研究成果。

2. 陈嘉庚国际学会

1992 年 8 月 20 日，由杨振宁、丁肇中、李远哲、田长霖、王赓武等 5 位世界著名华人科学家和陈共存先生等华人社会知名人士发起的陈嘉庚国际学会在香港成立，首任会长即为华人诺贝尔化学奖获得者李远哲先生。陈嘉庚国际学会的宗旨为："弘扬嘉庚精神，凝聚各界精英，服务社会，造福人群"。在过去的一个时期内，陈嘉庚国际学会为在国际上宣传和弘扬陈嘉庚精神做了不少的贡献，在服务教育方面也有较大的举措。1993 年 4 月，该会捐资在美国著名的加州大学柏克莱分校兴建了一座以陈嘉庚名字命名的"陈嘉庚（化学）大楼"。1995 年，该会又与厦门市、集美大学联合办学，兴办集美大学工商管理学院。

3. 集美学校委员会

厦门市私立集美学校委员会（简称集美校委会）是负责管理陈嘉庚先生的遗业和其创办的文化教育事业以及其它公益事业，维护其合法权益的机构。集美校委会的前身是陈嘉庚于1927年11月创办的集美各校的管理机构——集美学校董事会，1956年改组为学校委员会。作为陈嘉庚先生的遗业管理者，集美校委会除了注重搜集，整理陈嘉庚先生的历史资料以外，还利用嘉庚先生故居和鳌园进行嘉庚精神的宣传，取得了较好的社会效益。

4. 集美校友总会

集美校友总会属于厦门的社团法人。该社团在团结海内外校友方面做了大量工作，同时以《集美校友》刊物作为向广大校友宣传嘉庚精神的重要阵地，同样有着很好的效果。

5. 厦门市华侨博物院

厦门华侨博物院由陈嘉庚于1956年9月倡办，是以华侨历史为主题的综合性博物馆，也是我国唯一的侨办博物馆。博物院设有华侨历史简介馆、祖国历史文物馆、自然博物馆3个陈列馆。

二、关于陈嘉庚研究的专著、专刊

陈嘉庚本人留传于世的著作、文章、书信、讲演等是我们进行陈嘉庚研究的最重要资料，陈嘉庚留传于世的著作主要有《南侨回忆录》、《新中国观感集》、《民俗非论集》、《住屋与卫生》等。

后人根据陈嘉庚的著作、文章、书信、讲演等进行分类整理供研究的资料有：陈厥祥编著的《集美志》，全国政协文史资料研究委员会等编的《回忆陈嘉庚》，北京集美校友会编的《回忆陈嘉庚》，澳大利亚杨进发著的《陈嘉庚研究文集》，陈碧笙、杨国桢著的《陈嘉庚传》，陈国庆著的《回忆我的父亲陈嘉庚》，新加坡怡和轩俱乐部、集美陈嘉庚研究会编的《陈嘉庚言论集》，陈共存口授、洪永宏编撰的《陈嘉庚新传》，陈碧笙、陈毅明编的《陈嘉庚年谱》，张其华著的《陈嘉庚在归来的岁月里》，黄金陵、王建立主编的《陈嘉庚精神文献选编》，王增炳、陈毅明、林鹤龄编的《陈嘉庚教育文集》，厦门市委党史研究室、集美大学、集美校委会、集美校友总会等合编的《陈嘉庚研究文集》，傅子玖著的《陈嘉庚传》，洪永宏著的《出洋记》和《归来记》，陈少彬著的《陈嘉庚研究文集》，雷克啸编著的《陈嘉庚精神》，曾昭铎著的《陈嘉庚——华侨旗帜民族光辉》，陈天绶、蔡春龙著的《陈嘉庚之路》，林志远著的《陈嘉庚》，林斯丰、张培春、林茂今、林德时等编的《陈嘉庚精神读本》，林鹤龄、陈村牧编的《陈嘉庚书信集》，集美陈嘉庚研究会、集美侨联合编的《循履嘉庚足迹》，政协集美区委编的《陈嘉庚的亲属、族亲及事业襄助者》，刘惠生著的《在陈嘉庚故乡五十年》，林少川著的《陈嘉庚与南侨机工》，朱立文著的《在缅怀陈嘉庚先生的日子里》，郑如赐主编的《陈嘉庚爱国体育思想》，丘光耀编绘的《陈嘉庚画传》，陈毅明、杨潞聪编的《南侨机工抗战纪实》，政协集美区委、集美陈嘉庚研究会编的《陈敬贤先生纪念集》，吴定基、李兆生主编的《侨界楷模李光前》。

在众多陈嘉庚研究的文献资料中，有三种重要期刊，即《集美陈嘉庚研究》和《集美校友》和《陈嘉庚国际学会会刊》。

三、关于研究成果

1. 通过对陈嘉庚生平事迹的研究，得出陈嘉庚爱国主义思想的形成和发展的脉络。

2. 通过对陈嘉庚一生的重要贡献与历史地位的评价，得出五个方面观点：

第一，陈嘉庚是海外华侨开拓实业的先驱，为东南亚的经济开发和祖国的民族工业做出了重要贡献。

第二，陈嘉庚是海外华侨倾资兴学的楷模，为祖国和侨居地的教育事业做出了卓越贡献，在海内外树起了兴办教育的一代新风。

第三，陈嘉庚是海外华侨爱国爱乡的典范，为祖国的独立、统一和富强做出了不可磨灭的贡献。

第四，陈嘉庚是华侨利益的捍卫者和代言人，是第一个把东南亚各地华侨团结在一个统一的爱国团体之内的杰出领袖。

第五，陈嘉庚是一个杰出的社会革新家，为改革社会的颓风陋俗做出了重要的贡献。

毛泽东 1945 年 11 月为陈嘉庚所作的题词“华侨旗帜，民族光辉”，可以说是对陈嘉庚一生最为准确和高度的评价。

3. 通过对陈嘉庚精神的内涵研究，可以概括为以下几个主要的方面：

第一，是“天下兴亡、匹夫有责”的爱国精神。

第二是重义轻利、艰苦朴素、公而忘私的奉献精神。

第三是诚实守信、勤勉节俭、嫉恶好善的重德精神。

第四是刚健果毅、坚韧不拔、自强不息的奋斗精神。

第五是是与时俱进、革故鼎新、敢闯敢拼的创新精神。

4. 关于陈嘉庚的教育思想，主要概括为以下几个方面：

第一是教育立国的战略思想。

第二是重视职业教育的思想。

第三是重视学风、校风建设的思想。

第四是重视华侨华文教育的思想。

第五是全面发展的人才观，确立了德、智、体三育并重的培养目标。

第六是专家治校的办学观，慎选校长，广聘名师，任人唯贤。

第七是知行一致的教学观。

第八是有教无类的普及观。

四、陈嘉庚研究及其实践活动

嘉庚精神重在研究，更重在实践。陈嘉庚是集美学村和厦门大学的创办人，在几十年的办学实践中，各校都以嘉庚精神为宝贵的财富，致力于嘉庚精神的传承与弘扬，是弘扬和实践嘉庚精神的重要力量。

陈嘉庚于 1913 年创办小学起，前后创办的学校达到数十所，在近百年的办学过程中，嘉庚精神和“诚毅”校训，始终是各个学校前进发展的不竭动力。各个学校以嘉庚精神为重要内容进行日常教育管理工作，通过一年一度的“集友陈嘉庚奖教金”、“集友陈嘉庚奖学金”的评比和颁奖，激励广大师生以嘉庚精神为平时工作、学习的精神动力：通过开展“陈嘉庚在我心中”演讲比赛、学习嘉庚精神征文比赛等活动，使弘扬嘉庚精神与征文比赛、知识竞赛、演讲比赛等校园文化活动紧密结合；通过清明节祭扫陈嘉庚墓、校庆、纪念陈嘉庚先生诞辰等专门活动，推动全校师生员工学习弘扬嘉庚精神活动的深入开展：通过组织义务导游团到嘉庚公园进行义务导游，广大参与其中的学生在向来自世界各地的游客介绍陈嘉庚事迹的同时，也从中得到教益。学校把学习弘扬嘉庚精神列入每年新生入学教育的必备内容，通过组织学生唱校歌、听报告，参观陈嘉庚故居、归来园、嘉庚公园等爱国主义教育胜地等活动，让新生在参观学习中体会嘉庚精神博大精深的内涵，上好爱国主义教育第一课。

在创办集美学校的过程中，陈嘉庚充分吸取源远流长的中华民族优秀文化传统，结合自身立身处世的感悟，概括提炼了“诚毅”二字，于 1918 年立为集美学校校训。陈嘉庚曾用“诚信果毅”对“诚毅”加以展述。陈嘉庚以身作则、严于律己，不但是“诚毅”的积极倡导者，而且是实践“诚毅”的楷模。他一生为国为民，一生艰苦创业，他对国家民族的忠诚，对事业的执着追求，他忠心报国、倾资办学、攻揭奸贼、坚信胜利、振兴经济、著书演说、勤俭生活、开拓革新等无不是其“诚毅”人生的真实写照。在陈嘉庚先生的倡导和示范下，如今“诚毅”既是集美学村广大师生道德修养的准绳，也是海内外数万名集美校友为人处事的行为指南，而且已经成为集美学村各校共同的的传统精神。

集美学校自 1913 年创办以来，共为国家和社会输送了各类专门人才几十万人。广大校友大力弘扬嘉庚精神，秉承“诚毅”校训，为国奉献、服务社会，实现着自己的人生理想，为母校赢得了声誉，尤其在东南亚、台港澳地区享有盛誉。

集美近景

附录 C

集美学村各校概览

《集美学校校歌》中唱到：闽海之滨，有我集美乡，山明兮水秀，胜地冠南疆。天然位置，惟序与黉，英才乐育，蔚为国光。全国士聚一堂，师中实小共提倡……”陈嘉庚先生怀着兴学报国的雄心壮志，以开拓者的远大目光，先后创办了两等小学(1913)、女子小学(1917)、师范部(1918)、中学部(1918)、幼稚园(1919)、水产科(1920)、商科(1920)、女子师范部(1921)，设立了同安教育补助处(1920)，以及各校公用的医院(1920)、图书馆(1920)、银行(1921)，并制订和颁布了集美学校共同的校训、校歌(1918)，兴建了统一的钟楼(1921)，确定了“福建私立集美学校”的总校名(1921)，至 1921 年末，一个较为完整的教育体系和“师(师范)中(中学)实(实业科)小(小学)共提倡”的办学格局基本形成，集美学校未来发展的整体轮廓初露端倪。

经过 90 多年的风风雨雨，集美学村在各级领导、校友的关心下茁壮成长，目前包含了集美大学、集美中学、集美海洋职业技术学院、集美轻工业学校、集美华文学院、集美小学、集美幼儿园等学校，还包括嘉庚公园、敬贤公园、纪念馆以及福南大会堂、图书馆、体育馆、音乐厅、游泳池、龙舟池、医院、航海俱乐部等设施。

一、集美大学

集美大学环境幽雅，中西合璧的“嘉庚风格”的建筑楼群掩映在绿树红瓦中，风景如画。学校前身是陈嘉庚先生于 1918 年创办的集美师范学校。1994 年 10 月在原集美航海学院、厦门水产学院、福建体育学院、集美财经高等专科学校、集美师范高等专科学校等五所院校的基础上，联合组建成立了省属多科性的集美大学。1995 年厦门市政府和陈嘉庚国际学会联合创办集美大学工商管理学院。1999 年 1 月实现了实质性合并。

党中央、国务院对办好集美大学高度关注。江泽民同志亲自为学校题写校名并题词，李鹏、乔石和李岚清等中央领导对办好集美大学也做了专门题词。李岚清同志亲自为学校揭牌，并多次亲临学校视察、指导。中共中央政治局常委习近平同志，中共中央政治局常委、中纪委书记贺国强同志在福建省主政期间，都曾担任集美大学校董会主席。

集美近景

二、集美中学

集美中学是陈嘉庚先生1918年创办的。8年抗战期间，集美中学被炸，内迁福建安溪，坚持办学。学校位于闽南沿海、厦门特区，与宝岛台湾仅一水之隔，是闻名遐迩的集美学村的重要组成部分，依山傍海，四季常春，鸟语花香，风景如画，苍松翠柏、碧水亭阁环绕四周。占地约10万平方米，建筑面积约5万平方米，拥有大楼13座。以“南薰楼”、“道南楼”等标志性建筑为代表的中西合璧、极富特色的嘉庚建筑群，吸引了无数中外宾朋和文人墨客。美国前总统尼克松参观后说：我到过世界很多国家，还没有见过像集美中学这么漂亮的地方。新时期建成的基建投资1 100万元、建筑面积8 500平方米、现代化、多功能的科学楼，基建投资1 500万元、福建省中学一流的体育馆，基建投资630万元、套房式的学生公寓，福建省中学首座标准400米环形塑胶跑道运动场，厦门中学规模最大的生物园等更增添了亮丽的风景。

90多年来，集美中学桃李芬芳，集美中学英才辈出，培养了4万多名毕业生，其中1/3分布在海外，尤其以香港、澳门、台湾以及东南亚各个国家和地区为多。他们关心、支持母校发展，设立奖教、奖学基金会，捐建大楼，捐赠汽车、教学仪器设备，遍布世界各地的校友为祖国、民族，为社会、人民，为传播中华文化、开发当地经济，为人类和平、社会进步做出积极贡献。学校成为沟通情感、争取侨心、促进团结的重要桥梁和纽带。

集美中学夜景

三、海洋职业技术学院

厦门海洋职业技术学院是一所由福建省人民政府批准的培养应用型高等技术人才的全日制普通高等职业技术学院。学院是在陈嘉庚先生创办的全国重点中专学校——集美水产学校的办学基础上组建的。

学院实施管理与服务并重的管理理念，“诚以施教，毅以治校”，提出“一切为了学生、为了学生一切、为了一切学生”是学校工作的出发点。今天的厦门海洋职业技术学院将牢记“诚毅”校训，以崭新的面貌开拓进取、与时俱进、迎接挑战，为我国社会主义现代化建设培养适应经济建设与社会发展需要的高等应用型技术人才。

海洋职业技术学院俯瞰图

四、集美轻工业学校

集美轻工业学校前身是陈嘉庚先生于1920年创办的集美学校商科。建校90多年来，学校先后改名为福建私立集美学校商业部、福建私立集美商业学校、福建私立集美联合学校、福建私立集美高级联合职业学校、福建私立集美高级商业职业学校、福建私立集美高级商业学校、福建集美财经学校。1956年，学校正式归福建省轻工业厅领导。1959年厦门纺织工业学校、泉州食品工业学校和集美财经学校合并，改称福建集美轻工业学校。1960年，学校增设大学部，改称福建集美轻工业学院；1962年，恢复福建集美轻工业学校原称。1965年，学校分为“轻工”、“财经”两校，轻工业学校属福建轻工业厅领导。1965年3月，学校迁至南平，与设在该市的福建造纸工业学校合并，改称福建省轻工业学校。因十年动乱，学校于1970年6月被迫停办。1974年1月，福建省轻工业学校在厦门市现校址复办，改称福建轻工业学校。1985年6月，经福建省人民政府批准，恢复现校名——集美轻工业学校。

集美轻校校前区的教学楼

五、华文学院

华文学院的前身是集美华侨学生补习学校，是经国务院批准，并委托著名爱国华侨领袖陈嘉庚先生于1953年主持创办、专招华侨学生、华裔青年以及来华学习汉语文化知识的外籍学生的特色学校。为适应海外华文教育迅速发展的需要，1997年国务院侨办决定将集美侨校成建制并入华侨大学，与华侨大学对外汉语教学部合并，成立华文学院。

华文学院南侨群楼

华侨大学华文学院是华侨大学对外汉语教学的单位，是中国教育部首批公布的有资格招收外国留学生的单位之一，是国务院侨办首批批准的华文教育基地之一，是国家汉办支持周边国家汉语教学重点学校之一，是国家在福建省最早设立的汉语水平考试考点。我们的主要任务是向海外华侨华人及其他外籍人士传播中国语言文化，进行汉语培训，促进中外文化交流。

华文学院南侨建筑群位于集美龙舟池西面以北，系陈嘉庚受中侨委委托于1953—1959年主持兴建。主建筑群共四排十六座，命名为南侨第一至南侨十六。楼体坐北朝南，顺池畔坡地而筑，由低至高。首排平屋，末排四层，逐排加层拔高。南北楼距16～18米，东西楼距4～8米。环境幽雅，楼宇壮观，美轮美奂。

六、集美小学

集美小学是嘉庚先生最早创办的一所学校，目前全校有教职员工281人，在校学生1 630人，是厦门市规模最大的小学之一。

集美小学

学校地处集美学村中部，一水环绕，波映层楼，树掩亭榭，环境清幽，是儿童少年理想的学园和乐园。学校占地面积 22011 平方米，建筑面积 9166.4 平方米。校园里有一幢教学大楼——“三立楼”(由立功楼、立言楼、立德楼组合而成)。这是厦门地区第一个共青团部诞生地，是革命斗争时期厦门革命的发源地。1997 年重建以后，全座教学楼 6400 平方米，是一幢多功能、规范化，设施日趋齐全的现代化教学大楼。校园里有雄伟壮观的敬贤礼堂，还有百尺钟楼，如今已成为集美学村的标志。学校还拥有供两千多人活动的体育场所。1980 年 12 月学校被定为福建省重点小学。

七、集美幼儿园

集美幼儿园是陈嘉庚先生创办于 1919 年 2 月 18 日的一所全日制完全幼儿园，归属于集美区教育局管辖。

在这漫长的历程中，历经风风雨雨，抗日战争时期停办，战后又复办，“文化大革命”期间被迫停办，于 1980 年复办至今。现园舍总占地面积为 6300 平方米，总建筑面积约为 4596 平方米，活动室生均面积超过 1.5 平方米，户外活动场地人均 4 平方米以上，并以其独特的西班牙建筑楼群的特点坐落于集美镇东北隅。园内设有办公室、活动室、寝室、盥洗室、幼儿厕所、保健室、隔离室、音体室、教育资料阅览室、建构室、娱乐室、厨房、保管室、会议室、戏水池、沙池、种植园地、动物饲养角、大型户外游乐场所等，同时种有日本茉莉、茶花、变色木等灌木共一百多株和三角梅、凤仙花、海棠花等三十几种花卉；并且按照《幼儿园教玩具配备目录》基本配齐教玩具。

附录D

集美学村导游

"集美学村"坐落在我国的东南面，隶属素有海上花园之称的国家第一批文明城市——厦门，"集美学村"是集美各类学校及各种文化机构的总称，由我国伟大的革命先行者孙中山1921年任大总统时批示"承认集美为中国永久和平学村"衍化而得，集美学村由陈嘉庚先生于1913年开始创办，前后耗资一亿多元，经过几十年的发展，目前包括有集美大学、集美海洋职业技术学院、集美轻工业学校、华文学院（华侨补习学校）、集美中学、集美小学、集美幼儿园等。总占地4000多亩，学校校舍建筑面积90万平方米，拥有在校师生四万余人，誉满东南亚。

除此之外，陈嘉庚先生还创办了厦门大学、新加坡的道南学校、南洋华侨中学、资助了同安启悟中学、阳翟小学等近200所中小学等。

陈嘉庚先生创立集美学村之初，就有宏伟详细规划，除校舍之外有公共的大礼堂、游泳池、体育馆、电影院、医院、航海俱乐部等。规模之宏大，设备之完美，在国内尚属罕见。由于学村的建筑熔中西风格于一炉，成为集美的一个象征。尤其是集美中学的道南楼、集美侨校的南薰楼、航海学院的教学大楼，集美大学的办公楼、集美轻工业学校的实训楼等等或巍峨挺拔，或凌空欲飞，建筑既雄伟大气、富有个性，融现代感和传统美于一体，被称赞为"嘉庚风格"建筑。

学村不但具有美的建筑外型，而且，更有美的内涵——陈嘉庚先生和其胞弟陈敬贤先生在办学初始就提出了"诚毅"校训，要求集美学校的全体师生能诚以待人，毅以处事，八十多年来，鼓舞了一批又一批的集美校友披荆斩棘，奋勇前进。

一、学村自然地理位置

集美学村位于厦门市集美区集美街道，处于厦门市的几何中心，位于东经118°04′04″、北纬24°26′46″，地处我国东南沿海——福建省东南部、九龙江入海处，

集美学村正门

集美学村夜景

背靠漳州、泉州平原，濒临台湾海峡，面对金门诸岛，与台湾宝岛和澎湖列岛隔海相望。

厦门由厦门岛、鼓浪屿、内陆九龙江北岸的沿海部分地区以及同安等组成，陆地面积 1565.09 多平方公里，海域面积 300 多平方公里。是一个国际性海港风景城市。

晋太康三年(282 年)置同安县，属晋安郡，后并入南安县。唐贞元十九年(803 年)析南安县西南部置大同场，五代后唐长兴四年(933 年)升为同安县，属泉州。宋属清源军、平海军、泉州。元属泉州路。明属泉州府。洪武二十年(1387 年)始筑“厦门城”——意寓国家大厦之门，“厦门”之名自此列入史册。

集美区是著名的侨乡和风景旅游区，旅居海外的侨胞有六万多人。这里环境恬静幽雅，风光旖旎，陈嘉庚先生故居、鳌园、归来园、李林园、龙舟池、鳄鱼园、陈嘉庚纪念馆、学村建筑群等都是独具闽南风韵的人文景观，年旅游人数近百万人次。

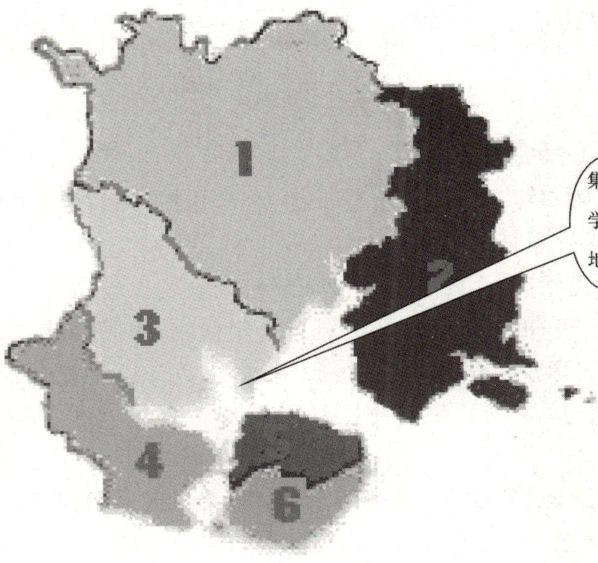

厦门区划和集美学村具体位置示意图

二、导游解说词

【导游线路】集美学村门口→华侨大学华文学院→集美龙舟池→集美中学→归来园和归来堂→陈嘉庚故居→延平故垒→嘉庚公园→鳌园(简介游廊及围墙纪念碑博物观陈嘉庚陵墓)→陈嘉庚纪念馆

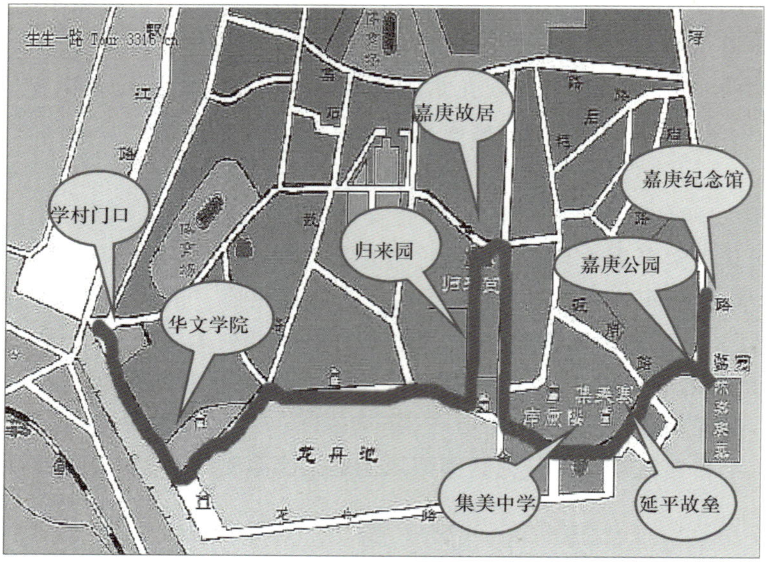

集美学村游览路线

1. 学村大门(起点)

集美学村是在陈嘉庚先生亲自指导下创立的,由于学村的建筑熔中西风格于一炉,成为集美的一个象征。

可能大家都听过学府、学校、学城,可是学村大家就比较陌生了,其实“集美学村”名字的由来也是很有渊源的:在20世纪20年代初,军阀混战,闽南战事紧张。1923年8月底,集美学校正预备开学时,闽军过境,数千人驻扎学校。当时,闽军驻高崎大石湖牛家村,粤军驻鳌冠排头,隔海对峙,开枪互击。厦集交通,为之断绝。

9月30日,集美学校中学部八组侨生李文华、李凤阁乘帆船赴厦门,行至大石湖,遭闽军臧致平部枪击。李文华身中三弹,李凤阁中一弹。两天后,李文华死于医院。经学校多方交涉,臧部才答应校方所要求的各项条件。

李文华被枪杀后,在新加坡的陈嘉庚先生曾同林义顺和新加坡中华总商会分别致电闽、粤军首领,要求他们把驻军撤出集美村界外。鉴于战祸蔓延,旷日持久,教育辍废,为了保证安全,根据陈嘉庚先生的函示,叶渊倡议把集美划为“永久和平学村”,并缮具请愿书及各种文件,派代表分别向南北军政当局请求承认划集美为和平学村。同时,向本省军政各机关、各长官,请其签名承认,请求全国实力派领袖、名流签字赞同。“学村”这一提法首次出现。

这一倡议、请愿，获得军政当局和社会名流、大学、报社等复函电表示赞同、支持、承认。孙中山大元帅大本营亦于1923年10月20日批准在案。同日又由大本营内政部以第三十六号批文，电令闽粤两省省长及统兵官对集美学校特别保护。“集美学村”自此得名并流传。

华文学院南大门

华文学院华侨大学的华文学院，也是集美学村的一个组成部分。

1953年6月第二次全国教育工作会议后，考虑到南洋各地华侨教育受种种限制，回国求学的侨生将会日益增多，陈嘉庚先生向中央人民政府建议在集美创办归国华侨学生中等补习学校，专收归国侨生，进行补习教育。中央人民政府采纳了他的建议，并拨专款委托他负责筹建工作，学校由中侨委及地方政府领导，以中侨委为主。1953年11月，在福建省侨委、福建省教育厅、厦门市文教局的领导下，成立“集美华侨学生补习学校筹备委员会”，进行建校筹备工作，并接收以前“国立福建航专”移交的校舍和教学设备。1957年，经中侨委同意，陈嘉庚先生倡办的“侨属子女补习学校”成立，并委托集美华侨学生补习学校负责兼办。1982年，经国务院批准，增设“集美中国语言文化学校”，专收华侨、华人子女来校学习汉语，设一年制汉语基础班和二年制汉语专修班。此外，还承办海外学生夏令营、华文教师培训班等。

2. 龙舟池

长约800米、宽约300米的龙舟池，池中有名为“启明”、“南辉”、“庚”及“左”、“右”、“逢”、“源”七座式样各异的亭台水榭，屹立在龙舟池畔，龙脊凤檐，雕梁画栋，朱绕翠环，亭子。称为“七星坠地”。池中央有两座水榭，凌波展翼，名为“孤星伴月”，这是陈嘉庚先生亲自设计修造的。陈嘉庚先生十分敬重爱国诗人屈原，痛恨“东亚病夫”的耻辱称号，主张国人要强身健体，报效祖国。因此，他结合集美的渔村文化，鼓励人们开展能够彰显中华民族凝聚力的龙舟赛活动。为了提供良好的竞赛场地，在建设了一个中池之后，1955年，他自亲自选址在临海风景优美处开辟一个规范化的大龙池，这就是我们现在举行龙舟竞赛的场所。陈嘉庚先生生前曾亲自督造龙舟10艘，组织村民和师生训练划船技术，并多次主持龙舟赛会。

每年端午节，这里金鼓齐鸣，南曲悠扬，波光水影，人声鼎沸，七彩龙舟，劈波斩浪，别有一股豪情。而在龙舟池旁边的这片绿荫树林里，老人、小孩和妇女们同样也感受到了节日的欢乐，他们在这里或猜谜、或接对子、或投篮、或玩智力游戏，好不热闹。近几年来嘉庚杯敬贤杯海峡两岸龙舟赛不仅规模不断扩大，参赛队伍日益增多，大赛不仅吸引了大陆各地的龙舟队，还有来自港、澳、台地区和一些国际龙舟队参加。同时，和龙舟赛配套举办的文化活动也更加丰富。

龙舟池和集美中学

3. 集美中学

集美中学依山傍海，东临嘉庚公园，南眺厦门大桥，西接双拱石桥，北依归来堂，占地10万平方米，建筑面积10.5万平方米，拥有道南、南薰、黎明、延平、侨光、科技、体育馆、教工宿舍等13座大楼。校园四周环绕着碧绿的湖水与典雅的楼台亭阁，苍松翠柏，四季常青，鸟语花香，风景如画被誉为“花园式学校”。郭沫若曾题写对联盛赞：“鳌园博物大观百闻不如一见，鹭江集美中学万人景仰千秋。”美国前总统尼克松参观后曾感叹：我走过世界很多地方，还没有见过如此美丽的学校。新浪网友评之为世界上最漂亮的中学。

龙舟池和集美中学

4. 归来园和归来堂

归来园建于1983年，是为纪念陈嘉庚先生创办集美学校70周年而建的，占地面积9300平方米。园的两侧是盆栽、灯柱、翠柏，行行对称，整齐雅观，园的北端正中，竖立一道石屏，是由方、菱、梯、扇、三角等不规则形状石块铺砌的，高3米，宽7米，上面镶嵌着毛泽东主席对陈嘉庚一生功绩的八字总结：“华侨旗帜，民族光辉”。

陈嘉庚竖式铜像就立在石屏前。铜像是我国著名雕塑艺术家潘鹤教授创作的，高2.3米，基座0.6米。铜像貌肖神似，轻松自若地屹立在归来堂前，左手拿帽，右手执杖，深邃而和蔼的目光望着远方，盼望海外亲人归来。

归来园

石屏的后面是归来堂，归来堂于1962年陈嘉庚先生逝世一周年纪念日落成。其实，早在1950年，陈嘉庚先生先生回国定居的时候，他就想建归来堂了（归来：也就是希望他那些长年侨居海外的亲朋好友能够不忘祖国，常回祖国看看，老有所终，落叶归根；所谓归来，也理解为让海外华侨归来团聚一堂，不忘故土，不忘故乡，不忘祖国），但为什么没有建成呢？那是因为在1950年的时候，当时集美刚刚解放，集美学校的校舍很多都受到了破坏，陈嘉庚先生认为，这个时候应该是将最大的精力投入到学校的修复当中，于是就将修建归来堂的事给耽搁了。直到1961年，陈嘉庚先生去世后也没能建成，而当陈嘉庚先生去世后，周恩来总理得知建立归来堂是陈嘉庚先生生前的愿望，极其重视，当即指示福建省政府要修建归来堂，1962年陈嘉庚先生逝世一周年纪念日落成。归来堂建筑面积4000多平方米，由厅堂、拜庭、会客室、厢房和庭院组成，主体是富有民族特色的宫殿式大厅堂，飞檐画栋，庄严肃穆，典雅大方。跨出厅堂门就是拜庭。庭院里花卉盆景、珍树嘉木，生机盎然。

归来堂

5. 陈嘉庚先生故居

陈嘉庚先生故居是陈嘉庚先生根据罗马式的建筑风格建于 1918 年 6 月，是陈嘉庚及胞弟陈敬贤回国兴学、工作、生活的地方，也称校主住宅，总面积约为 400 平方米。1939 年，抗日战争时期被日本飞机炸毁。当时，陈嘉庚先生首先将集美学校被炸毁的校舍和村舍修复后，该故居到了 1955 年才由人民政府拨款修复，1980 年、1993 年和 1994 年，集美学校委员会对故居进行了土木方面的较全面维修。

陈嘉庚先生故居

位于陈嘉庚先生故居西侧，为一幢三层楼房，为陈嘉庚先生生平事迹陈列馆。该馆建于1983年，总建筑面积700多平方米。该馆较全面地展现了陈嘉庚先生一生经办实业、兴办教育、参加政治活动和回国定居等情况。馆中展出大量的图片、文字及遗物，让人们感受到深刻的爱国主义教育。

6. 延平故垒

延平古垒的得名跟我们收复台湾的民族英雄“延平王”郑成功有莫大的关系，1660年（清顺治十七年）郑成功部将刘国轩固守集美时，筑寨门，是临海的军事布防，后人称为“国姓寨”、“浔尾寨”、“集美寨”。至今在寨门左侧还保存一尊铁锈斑驳的古炮。为了纪念和发挥民族英雄郑成功的爱国精神，1919年5月，陈嘉庚先生选择“国姓寨”遗址作为集美小学校址，1922年建成一座三层楼房，取名延平楼，并在石寨门旁的巨石上，镌刻“延平故垒”四个字，抗日期间，延平楼毁于日本炮火。1953年，陈嘉庚先生重建延平楼，这是一座具有民族风格的四层楼房。并因地就势，利用山丘坡地，用花岗岩砌成三大层24阶，作为海滨游泳池的看台，前面这个游泳池也就被命名为“延平池”。

延平故垒

7. 嘉庚公园

嘉庚公园并不是陈嘉庚先生建的，而是为了完成陈嘉庚在世时无法完成的心愿而建的。我们都知道陈嘉庚先生的晚年，几乎把全部的精力都投到集美家乡的建设中，但他不幸于1961年病逝，有许多计划中的事还来不及去做。他曾经说过，鳌园完工后，前面海边的空地要造一个公园，夙愿未了，不能不说是一件憾事。但是国家和人民没有忘记要替这位爱国侨领了却心愿。现在鳌园前面的“嘉庚公园”已经完工。公园按照传统园林自由布局的形式，将公园的娱乐性、纪念性和文化融为一体，与鳌园景观相得益彰，协调统一。

进入园中，满眼是高低错落的亭台楼阁，这是中西合璧的嘉庚建筑风格风格的体现。其中最具代表性的当数“鳌亭”和“命世亭”，均于20世纪五六十年代与鳌园同时建成，是鳌园建筑景观的延伸。另外值得一提的是，在命世亭曾经矗立着中国十大元帅的雕像，它是鳌园石雕的一个重要组成部分，但在文化大革命的时候，这些石雕受到了严重的破坏，实为憾事。为了尊重历史，有不少人建议应该尽快加以修复，但也有人认为就这样，让人们永远记住文化大革命对文化艺术的破坏。而今，命世亭石柱上著名书法家谢无量“匠手宏开新国运，一亭饱览好风光”的联语，仍然表达了人们对开国英雄的景仰和怀念之情。

嘉庚公园鸟瞰

嘉庚公园

8. 鳌　园

现在我们去看看集中闽南雕刻艺术的鳌园，鳌园是华侨领袖陈嘉庚亲自设计、指挥兴建的，比起集美学村悠久的历史，它的年代并不算长。集美刚刚解放时这里还是一片海边礁石自然形成的荒屿，因其三面临海，潮水退时可以见到一条沙堤与陆地相连，很像一只大海龟将头伸入海中，故名鳌头屿，屿上早年曾建有一座小小的妈祖宫，俗称“鳌头宫”，后因屡遭战火，早已毁坏。后来鳌园就在鳌头宫的原址上建起来。鳌园于 1951 年 9 月 8 日开始动工，到 1957 年园内的主体建筑基本完工，直到 1961 年陈嘉庚去世，他的灵柩安放到他原先就设计好的墓时整个鳌园才算全部完工，前后历时十年。鳌园主体可以分成三部分：游廊及围墙、集美解放纪念碑、陈嘉庚陵墓。

9. 陈嘉庚纪念馆(终点)

走出嘉庚公园北门，往前走路 200 米，映入眼帘的这座红白色的闽南风格建筑物便是于 2008 年 10 月 21 日开馆的陈嘉庚纪念馆。

陈嘉庚纪念馆及配套的嘉庚文化广场总占地面积 104 484 平方米，建筑面积 11 000.5 平方米。建筑主体秉承独具特色的闽南建筑风格，与集美鳌园、嘉庚公园和谐统一，交相辉映，构成一个较为完整的旅游纪念胜地。步入纪念馆，映入眼帘的是一尊汉白玉的嘉庚先生雕像，背景是大海，波澜壮阔的海平面深邃而悠远。陈嘉庚纪念馆的基本陈列有两个：第一至第三展厅为《华侨旗帜民族光辉——陈嘉庚生平陈列》，第四展厅为《在陈嘉庚身边——嘉庚现象诚毅同行》。

《华侨旗帜民族光辉——陈嘉庚生平陈列》以350多帧图片、310多件从国内外征集而来的文物、实物为基础，力求真实、形象、生动地展现陈嘉庚伟大光辉的一生。该陈列包括陈嘉庚生平大事记、南洋巨商矢志报国；倾资兴学情系乡国纾难救国民族之光和尾声五个部分。其中，第一展厅“陈嘉庚生平南洋巨商斥资报国”以十年为一个自然段，记录了每个自然段陈嘉庚有代表性的事件，并配有他不同时期的照片，使观众对陈嘉庚的生平有一个概括的了解。第二展厅“倾资兴学情系乡国”集中反映陈嘉庚在海内外倾资兴学的教育实践、教育思想与不朽贡献，表现他为民族教育事业贡献全部心血和资财的崇高精神。第三展厅“纾难救国民族之光”描述了陈陈嘉庚在中国和东南亚遭受侵略、生死存亡之际，挺身而出，无私无畏，以天下为己任，领导南洋一千多万华侨全力支持祖国的抗日战争和世界反法西斯战争；他追求公义、不惧强权、明辨是非、公忠诚毅，不论身处顺境、逆境，一以贯之；“先天下之忧而忧，后天下之乐而乐”，为实现强国富民的理想，倾其所有、毕其一生以赴之。第四展厅“在陈嘉庚身边—嘉庚现象诚毅同行”集中展示与陈嘉庚关系密切、从多方面大力支持陈嘉庚事业且对社会贡献卓著者；各个时期、在不同领域襄助陈嘉庚事业者；在陈嘉庚精神感召下，为居住国和祖籍国振兴科学教育、匡扶桑梓社稷、造福社会大众等做出贡献的海外华侨华人团体和校友代表。颂扬践行嘉庚精神、与诚毅同行的嘉庚现象。

陈嘉庚纪念馆

附录E

鳌园探秘

鳌园位于集美学村的东南角，原来是一片海边礁石自然形成的荒屿，由于三面环海，每当潮水退下时候有一条小沙路和大陆相连，看起来很像一只大海龟将头伸入海中，所以得名“鳌头屿”早年有人曾经在上面修建一座小小的妈祖宫，所以又名“鳌头宫”，由于屡遭战火，早已毁坏。陈嘉庚在1949年参观了济南的广智院后，对其寓教于游的功能甚为欣赏并受其启发，决定在集美建造一个规模更过大，水平更高的建筑，寓教于游、寓教于乐，经过陈嘉庚先生的精心策划和能工巧匠的建设，鳌园成为集美学村的旅游景点中最具魅力、最让人神往的地方，是我国爱国主义教育的示范基地。

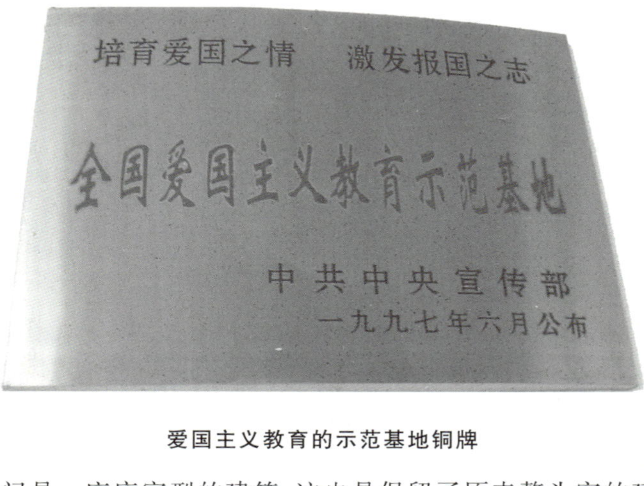

爱国主义教育的示范基地铜牌

鳌园的大门是一座庙宇型的建筑，这也是保留了原来鳌头宫的建筑风格，门口有一对圆雕石狮，门窗边缘及墙的边缘都嵌着有装饰性图案的青石浮雕，体现了与园内建筑相统一的艺术风格。我们看门口的这副对联“鳌载定教山尽峙，园居宁与世相忘”表达了园主人寄情山水、淡泊名利的高雅情趣。对联两边有两个窗户，窗楣上右边刻着“增产”，左边刻着“节约”，这是20世纪50年代人民政府所大力提倡、陈嘉庚也完全赞同的口号。

鳌园主体可以分成四部分：游廊及围墙、集美解放纪念碑、博物观、陈嘉庚陵墓。

鳌园

一、游廊及围墙

游廊长50米，两边的壁，下部是陈嘉庚生平事迹摄影图片展，上部是一色的青石浮雕，雕刻着中国古今历史故事58幅画面。“文化大革命”初期，集美人民为了保护石雕，在石壁上糊上了一层厚厚的泥巴，直到“文革”结束，才除去泥巴，使这些凝集了陈嘉庚先生心血和闽南工匠智慧技巧的艺术精品得以保存。左右两边石壁最上边的通栏对联是：功成唯三杰，至诚道前知。左边“至诚道前知”。下面的石刻分三部分，中间部分是“诸葛亮马前课”24幅画。前面是中国革命历史画面7幅：五四运动、毛泽东在湖南组织马克思主义小组、南昌起义、三湾改编、井冈山会师、巧夺金沙江，抢渡泸定桥和毛主席在延安党校发表整风演说；后面七出传统戏曲画面：赵武灵王、包公斩鲁斋郎、秦香莲、县台背纤、打严嵩、现世报、打面缸。

其中，“诸葛亮马前课”是整个雕廊的核心，也是陈嘉庚思想观念的生动体现。马前课是诸葛孔明的预言，从占卦得之，自三国起每朝四句。清朝的四句是“水月有主，古月为君，十传绝统、相敬如宾”，“水月有主”指的是清朝，“古月”指的是“胡人”，也就是满族人。四句的意思是：清朝入主中原，由皇太极到宣统皇帝，传至十世(顺治、康熙、雍正、乾隆、嘉庆、道光、咸丰、同治、光绪、宣统)而亡,最后是在宣统皇帝手上结束,但末代皇帝退位时并未受到杀害,而是对他像宾客一般以礼相待,满汉两族人民也和睦相处。民国四句是"豕前牛后,千人一口,五二倒置,朋来无咎"。"豕"是十二生肖中的猪,这里指的是辛亥年。1912 年 1 月 1 日中华民国政府成立,孙中山就任临时大总统,这一年为壬子年,即鼠年,在中国的十二生肖里面,刚好就在猪年与牛年之间;"千人一口"组合起来就是一个"和"字,指的是 1912 年军阀伍庭芳到南京与孙中山讲和,为南北议和;"五二倒置"指的是"七七事变",何为倒置呢? 那是因为"七七事变"是日本这个小国家来欺凌中国这个大国家;"朋来无咎"指的是当时美、英、中、苏联四国组成反法西斯同盟;四句的意思是:辛亥革命的第二年,也就是 1912 年,军阀伍庭芳到南京与孙中山讲和,"七七事变"爆发后,由于四国同盟的帮助,结果取得了胜利。

接下来的四句"四门乍辟,突如其来,晨鸡一声,其道在衰":"四门乍辟"指的是日本帝国主义攻陷南京,实施惨绝人寰的南京大屠杀;"突如其来"指的是 1941 年日本偷袭珍珠港事件;"晨鸡一声,其道在衰"则是指在 1945 年(鸡年),日本帝国主义战败投降,"道"反映的是日本武士道,指代日本。我们再来看一下接下来的四幅"拯患救难,是唯圣人,阳复而治,晦极生明":到底谁能够把人民从苦难当中拯救出来呢,当然是我们的中国共产党,当然是我们的圣人毛主席;战火连天的黑暗日子过去了,光明到来了。接下来四幅"贤不遗野,天下一家,无名无德,光耀中华",是指中华人民共和国成立前夕共产党邀集天下贤达,召开新政协筹备会,商议建国大事,有才能的人都能发挥所长,天下人民亲如一家,而中国领导人不计名利,甘当人民公仆,中国前程将一片光明。最后四句"占得此课,易数已尽,前古后今,其道无穷"乃全书的结语,意思是占卦到这里就结束了,前后古今,不会再有战争啦,即可永保太平,世界大同!《诸葛亮马前课》这本书是怎么产生的已经难以考究,但陈嘉庚对书中的预言所作的解释和深信不疑的态度,却充分表现了他对中国共产党及其伟大领袖毛泽东的尊崇与信赖,充分表现了关注祖国命运的赤子情怀。

游廊右边"功成唯三杰"下面有 20 幅浮雕,全部是历史故事,依次为"张飞打督邮"、"三请诸葛亮"、"赤壁大战"、"兵入咸阳"等等。

接下来,我们来看看围墙的这些石雕,在围墙与游廊出口处两边相衔接的这些石雕,在初建时,全部都是水泥浮雕,但历经三十年的风雨剥蚀,损坏严重。1991 年春节前夕,集美学校委员会筹款百余万元,根据原来的水泥雕像的内容,由集美学校和厦门大学艺术系的教师给制草图,请惠安石雕艺人精心雕刻,将原来的 292 块水泥雕刻全部更换,取而代之的是 292 块精美的青石雕像,计有影雕 20 块,沉雕 42 块,浮雕 230 块。使鳌园这个伟大的博物大观的内容更为丰富,欣赏价值更高,与园内主要建筑的艺术风格更加协调一致。

青石影雕是雕刻艺术里面要求的工艺最精细，成品最精美的一种，大家看，这影雕是惠安女子用钢针一针一针地雕刻出来的。惠安的这种影雕向来都是“传女不传男，传内不传外”的，另外还得经过“三年绘画，三年雕刻”的学徒工生涯才能开始学习影雕的，由此可以看出一件影雕作品的雕刻有多不容易啊。人们说“苏州刺绣绣丝绸，厦门刺绣绣石头”，指的就是影雕，大家看影雕是惠安女用钢针一针一针的雕刻在这青石板上，这些颜色深的是石板原来的颜色，而这些颜色浅的则是钢针雕出来的，利用的是黑白成像的原理，雕出来的画面栩栩如生，就像摄影一样，所以称为影雕。一边是关于我国各民族风情的雕刻有 58 幅，另一边是国内风景名胜 35 幅，从北京故宫、颐和园到福建武夷山、厦门日光岩、台湾日月潭等，应有尽有。

围墙浮雕计 740 幅画面，内容有木兰从军、孔雀东南飞、梁山伯与祝英台、白蛇传、水浒传等等，沉雕 280 幅画面，全雕刻树木、花朵，谷物药材等，内容广博，风格各异，简直就是一本天然的教科书！

精美的石雕

二、集美解放纪念碑

集美解放纪念碑是鳌园的主体部分。有很多朋友经常会问，陈嘉庚先生当时建园的时候为什么要建纪念碑呢？其实这跟当时集美的解放是分不开的。1949 年经过三年的解放战争，全国的大部分地方都已经得到解放，但蒋介石仍不愿就此放弃，仍在负隅顽抗，蒋介石和他的军队南撤到厦门，在集美著名的校区安下桥头据点，作为防御阵地，不仅在校区筑下层层防御工事，还在校区东北四层高楼的小学里也破墙挖壁筑成火力点，安置了两挺机枪，另外，还利用校舍房屋进行阵前的反击。当时，人民解放军决心歼灭盘踞校舍顽抗的敌人，又考虑到要保护集美的学校，后来研究决定，在歼灭敌人的原则下，力求减少炮火，采取灵活的近战，所以解放集美的这场战斗进行的异常惨烈，解放军战士死伤无数。后来陈嘉庚先生回国后得知这一情况后非常地感动，决心为人民解放军树立丰碑，让集美的师生对解放军的功劳永世不忘。

这个纪念碑高 28 米，为什么要建 28 米呢？中国共产党自 1921 年成立，到 1949 年抗战胜利，28 米也就象征着中国共产党奋斗 28 年，领导中国走向胜利。我们再看看，整个纪念碑的建筑风格，大家能不能跟一个人的形象联系起来呢，对了，陈嘉庚先生，我们看到的陈嘉庚经常是穿着西装，而头上戴着斗笠的，所以这种建筑风格也就称也“穿西装，戴斗笠”的中西合璧的建筑风格，也是嘉庚形象的一个缩影。另外，对于这种建筑风格还有另一种说法，那就是“东方压倒西方”，这又是什么意思呢？据说，这是早年中国人出国，在国外受到欺负和压迫，心中形成一种愤恨，于是人们回到国内就把这种反抗的思想首先表现在建筑上面，以具有中国特色的东方建筑压于西方建筑风格上面，便形成了“东方压倒西方”以此来宣泄心中的怒气！

集美解放纪念碑

我们往这边走，大家数数纪念碑的这两层台基有多少能级石阶，对了，第一层是 13 级石阶，第二层是 10 级石阶。其实，这些台阶同样存在着很强的象征意义：底层的 13 级石阶，阶面比较宽阔，象征着从 1913 年到 1926 年陈嘉庚公司顺利发展，处于鼎盛，集美中学也迅速发展，办小学、师范、中学、水产航海学院、农校和厦门大学。第二层是 10 级石阶，阶面较窄，象征着 1927 年到 1936 年 10 年陈嘉庚因受世界性经济危机的影响，企业收盘，集美、厦大两校规模缩小。在台基上面还有这两层碑座，由台基上八级石阶，再上三级石阶组成。八级石阶象征着中国共产党八年抗日，而三级石阶又象征着抗日胜利后的三年解放战争。我们看，不管是台基上还是台座上都布满了各种各样的雕刻、口号、联语等，如这些狮子、大象等动物是青石圆雕，而在墙上嵌着的则是浮雕，另外还有如“厉行节约、创造财富”“保守国家机密”等。把政治思想教育和石雕艺术紧密地结合在一起，具有鲜明的时代特色，充分体现了陈嘉庚先生寓教于游，寓教于乐的建园宗旨。

我们再看这“集美解放纪念碑”七个大字，这七个大字是应毛主席陈嘉庚之邀亲自提写的。毛主席并不是一个喜欢到处留墨的人，据相关记载，除北京天安门前的人民英雄纪念碑外，集美解放纪念碑则是另一处，而当时集美仅仅是村镇一级，毛主席为村镇一级的纪念碑题名，更是绝无仅有的一处！可见毛主席对陈嘉庚的敬仰之情。

远看纪念碑

三、博物观

在纪念碑的南面，有一道影壁与陈嘉庚的陵墓隔开，这道影壁呈八字形，长大约 30 米，宽约 7 米气势恢宏，蔚为壮观。我们现在看到的就是这道影壁的背面，在这影壁背面的墙体上嵌满了石雕：左边的 12 块浮雕表现公共场合的清洁卫生，右边的 12 块浮雕表现了各项体育运动，中间从上而下有 5 排石雕，一、二排为地图，三排为从托儿所到大学的各级学校，四五排为行为规范示意图。行为规范两边嵌有两块诗碑，上刻白居易诗《议婚》，和杜甫诗《除草》。行为规范共 10 块浮雕，从坐立行走、读书写字,到睡眠洗澡、咳嗽便溺等,内容十分详细,每幅画面都配有文字说明,你看,如"咳嗽"一幅的文字说明是"咳嗽喷涕须掩口鼻,勿在人前喷溅唾涕"。"洗澡"一幅的说明是"要免疾病,时时常洗澡"。"写字"一幅的说明是"指腕用力,右臂略开,端从写字,脊背勿歪"等等。与左右两边 24 幅浮雕联系起来,影壁背面的内容实际上是一部材料丰富的教科书,教育青少年从托儿所、幼儿园,到中小学、大学,要注重体育运动,经常锻炼身体,讲究卫生,养成良好的生活习惯。这说明陈嘉庚非常重视精神文明教育。最上边的世界地图两面边配有"拥护世界和平,推行社会主义"的短联,下面排列着四幅地图:从右到左依次是全国地图、福建省地图、台湾省地图、同安县地图。这几幅地图与其说刻在壁上,不如说是装在陈嘉庚的心里。他心里装着世界和平,装着中国的前途,装着故乡福建,装着同安排父老乡亲,更装着与福建隔海相望的台湾,爱国之情溢于言表。

四、陈嘉庚陵墓

陈嘉庚陵墓是他在生前自己设计好的,他认为自己一辈子做事从不给别人添麻烦,身后这事还是自己事先安排为好,就决定在纪念碑后面的海滩上为自己建一处墓穴,做出这个决定大概是出于两个方面的考虑:一是不占耕地,二是依傍在他所信赖的人民领袖毛泽东亲自题名的纪念碑旁,身后长眠于此感到安心。我们看这个龟寿形的墓,无头无尾表明了陈嘉庚一生淡泊名利,不强出头,做事也不愿有头无尾,不给人添麻烦。这个墓表由 13 块水磨石镶成,光可鉴人;墓碑为白色水磨花岗石;墓圹形似马蹄,周边用 15 块青石浮雕介绍了陈嘉庚前半生的重要经历。

前面四幅:"海地探物"、"扯取花生"、"剥取海蚝"、"掘取地瓜"是陈嘉庚少年生活的写照。陈嘉庚 1874 年出生在集美社的一个华侨世家,父亲远渡新加坡开了一家米店,寄回来的钱时有时无,家里的生活比较拮据,陈嘉庚和村里面的小孩子一样,必须帮助家务劳动,或者到海边捉鱼虾、刮牡蛎,或者到地里捡花生,刨地瓜添补家用。"搭船出洋"、"米商服务"描绘的是他 17 岁的时候挥泪告别慈母和乡亲,从厦门坐船到新加坡父亲开办的"顺安"米店帮忙。"回梓完婚"描绘的是 1893 年秋,陈嘉庚回乡完婚。在陈嘉庚回乡前的米店生意是做得很不错的,我们从当时繁忙的景象可以看出。但是当他第二次来到新加坡的时候,米店生意是大不如前,甚至欠下不少的债务。陈嘉庚就借债重整米店,由于经营得当,很快就摆脱了困境并大有发展。

"黄梨罐厂"、"栽树梨园"、"栽树胶园"、"熟米机厂",则是表现了陈嘉庚创业的鼎盛时期,先是陈嘉庚认识到菠萝加工的发展潜力,在大部分人并没认识到菠萝的价值,而将菠萝舍弃的时候,陈嘉庚将菠萝收购来加工成罐头并取得了巨大的成功。后来为了保证罐头厂原料供应,陈嘉庚用 2500 元在"新利川"附近数英里外,购地 500 英亩，取名“福山园”种植菠萝。接下来一幅是橡胶，当橡胶第一次从巴西植入马来西亚时，在别人还没发现它的价值的时候，陈嘉庚高瞻远瞩，认为橡胶大有可为，于是又用 1800 元买了 18 万粒橡胶种子，种植在“福山园”菠萝丛中。后来，种植橡胶也成为陈嘉庚振兴实业的转折点，他成了东南亚有名的“橡胶大王”。

“福建保安会”一幅刻的是：1909 年，陈嘉庚由友人林义顺介绍认识了孙中山。陈嘉庚非常敬佩孙中山的革命胆略，孙中山十分赏识陈嘉庚的爱国襟怀和民族气节，两人一见如故，结为知己。1910 年陈嘉庚剪掉辫子加入了同盟会，积极支持国内的革命斗争。

最后面这三幅“办集美学校”、“购三轮船”、“办厦门大学”，表现陈嘉庚倾资兴学的情况。1914 所第一次世界大战爆发，陈嘉庚审时度势，认定战时航运业必定大有作为，于是及时改变经营方向，先是租船，继而自己买轮船，发展船运，使自己企业不仅渡过了战争的难关，而且挣了钱。挣了钱以后，他仍过着简朴的生活，而大力兴办学校，创办集美学校和厦门大学等。

陈嘉庚陵墓和博物观

参考文献

[1] 林斯丰. 嘉庚精神读本. 厦门:厦门大学出版社,2007.

[2] 林德时. 嘉庚精神及厦门发展. 厦门:厦门大学出版社,2010.

[3] 曾讲来. 陈嘉庚研究文选(第一、二辑). 厦门:厦门大学出版社,2007.

[4] 洪永宏. 陈嘉庚的故事. 厦门:鹭江出版社,2002.

[5] 黄顺通,刘正英. 陈嘉庚与集美鳌园. 福州:福建人民出版社,1994.

[6] 陈嘉庚. 南侨回忆录. 集美陈嘉庚研究会翻印,1993.

[7] 陈嘉庚. 陈嘉庚言论集. 新加坡怡和轩俱乐部、新加坡陈嘉庚基金、中国厦门集美陈嘉庚研究会联合出版,2004.

[8] 陈嘉庚. 新中国观感集. 新加坡怡和轩俱乐部、新加坡陈嘉庚基金、中国厦门集美陈嘉庚研究会联合出版,2004.

[9] 陈碧笙,陈毅明. 陈嘉庚年谱. 福州:福建人民出版社,1986.

[10] 陈碧笙,杨国桢. 陈嘉庚传. 福州:福建人民出版社,1981.

[11] 王增炳,骆怀东. 教育事业家陈嘉庚. 北京:教育科学出版社,1989.

[12] 曾昭铎. 华侨旗帜民族光辉陈嘉庚. 北京:中央文献出版社,1999.

[13] 黄金陵,王建立. 陈嘉庚精神文献选编. 福州:福建人民出版社,1996.

[14] 全国政协文史资料研究委员会,全国侨联,福建省政协. 回忆陈嘉庚,1984.

[15] 王增炳、陈毅明、林鹤龄. 陈嘉庚教育文集. 福州:福建教育出版社,1989.

[16] 朱立文. 陈嘉庚爱国主义思想研究. 北京:今日中国出版社,1993.

[17] 雷克啸. 陈嘉庚精神. 福州:福建人民出版社,1999.

[18] 集美陈嘉庚研究会. 陈嘉庚研究,1985 - 2010.

部分资料来源网站

[1] 陈嘉庚纪念馆网 http://www.chenjiageng.com,集美学校校委会主办,厦门厦讯科技有限公司部制作维护.

[2] 厦门市人民政府网 http://www.xm.gov.cn.

[3] 中华人民共和国教育部网 http://www.moe.edu.cn.

[4] 厦门大学及集美学村各校门户网.